中等职业教育汽车运用与维修系列教材

汽车营销

主编　刘雅杰

中国人民大学出版社
·北京·

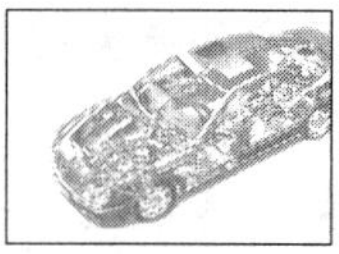

前言
Preface

在国家宏观政策的支持下，中国的汽车工业和汽车贸易已经进入一个蓬勃发展的阶段，汽车的消费品特性日趋明显，汽车正在成为消费热门商品并逐渐走进千家万户。当前面临的全球性金融危机，使汽车生产企业和流通企业不仅面对着宏观形势变化带来的影响和竞争日益激烈的挑战，也面对着发展的机遇。企业的竞争归根到底是人才的竞争，汽车企业能否拥有既懂汽车技术知识和技能，又懂市场营销和企业管理知识，同时又具有良好的综合素质的职业人才，是企业生存和发展的关键。汽车整车与配件营销、汽车运用与维修、汽车制造与检修等专业是国家教育部门批准设立的中等职业教育专业，以培养技能型人才为目标，符合社会和汽车企业对人才的需求。《汽车营销》是上述中等职业教育汽车类专业的一门专业基础课程，对培养学生掌握汽车营销的理论、方法和业务能力，和在汽车企业胜任相应岗位的业务工作和职业发展都具有重要作用。

本教材的编者结合中等职业教育改革的实际，通过到汽车企业进行实践和广泛的调研，根据汽车企业对汽车营销业务人员的岗位能力要求，按照任务式教学方法的要求进行了知识和技能的整合。教材内容通俗易懂，教学中具有很强的操作性，不仅可以作为在校学生学习专业课程的教材，也可以作为汽车企业从业人员知识更新和业务培训的教材，还可以作为汽车营销师、汽车销售顾问等职业资格考核的培训教材。

本教材具有如下特色：

1. 教材内容以介绍汽车营销的基础理论知识和实际工作业务的处理方法为主，并兼顾介绍汽车营销业务人员应该具备的汽车技术、企业管理、个人综合素质等基本知识，内容符合中等职业教育的要求。

2. 教材内容组织上按任务式教学方法的要求编排，每次课提出一个或几个学习任务，并使学习任务同实际岗位对从业人员的知识和技能要求一致，培养学生市场营销的意识和正确、熟练处理工作业务的能力，符合中等职业教育教学改革的要求。

3. 教材突出基础理论知识对实际工作业务的指导作用，并通过设计实际工作业务的情境，指导学生在模拟的工作场景中自主学习和研究工作业务的方法，对培养学生的实际动手能力具有针对性的帮助。

4. 教材克服了目前很多中等职业教育教材篇幅长、字数多、价格高等不足，注重对知识和技能的指导，尽量不安排案例，给学生提供一个知识和技能拓展的空间，也降低了教材的成本。

5. 教材来源于汽车营销业务的实际，又对实际业务的处理起指导作用，在学习过程中需要考虑国家经济形势和产业政策等宏观因素的变化对实际工作业务的影响，做到理论联系实际。

在本教材的编写过程中，借鉴了国内外有关书籍和教材的内容和观点，在此谨向各位作者表示诚挚的敬意和衷心的感谢！

由于水平有限，不足之处在所难免，恳请读者提出宝贵意见。

编　者

2011 年 8 月

目录

Contents

模块一　汽车市场营销概述

单元一

汽车市场的含义

学习任务一

学习目标：掌握市场的含义，熟悉市场的作用；掌握市场细分的含义，了解需求的含义。

任务导入：同学们都知道，购物需要到市场去，在这里，“市场”只是一个进行买卖的场所，但是市场营销学中的“市场”要比这个含义丰富得多。

一、市场的含义

市场是商品经济的产物，哪里有商品生产和商品交换，哪里就有市场。随着商品经济的发展，市场的概念也不断发展，在不同的场合，市场的概念不尽一致。人们对市场的理解有如下几种：

（一）市场是商品交换的场所

在经济不发达的时候，它同时间和空间概念相联系，因而市场被看做商品交换的场所，即买者和卖者于一定时间聚集在一起进行商品交换的场所，它是一个时间和空间上的概念。据我国古代文献《易·系辞（下）》记载，在神农氏之世，“日中为市，致天下之民，聚天下之货，交易而退，各得其所”，这是对市场最早的记载。

随着社会分工和商品生产的发展，商品交换日益频繁和广泛，商品交换渗透到社会生活的各个方面。尤其是现代通信和计算机网络的发展使商品交换打破了空间和时间上的限制，交换不一定需要固定的场所，如在网上商城购物，仅需一个电话或一个电子邮件就可以完成，这就使这个市场的含义显得过于狭窄了。

（二）市场是各种商品交换关系的总和

市场不仅是指具体的交换场所，而且，还指买者和卖者实现交换关系的总和。市场的这个含义丰富和发展了狭义市场的内涵，更为深刻地揭示了现代经济生活的实质。这个概念不仅包含供给和需求两个相互依存的方面，而且还包含供给和需求的数量方面的含义，即供给和需求是否相等。

（三）市场是人口数量、购买能力和购买欲望的总和，即：市场＝人口＋购买力＋需求欲望

这一含义显然认为市场是指需求，只有那些具备购买能力而且具有购买欲望的消费者才构成某种商品的市场。

（四）市场是买方、卖方和中间交易机构（中间商）组成的有机整体

这里，市场是指商品多边、多向流通的网络体系，是流通渠道的总称。

（五）市场是关于某种商品或服务的现实的和潜在的具有购买能力的总需求

因为市场营销主要是研究卖方经济活动的，自己就代表了供给，所以市场具有需求的含义，因而市场是某种商品或服务的现实购买者和潜在购买者需求的总和。所以市场往往等于需求，平时所说的市场疲软就是指需求不足。在这里，市场专指“买方”，而不包括“卖方”，即专指“需求”，而不包括“供给”。当人们说中国的汽车市场很大时，显然不是指汽车交易所或汽车产量的大小，而是指中国汽车的需求量很大，现实的或潜在的购买者很多。

综上所述，从宏观上看，市场是商品交换关系的总和；从微观上看，市场是指某种商品或服务的所有现实和潜在的需求总和。这两种表述并非矛盾，只是各自强调的角度不同。前者是从宏观方面着眼于经济理论对市场的解释；后者是从微观方面着眼于市场营销对市场的理解。随着商品经济的发展，人们对市场的认识不断地深化，市场在社会经济中起到的“指挥棒”、“调节器”的作用越来越大，因此，全面把握市场的概念，了解市场的分类作用，对于理解市场营销的含义具有十分重要的意义。

二、市场的要素

市场是由各种类型的消费者和潜在消费者共同组合而成的，但在市场中除了消费者和潜在消费者（人）之外，还必须具有与之相对应的购买力、购买欲望、购买权力（决策权）。

构成市场必须具备四个要素：

（1）人口是决定市场大小的基本因素。一般说来，人口多，市场规模就大，容量也大；反之人口少，市场规模和容量相对也小。当然，这里所指的人口是指群体中需要某种商品的消费者。倘若群体之中的人对某种商品并无任何需要的意愿，那么，这一群体就不可能构成市场要素。

（2）购买力是构成市场的重要因素。人口多、购买力强，相对市场就大。有能力购买产品是形成市场的基本要求。要有购买力，必须具有足够数量的货币及用来交换的物质产品或服务。群体之中若不具备购买商品或要求提供服务的资金，市场也就无从谈起。

（3）购买欲望是形成市场的主要因素。群体之中的人必须具有运用购买力的意愿。倘若群体中的全体成员都具备购买能力，但没有购买欲望，没有人运用其所具备的购买力去购买商品，或者商品适销不对路，不能引起购买欲望，同样也不能够构成市场。

（4）具有购买权力（决策权）是市场的关键因素。具有购买权力，即购买商品的决定权是决定市场的关键因素。群体之中的成员具备购买产品的意愿和购买力，但却无权作出相应的购买决定，一切只能是纸上谈兵，无法形成真正的市场要素。一些市场营销的成功

者之所以能够取得成效，关键在于他们通过与客户短暂的接触，能很快了解到一个组织机构或家庭到底有哪些人能够作出购买的决定。否则，即使付出了很多的时间、很多的精力也是徒劳无功的。

综上所述不难看出，市场由人口、购买力、购买欲望、购买权力四要素构成，四个要素缺一不可。

三、关于与市场含义有关名词的解释

（一）需要、欲望和需求

需要是指人类没有得到某些基本满足的感受状态，是人类固有的基本要求，如衣、食、住、行等。人们的需要，并不是企业的经营者可以创造的，需要存在于经济活动之前，经营者只能通过营销活动对人的需要施加影响和引导，并采取适当的市场营销策略满足它。

欲望是指人类想得到上述某些基本需要的具体满足物的愿望。人的需要是有限的，而人的欲望是无限的，会有很多形式，且受社会形态的制约和各种社会力量和机构以及企业的市场营销因素的影响，强烈的欲望形成动机，激励人的购买行为。对于企业来说，最重要的就是根据人们的需要，激发人们的欲望，并以适当的产品或服务来满足人们的欲望。

需求是指人们对某个具体产品或服务有购买欲望且有支付能力。对企业的产品而言，有购买能力的“欲望”才能形成现实的“需求”。因此，在研究某种产品的市场需求时，既要看人们对其是否有购买欲望，又要看人们是否有足够的支付能力。

区分需要、欲望和需求，对企业制定市场营销策略具有重要的意义。人们的需要是企业市场营销活动的基础，只有当人们具有某种需要，且具有购买能力时，欲望才能转化成需求。市场营销活动可以影响人们的欲望，因而在某种程度上可以引导并创造需求，企业只有制定满足人们某种欲望的市场营销策略才能获利。

（二）效用、费用和满足

效用是指产品或服务满足人们欲望的能力，它来自于人的主观评价，同一消费者，在不同状态下对同一产品的主观感受不同，效用也就不同。人们是否购买产品或接受服务并不仅仅取决于产品或服务的效用，同时也取决于人们获得效用的代价，即费用。在诸多产品和服务的购买选择中，消费者总是根据多项标准去选择提供最大效用的产品作为购买目标。简单来讲，费用就是为取得一定效用所支付的成本，在某种程度上，它也是主观的。消费者成本不仅包括消费者所支出的货币成本，还包括消费者在购买产品中所支付的时间成本、心理成本和体力成本。市场交换能否顺利实现，往往取决于人们对效用和费用的比较。如果人们认为产品的效用大于其支付的费用，即使再贵的商品也愿意购买，因为消费者的满足程度高；如果人们认为费用大于效用，那么再便宜的东西也不会要，这就是人们在交换活动中的价值观。消费者购买决策的基本原则是用最少的货币支出换取最大效用的产品或服务。所以企业不仅要为消费者提供产品，还必须使消费者感到在交换中价值的实现程度比较高，这样市场交易才能顺利实现，才可能建立企业的稳定市场。

（三）交换和交易

所谓交换，是指通过提供某种东西作为回报，从别人那里取得所需物品的行为，交换是市场营销活动的核心。人们对需要和欲望的满足有 4 种方式，即自产自销、强制取得、乞讨和交换。交换是一个过程，包括一系列的活动，营销人员在交换过程中所要做的工作包括确认客户的需要、寻找和开发新产品、协调生产和运输、促成交易发生以及售后服务等。市场营销研究的就是怎样才能促进交换的最有效实施。要进行交换，必须具备以下 5 个条件：

（1）至少要有两方——买方和卖方。

（2）有交易双方互为满意的有价值的物品和服务。

（3）双方有可能相互沟通并把自己的东西递交给对方。

（4）双方都能自由决定是否交换。

（5）双方都认为与对方进行交换是值得的。

只有具备以上 5 个条件，交换才能有效进行。

交易是交换活动的一种形式，而且是基本形式，是买卖双方对特定产品或服务“完成买卖”的过程，是达成意向的交换。如果双方正在谈判，并趋于达成协议，则意味着他们正在进行交换，而一旦达成协议，我们就说发生了交易关系。一次交易包括 3 个实质性内容：两个及以上有价值的实物、交易双方所同意的条件、能为双方所接受的时间和地点。

四、市场细分

市场细分就是根据市场需求的多样性和购买者行为的差异性，把整个市场划分为若干具有各自特征的用户群。

（一）市场细分的标准

（1）按地理位置细分。

（2）按人口特点细分。包括按消费者的年龄、家庭类型、性别、收入水平、受教育程度等标准进行市场细分。

（3）按购买者心理细分。包括按消费者的生活态度、个性、购买动机以及消费习惯等细分市场。

（4）按最终用户的类型细分。如我国汽车配件市场按用户类型，可分为“生产型”企业、“非生产型”组织、个体运输户等细分市场。还可分为民用、军用两个市场。

（5）按用户规模细分。将汽车配件市场分为大、中、小三类客户。

（6）按用户的购买特点细分。购买特点主要指购买者的购买能力、购买目的、购买方式、购买批量、付款方式、采购制度和手续等。

（二）常见的市场细分方法

随着社会的进步和市场经济的发展，交换领域和交换对象不断扩大，市场上的交换关系越来越复杂，由此也决定了现代社会市场具有多种类型。

（1）按地理位置不同可分为国内市场与国际市场。

（2）按交换对象不同可分为有形商品市场与无形商品市场。

（3）按竞争程度不同可分为完全竞争市场、完全垄断市场、不完全竞争市场及寡头垄断市场。

（4）按购买商品用途不同可分为消费品市场与组织市场。

（5）按商品的流通环节可以分为批发市场与零售市场。

（6）按商品交易时间不同可分为现货市场与期货市场。

从以上市场的分类可以看到，市场的类型随着人们所选择的划分标准不同而千差万别，人们总是根据研究的需要而选择划分依据。而将市场分门别类地研究，目的在是为了在瞬息万变、错综复杂的市场中，认识市场、驾驭市场，使企业在竞争中求生存、求发展。

五、市场的作用

（一）微观作用

市场是现代企业经营管理的起点和生产活动的终点。市场是每一种商品从生产者到达消费者手中的中间环节。各行各业都必须拿出自己的商品（或劳务）来参与整个社会的经济循环与商品交换过程。在这个商品交换过程中，企业的集体劳动所创造的价值才能为社会所承认和实现。每一个企业在确定其生产发展方向、新产品研究方案、产品质量、价格与成本水平，以及厂址设置、工艺布局等重要经营决策时，都必须首先考虑到本企业产品的市场需要与销售对象等问题。也就是说，每一个企业的经营管理者都应该以市场为起点，研究市场需求变化，了解市场潜在需求量，预测市场的发展趋势，才能作出正确的经营决策。如果一个企业的生产活动脱离市场和用户需要，不了解市场动态而“闭门造车”，那么，它的产品将不会被用户所欢迎，创造的成果就得不到社会的承认，企业就会出现销路呆滞、产品积压而不得不降价出卖等情况，最后造成经济损失。

市场还是企业生产活动的终点。企业的生产目的是通过满足社会需要进而使自己获得利润和效益。企业生产的产品没有到达使用者（消费者）手中以前，社会的生产过程还不能算真正完成。如果企业生产的产品不为用户所需，那么制造得越多，社会的损失就越大。所以，市场既是企业生产活动的起点，又是生产活动的终点。

（二）宏观作用

市场的作用有如下四个方面：

（1）市场是连接社会生产和消费的纽带。

（2）市场是实现社会再生产与分配的重要机制。

（3）市场能灵活地调节社会供需的平衡。

（4）市场是活跃国民经济的重要条件。

知识拓展　经济学中的需求含义

（一）需求

经济学中的需求指在不同的价格水平下消费者愿意并且能够购买的商品或劳务的数量，它反映了某一商品的不同价格和对应的需求量之间的关系。某一商品的需求还包含了两方面的内容：一是消费者消费的愿望，这是主观上的需要；二是消费者的消费能力，这是客观的需要。例如，有人喜欢跑车，但是由于收入不高即无法构成对这种跑车的需求；有人虽然能够买得起高档跑车，但是却不喜欢，同样也无法构成真正的需求。因而，需求由消费者的意愿和消费能力共同构成，缺一不可。

（二）需求量

需求量与需求不同，它是指消费者按照某一特定的价格愿意并且能够消费的数量。例如当某种商品的价格是2元时，某消费者买了3个单位，这3个单位便是价格所对应的需求量。

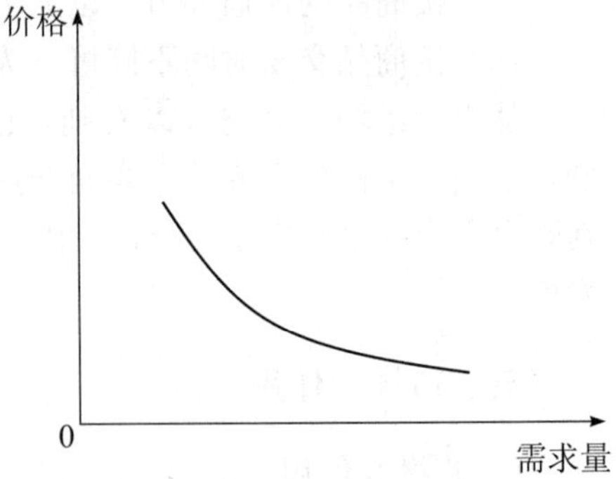

图中的纵坐标表示某商品的单位价格，横坐标表示该商品的需求量。图中的曲线是关于该商品的需求曲线，反应了在不同价格水平下所对应的不同数量的商品。这条曲线由左上方向右下方倾斜，说明商品的价格越高，需求量越低；商品的价格越低，需求量越高，双方呈反方向变化。

（三）个人需求和市场需求

整个市场的需求并不是由某个人形成的，而是由许许多多消费者共同构成的。假定在某个品牌商品的市场上只有两个消费者，那么把两个消费者的个人消费量相加后便构成了整个市场的消费量，即市场需求是个人需求的总和。

（四）需求定理

从上面的分析我们得到这样的结论：在其他条件不变的情况下，某种商品的价格和需求量按反方向变化，即当这种商品的价格下降时，消费者的需求量会增加；当这种商品的价格上升时，消费者会减少购买量。在我们的生活中，这样的例子比比皆是，消费者对于价格的变动是非常敏感的。

为什么商品的需求量与其价格之间存在着这种反方向的关系呢？需求定理所说明的需求量与价格反方向变动可以用替代效应和收入效应来解释。

所谓替代效应是指用途可以互相替换的商品，一种商品价格的下降，会导致购买另一种商品数量的减少，而把这部分钱转用于价格下降了的商品。例如茶与咖啡是可以互相替换的商品，假设茶的价格下降，而咖啡的价格没有变化，则人们在一定限度内会减少购买咖啡，把原来购买咖啡的钱用于购买茶，从而引起对茶的需求量的增加。同样，假如咖啡的价格不变，而茶的价格提高，人们会用咖啡代替茶，从而引起对茶的需求量的减少。

所谓收入效应是指一种商品价格的下降（或提高）相对地引起了消费者实际收入的提高（或下降），从而导致需求量的增加（或减少）。假设某商品的价格下降，其他同类商品的价格没有发生变化，这意味着同量的货币收入在不减少其他商品消费量情况下，可以买进更多的价格下降的产品；相反，则减少对价格提高的产品的购买，而去购买价格更低的产品。

替代效应强调了一种商品价格变动对其他商品相对价格水平的影响，收入效应强调了一种商品价格变动对实际收入水平的影响。需求定理所表明的商品价格与需求量反方向变动的关系正是这两种效应共同作用的结果。

（五）需求定理的例外情况

需求定理并不是一成不变的，在某些特定和特殊的情况下，它会有一些变动。

1. 需求量和价格同方向变化

（1）吉芬商品，一般指低档生活必需品，由经济学家吉芬提出而得名。在特殊时期，这种商品的价格和数量呈正方向变动。吉芬是19世纪英国经济学家，在研究爱尔兰土豆的销售情况时发现，当土豆价格上升的时候，需求量增加；而价格下降以后，需求量也随之减少，研究结果表明，土豆价格上升意味着消费土豆的人群收入减少，只好更多地消费廉价的土豆。而土豆价格的下降说明人们实际收入水平提高，使他们有富余的钱去消费一些更好的食品，对土豆的需求反而减少了。

（2）炫耀性商品，一般指高档商品。对于一些人来说，高价是身份和地位的象征，像高档的珠宝、手表、汽车等，如果它们的价格下降，高档商品的消费者便会减少他们的购买量。

2. 需求量和价格呈现不规则变化

这种变化多表现在一些投机品上，像邮票、股票等，由于这些物品的价格涨跌情况不规则，因而它们的需求量也会根据市场行情而呈现出不规则的变化。

中国有句俗话："买涨不买跌"，意思是消费者受外部环境的影响，在某种商品的价格逐步上涨的时候反而增加了对这种商品的需要量。例如，当汽车价格一直处于上扬状态时，消费者因为担心价格继续上涨而不断地买入；而在价格不断下跌时，消费者却止步不前，持币待购，不停地观望，希望能够以更低的价格购入。

（六）影响需求的因素

由于需求反映的是需求量和价格的关系，因而价格是影响需求最重要的因素。但是除了价格以外，还有一些因素也同样影响需求。

1. 商品自身的价格

一般来说，某种商品的价格越高，该商品需求量会越小；相反，某种商品的价格越低，这种商品的需求量就会越大。

2. 其他商品的价格

某种商品的需求除了受本身价格影响以外，还要受其他商品的影响，这就是互补性商品（即互补品）和替代性商品（即替代品）。

（1）互补性商品。

互补性商品是指一起消费才具有某种功能的商品，如汽车和汽油、镜框和镜片、手机和电池等。在其他条件不变的前提下，当一种商品的价格下降时，对另一种商品的需求量则呈上升趋势，二者是反方向变化的关系。例如当汽车的价格上涨，人们对汽车的需求量减少，从而导致汽油的消费量减少；反过来也是一样，当汽油的价格上涨时，考虑到汽车使用成本的增加，消费者必然对汽车的需求减少。所以，这两种商品表现出反方向变化的关系。

（2）替代性商品。

替代性商品是指具有相似功能并且能够相互替代使用的商品，如矿泉水和纯净水、面包和蛋糕等。在其他条件不变的前提下，当一种商品的价格下降时，对另一种商品的需求量则呈下降趋势，二者是同方向变化的关系。例如，假定矿泉水和纯净水的效用相同，当矿泉水的价格上升后，理性的消费者会增加纯净水的购买数量。

3. 消费者的收入水平

一般而言，在其他条件不变的情况下，人们的收入越高，需求就会增加，因此，从市场需求来看，一个市场上消费者的人数和国民收入分配的情况，显然是影响需求的重要因素。

4. 消费者的预期

消费者的预期包括对商品价格的预期和对未来收入的预期。当人们认为某一商品的价格将要下跌时，他们会推迟消费，在现阶段减少对该商品的购买；而当人们觉得他们的收入将要上升时，他们出于理性的考虑会增加对所喜爱物品的购买。

5. 消费者的偏好

所谓嗜好或偏好，在一定程度上产生于人类的基本需要，如人们需要粮食充饥、衣服御寒等。经济学论及的嗜好及其变化，更多地涉及人们生活于其中的社会环境，因而主要取决于当时当地的社会风俗习惯。例如：西方人喜欢吃奶酪，所以欧美国家对奶酪的需求量就比较大；在我国，北方人对面粉的需求量要比南方人的需求量大。

6. 人口数量和结构

当人口增加时，市场需求会发生变化，例如当婴儿和老人的比重增大时，儿童和老人商品的需求也随之增加。

7. 政府的有关政策

政府的有关政策是指政府影响市场和消费者行为的微观或宏观的经济政策。例如，当政府不断降低存款利率后，人们慢慢改变了储蓄习惯，增加了对商品的需求。

此外，自然因素、社会时尚等其他因素也会对需求产生影响。

技能训练：举例说明你对市场含义的理解。

学习任务二

学习目标：掌握汽车市场的含义及特点；掌握汽车市场细分的含义和方法。

任务导入：掌握了市场的含义，不难总结出汽车市场的含义。汽车市场同一般商品市场的区别是什么？汽车市场如何分类？

一、汽车市场的含义

根据上面介绍的市场的含义，可以得到汽车市场的含义：汽车市场是关于汽车产品现实和潜在的具有购买能力的总需求。在这里，汽车产品包括汽车整车和汽车部件、零配件等。

二、汽车产品的特点

汽车本身是一种有形商品，但又明显不同于一般生产资料和消费资料等有形商品，其特殊性体现在以下几个方面。

(一) 汽车具有生产资料和消费资料的双重属性

汽车是一种生产资料。例如，各类生产型企业利用自己拥有的汽车，进行原材料、配套件、在制品以及产成品的运输等。由于这类运输活动构成企业生产活动的一部分，因而汽车属于一种生产资料。国民经济基本建设单位、公共工程建设单位等集团组织，也将汽车作为其必不可少的设施装备使用，汽车也是其生产资料的一部分。对从事公路专业运输、出租汽车运输、城市公共交通、汽车租赁、旅游业务等经营或营运活动的单位和个人来说，汽车是作为经营资料使用的，它是运输服务的物质载体，像这种作为经营资料使用的汽车，也可看做是生产资料。所以，可以说绝大部分载货汽车、专用汽车、特种汽车、自卸汽车和一部分客车及轿车均是作为生产资料在使用的。

汽车用作消费资料的一种表现是它属于一种集团消费资料。例如，用于满足各类企事业单位、各级各类政府机关、非盈利组织团体等公务及事业活动需要的轿车以及用于解决职工上下班的通勤客车等，都属于集团消费资料。很大一部分轿车及客车、某些载货汽车均是作为集团消费资料在使用。汽车用作消费资料的另一种表现是它作为一种生活耐用消费品，进入到广大居民家庭消费领域。此时，汽车（轿车、微型客车等）作为消费资料，主要用于私人代步，满足消费者个人出行的需要。

（二）汽车是一种最终商品

从产品的加工程度看，汽车本身属于产成品。无论是作为生产资料使用的汽车，还是作为消费资料使用的汽车，都是最终可以直接使用的产品。在这一意义上，汽车与那些作为原材料、中间产品、生产协作件等形态的生产资料存在差别。

（三）对汽车的管理严格

由于汽车是交通工具，使用环境具有开放性的特点，因此国家制定了专门的法律、法规和制度对汽车商品的买卖和使用进行严格的管理。如汽车登记制度、汽车牌照制度、汽车驾驶人管理制度、交通责任强制保险、尾气排放标准、汽车报废标准、汽车品牌管理办法、二手车交易办法等，都是汽车的生产者、经销者、使用者及其他有关者必须遵守的法规和制度。

（四）汽车的成本昂贵

汽车的成本包括生产成本、购置成本和使用成本等。由于生产汽车的材料品种多样、加工制造和组装工艺复杂等因素，汽车的生产成本是耐用消费品中比较昂贵的。在汽车的流通和交易过程中，涉及的税金和费用也比较高，使汽车的购置成本也很高。汽车在被使用期间，机件磨损、燃润料消耗、保养维修等，使汽车的使用成本也很高，这也是其他耐用消费品所不能比拟的。

（五）汽车的技术复杂

汽车构造由发动机、底盘、电气系统、车身等四大部分组成，这四大部分又由几万个零件组装而成，技术复杂而且更新的速度在不断加快，特别是电子技术的发展和应用，使汽车不断向更经济、更安全、更舒适、更环保等方面发展，对汽车生产制造者和汽车营销者提出了更高的要求。

（六）有形产品和无形产品的双重属性

汽车及汽车零配件是有形产品，但汽车产品在买卖和使用中又伴随着附加服务，如汽车保险、汽车消费信贷、保养和维修服务等，这些服务也属于汽车产品含义中的一个主要部分。此外，汽车的品牌优势在市场中的地位也非常明显。所以，汽车具有有形产品和无形产品两个方面的特性。

（七）汽车的危害比较大

自从1886年汽车诞生以来，汽车作为一种交通工具，在人类社会进步、经济发展中发挥了重要的作用。但是汽车也存在着一定的危害，如全球每年有几十万人丧生于汽车交通事故，汽车的排放和噪声严重污染着环境，汽车消耗了大量的能源等，都是汽车带来的负面影响。

对汽车产品的特点的认识，有助于分析汽车的需求特点。

三、汽车需求的特点

（一）需求具有伸缩性

一方面，汽车的消费需求具有较强的需求价格弹性，即价格的变动对汽车的个人需求影响很大。另一方面，这种需求的结构可变。当客观条件限制了这种需求的实现时，它可以被抑制，或被转化为其他需求，或最终被放弃；反之，当条件允许时，汽车消费不仅会得以实现，甚至会发展成为流行性消费。

（二）需求具有多样性

汽车购买者由于在用途、个人收入和文化观念上的差别，以及在年龄、职业、兴趣、爱好等方面的差异，会形成不同的消费需要，从而使汽车购买者的需求表现出层次性或多样性。

（三）需求具有可诱导性

对大多数个人购买者而言，他们对汽车缺乏足够的专门知识，往往会受到周围环境、消费风气、人际关系、宣传等因素的影响。

（四）需求具有替代性

汽车购买者在面临多种车型的选择时，往往会对能够满足自己需要的商品进行比较、鉴别，只有那些对购买者吸引力强、引起的需求强度高的汽车产品才会最终促成购买行为的实现。也就是说，同时能够满足需要的不同汽车品牌之间具有竞争性，需求表现出相互替代的特性。

（五）需求具有发展性

个人购买需求一般从简单到复杂、由低级向高级发展。在现代社会中，各类消费方式、消费观念、消费结构的变化总是与需求的发展性和时代性息息相关。所以汽车产品个人购买需求的发展也会永无止境，如在不过分增加购买负担的前提下，消费者对汽车的安全、节能和环保等性能的要求总是越来越高。

（六）需求具有集中性和广泛性

一方面，由于私人汽车消费与个人经济实力关系密切，在特定时期内，经济发达地区的消费者或者收入相对较高的社会阶层，对汽车（或某种车型）的消费比较明显，需求表现出一定的集中性。另一方面，高收入者各地都有（尽管数量上的差异可能较大），而且随着经济发展会不断增多，所以需求又具有地理上的广泛性。

四、汽车市场细分化

（一）汽车市场细分化的含义

在竞争日益激烈的市场环境中，任何一个企业不可能在整个市场上都具有优势地位，所以应该在市场细分的基础上，选择对本企业最有吸引力并可以有效占领的那部分市场作为目标并取得竞争优势地位。这并不说明企业不求发展而安于既定市场份额，而恰恰是为了扩大市场份额。企业在竞争中，既要避免以卵击石，又要抓住市场空隙，谋求发展。

所谓汽车市场细分化，就是根据汽车用户明显的不同特征，把用户分成若干部分，即把汽车市场分成若干部分，以便确定汽车企业目标市场的过程。其中每一个细分部分就是一个市场，由那些需求与欲望大体相同的用户群所构成，每个市场都包含若干细分市场。但不是每一种细分都有实际意义，对汽车整车和零配件市场来说，细分的依据往往是不同的。

竞争激烈的市场促使许多汽车企业认识到，任何企业面临的市场，由于用户太多，或者分布的地区太广，用户的需求和差异太大，因而企业不可能为市场中所有的用户提供有效的服务。但是，企业却能把面临的用户按需求上的差异加以细分，然后结合企业的特点和优势，从划分出来的一系列细分市场中，选择最具吸引力的、最能有效为之服务的部分作为目标市场，根据市场的要求生产出新型的汽车，使企业在竞争中处于有利地位。

（二）汽车市场细分的重要作用

实行细分化对汽车企业改善经营状况，提高经济效益，更好地为不同用户服务，具有重要的作用。

1. 有利于汽车企业发现有利的市场机会

通过汽车市场细分化，汽车企业可以认识每个细分市场上需求的差异。这些需求被满足的程度以及各细分市场的竞争情况，经过分析比较，结合本企业的自身能力，就可以发现需求没有得到满足，或被满足的程度较低，竞争者尚未进入或竞争对手很少，且本企业有能力提供产品和服务去满足这些需求的细分市场。这样，企业就能发现最有利的经营机会。

2. 有利于汽车企业针对目标市场制定最优经营方案

实现汽车市场细分化的企业，汽车企业比较容易集中力量深入了解所选定的目标市场的需求和不同层次消费者购买不同汽车车型的愿望，把有限资源集中用在目标市场上，对现有汽车产品种类、价格、质量及服务等做出针对性的改进；还可以开发新车型，以适应选定的细分市场上的需要。另外，根据用户的反应还可以在价格、销售渠道和促销方法等方面作出适当调整，从而使企业得到发展和壮大。

3. 有利于市场竞争和提高效率

通过汽车市场细分，会发现目标用户的需求特性，从而调整产品结构，提高汽车企业的竞争能力。同时，汽车企业可以把销售力量集中在选定的细分市场上，这比分散于整个市场更能获得经济效益。

（三）汽车市场细分的依据

市场是由用户组成的，每个用户或购买者都有许多特点而形成需求上的差异，细分化的基础就是购买者需求上的差异性。引起需求发生差异的原因是很多的，且对生产者市场和消费者市场又是有区别的。

1. 消费者市场细分的依据

市场细分的依据是客观存在的需求差异性，但差异性很多，到底按哪些因素细分，没有一个绝对的方法和固定不变的模式。通常把消费者市场细分的因素概括为四大类：

（1）地理细分化。

地理细分就是把市场分为不同的地理区域，如国家、地区、南方、北方、高原、山区等。各地区的自然气候、经济文化水平等因素，都会影响消费者的需求和反应。

（2）人口的细分化。

这是按照人口的一系列性质、因素来辨别消费者需求上的差异。如按年龄、性别、家庭人数、收入、职业、教育程度、民族、宗教等性质因素来细分。

（3）心理的细分化。

这是按照消费者的生活方式、个性等心理因素上的差别对市场加以细分。生活方式是指一个人或一个群体对生活、消费、工作和娱乐的不同看法或态度；个性是指一个人和他人区别开来的独特的、整体的特性，个性不同也会产生消费需求的差异。如款式独特的汽车和款型传统的汽车的购买者的个性存在差异，前者比较活跃、易动感情、爱好交际，而后者比较稳重、严谨、保守等。

（4）行为的细分化。

所谓行为的细分化，就是根据用户对产品的知识、态度、使用与反应等行为将市场细分为不同的购买者群体。属于这些的因素有多种，主要有购买理由、利益寻求、使用者情况和使用率、品牌忠诚程度、待购阶段和态度等。

以上是消费者市场细分的依据，但究竟以哪个因素为主，还要根据具体情况灵活运用，以便获得最佳的营销机会。

2. 生产者市场细分的依据

生产者市场细分，一般是应用消费者市场细分化的有关因素，再根据生产者市场的特点添加一些细分因素来进行的。

（1）最终用户。

生产者市场常按最终用户的需要来进行细分。由于不同用户的需要侧重不同或追求不同的利益，因此要制定不同的策略。

（2）用户规模。

用户规模的大小，即购买量的大小，也被许多企业作为细分产业市场的一个很有用的依据。因为大中小用户对企业的重要性不同，所以在接待上也有所不同，大用户通常由主要业务负责人接待洽谈，一般中小用户则由推销员接待。

在大多情况下，并不以单一因素对市场进行细分，而是兼用几个因素甚至一系列因素来具体划分企业的目标市场。

（四）汽车市场有效细分的条件

为了使细分市场具有实用价值，使之能为汽车企业选择目标市场提供有价值的依据，企业在市场细分时，必须具备以下几个条件：

1. 差异性

差异性是指在某种汽车产品的整个市场中确实存在着购买与消费上的明显差异，并足以成为细分的依据。

2. 可衡量性

可衡量性是指根据某种特性因素划分出每个细分市场，其规模和购买力的大小是可以衡量的。

3. 可进入性

可进入性是指汽车企业对该细分市场能有效地接近和服务的程度。汽车细分市场必须是汽车企业能够进入并占有一定份额的，否则没有现实意义。

4. 实效性

细分市场的规模必须使汽车企业有利可图，有一定的现实需求量和潜在的需求量。细分市场规模的大小，应考虑其包含的人和购买力要符合实现企业经营目的的要求。

(五) 汽车市场的细分

1. 根据汽车产品大类进行分类

根据此方法汽车市场可分为：(1) 乘用车市场；(2) 商用车市场。

分类依据主要是 GB/T 3730.1—2001《汽车和挂车类型的术语和定义》中的分类方法，这种分类将作为私人代步工具的车辆和公务及商业经营的运输车辆分成两大类：即 9 座以下的车型为乘用车，9 座以上的车型为商用车。乘用车又分为基本乘用车（轿车），越野乘用车（轻型越野车），专用乘用车（邮政车、警用车等），其他乘用车（子弹头、东南富力卡）；商用车分为客车和货车。尽管客车也是用于运送人员的车辆，但由于客车一般不作为私人代步工具车辆，因此，分类中将客车列在商用车的类别中。

2. 根据购买者进行分类

(1) 家用汽车市场。

家用汽车市场是指将汽车作为个人或家庭消费使用，解决私人交通代步的用户，他们构成汽车的私人消费市场。目前，这一市场是我国汽车市场增长最快的一个细分市场，汽车进入家庭的普及程度，是衡量一个国家或地区汽车发展水平的重要指标。

(2) 集团消费汽车市场。

集团消费汽车市场是指将汽车作为法人单位的集团消费性物品使用，维持集团事业运转的集团用户。我国通常称为“机关团体、企事业单位”，它们构成汽车的集团消费市场。这一市场是我国汽车市场中比较重要的一个细分市场，其重要性不仅表现在具有一定的需求规模，还常常对全社会的汽车消费起着示范性作用。这类用户主要包括各类企业单位、事业单位、政府机构、司法机关、各种社团组织以及军队等。

(3) 运输营运者汽车市场。

运输营运者汽车市场是指将汽车作为生产资料使用，满足生产经营需要的组织和个人。这类用户主要包括具有运输机构的各类企业单位、将汽车作为必要设施装备的各种建设单位、各种专业的汽车运输单位和个人等。目前，这一市场在我国汽车市场上也占有重要位置，特别是对某些车型而言，它是这些车型的主要市场。

(4) 其他直接或间接用户汽车市场。

其他用户汽车市场是指以上用户以外的各种汽车用户及其代表，主要包括以进一步生产为目的的各种再生产型购买者，以进一步转卖为目的的各种汽车中间商等。由这类购买者构成的市场，对汽车零部件企业或以中间性产品（如汽车的二、三、四类底盘）为主的企业而言，是非常重要的。

上述汽车用户也可以分为消费者个人和集团组织两大类，前者构成汽车的消费者市场，后者构成汽车的组织市场。也就是说，组织市场是指工商企业为从事社会生产或建设等业务活动，以及政府部门和非盈利性组织为履行职责而购买汽车产品所构成的市场，即组织市场是以某种组织为购买单位的购买者所形成的市场，是消费者市场的对称部分。就卖方而言，消费者市场是“个人”市场，组织市场则是“法人”市场。

各类不同的汽车用户，对汽车的需求及其购买行为，有着不同的表现，有必要进行分门别类的研究。

3. 根据汽车产品的完整性进行分类

（1）汽车整车市场。

（2）汽车部件市场。

（3）汽车配件市场。

4. 根据汽车的使用燃料进行分类

（1）汽油车市场。

（2）柴油车市场。

（3）其他燃料或动力车市场。

5. 根据汽车的登记程序进行分类

（1）新车市场。

（2）二手车市场。

此外，还可以根据地理位置、自然气候条件、产业、所有制形式等不同进行细分。

技能训练：讨论汽车市场细分的目的。

单元二

汽车市场营销

学习任务

学习目标：掌握汽车市场营销的含义，熟练领会市场营销观念和本质。

任务导入：人们经常把市场营销同推销或销售相混淆，那么市场营销的含义到底是什么呢？市场营销同推销或销售的关系是怎样的？

一、汽车市场营销的含义

市场营销是企业为了满足消费者现实和潜在的需要及实现企业目标，通过市场达成交易所展开的综合性商务活动过程。换句话说，市场营销是关于产品和服务的设计、定价、促销和分销的规划与实施过程，旨在促成符合买卖双方目标的交换。

市场营销与市场紧密相关，它与市场既相互关联又相互区别。市场营销主要包括以下几方面的含义：

（1）市场营销的目的是为了满足消费者现实和潜在的需要及实现企业的目标。满足消费者现实和潜在的需要是开展市场营销活动的最高准则，实现企业目标的关键是获取尽可能多的利润。在商品经济的条件下，不满足消费者需求就不可能达到获利的目的，或只能得益于一时，但不能收效长久。市场营销要求买卖双方实现互利的交换，卖方按买方要求提供商品，使买方得到满足；同时，卖方获取相应的利润，本身也得到满足，双方各得其所。市场营销的目的在于了解消费者的需要，按照需要来设计、生产或提供适销对路的产品或服务，同时选择销售渠道，做好定价、促销等工作，从而使产品和服务被消费者接受，满足买卖双方的需要是市场营销的本质。

（2）市场营销的核心是达成交易。市场营销的核心是通过市场达成交易，引导商品和劳务转移到消费者手里，把消费者手中的货币转移到生产者和中间商手中，从而完成商品或劳务的交换过程。交换是市场营销的重要内容，交易是交换的基本单元，是由双方间的价值交换所构成的行为。

（3）市场营销的手段是开展综合性的商务活动。综合性的商务活动也称现代市场营销活动，既包括企业在流通领域内进行的商品交换活动，又包括生产过程前的市场调研活动和流通过程结束后的售后服务。市场营销不仅以消费者为全过程的终点，更重要的是以消费者为全过程的起点。

市场营销既不同于销售，也不同于推销。销售和推销是指产品生产出来后所进行的售货活动。而市场营销的含义比销售和推销更广，它包括研究消费者的需求、生产适销对路的产品、认真做好售后服务等。由此可见，销售和推销只是市场营销的一部分，不能把市场营销与销售和推销作为同义语来理解。

根据上述对市场营销含义的认识，总结出汽车市场营销的含义是：汽车市场营销是汽车企业为了满足汽车购买者对汽车产品现实和潜在的需要及实现企业目标，通过汽车市场达成交易所展开的关于汽车产品的综合性商务活动过程。汽车市场营销的一切基点是市场经济，是一种从市场需要出发的管理过程。

二、市场营销学

（一）市场营销学的含义

市场营销学是研究如何管理与实施市场营销活动的一门学科，是一门经济方面的具有综合性和边缘性特点的应用科学，是一门经营管理的软科学，更是一门艺术。市场营销学的研究对象是企业的营销活动和营销管理，即如何在最适当的时间和地点，以最合理的价格和最灵活的方式，把适销对路的产品送到用户手中。

（二）市场营销学的发展与沿革

市场营销学作为一门独立的学科，于 19 世纪末 20 世纪初诞生于美国，它是在资本主义商品经济迅速发展、市场销售问题日益尖锐化的社会背景下孕育、发展起来的。它的形成与发展经历三个阶段。

1. 形成阶段

从 19 世纪末到 20 世纪 20 年代，是市场营销学的形成阶段。19 世纪末，一些主要资本主义国家先后完成了工业革命，生产迅速增长，资本主义市场从自由竞争逐步向垄断过渡。由于工业革命的科技成果广泛运用到资本主义生产上，部分市场出现生产的增长速度超过市场需求增长的速度。20 世纪初美国许多大企业推行“泰勒制”科学管理方法，大大提高了生产效率，使生产能力的增长更是领先于消费需求的增长，企业之间的销售竞争日益激烈，产品积压严重。

一些经济学家根据企业销售的需要，着手理论上研究商品销售问题。1902 年，美国的密歇根大学、加州大学、伊利诺伊大学的经济学家开始讲授推销术和广告的课程。在市场营销学界，大多数人认为 1912 年美国哈佛大学教授赫杰特齐（J.E. Hegertg）在走访、调查企业的基础上，编写出版的《市场营销学》是市场营销学作为一门独立的学科诞生的标志。但这时的市场营销学大多侧重于研究商品推销与广告宣传方法，从事这门理论研究也基本上局限于高等院校，并没有引起社会的足够重视。

2. 应用阶段

从 20 世纪 30 年代到第二次世界大战结束，是市场营销学的应用阶段。1929 年到 1933 年，资本主义国家爆发了有史以来的最为严重的经济危机。这场危机首先波及流通领域，商品积压，物价猛跌，商店关门；然后反作用于生产领域，工厂停工、减产，大批工人失业，市场萧条。在经济危机的打击下，面对严重的商品积压，许多企业家逐渐认识到只有重视和加强市场研究、推销和促销，企业才能在市场上立足。面对严峻的市场问题，企业考虑的首要问题是如何把产品推销出去。于是市场营销学由学校走向了社会，为企业家们所采用。但这段时期市场营销学的研究内容仍局限于产品推销和广告宣传，局限于研究推销商品的组织机构和推销策略等。这一时期，市场营销学最显著的特征是在流通领域的应用。

3. 变革阶段

从20世纪50年代开始，市场营销学进入变革阶段并走向成熟。第二次世界大战后，美国社会的生产与消费又进入一个全新的时期。一方面，随着“二战”结束，原来庞大的军事工业转为民用工业，生产规模扩大；另一方面，由于第三次科技革命的发展，劳动生产率大大提高，社会产品的数量剧增，品种日新月异，再加上垄断资产阶级及其政府吸取20世纪30年代经济危机的教训，推行“高工资、高福利、高消费”和“缩短工时”的政策，刺激社会购买力，人民的收入水平和文化生活水平迅速提高，消费者的需求发生质的变化，对商品的质量要求更高，对商品的挑选性越来越强。很明显，战后美国等发达资本主义国家的市场，特别是消费者市场，已经是名副其实的供过于求，卖主之间竞争非常激烈，市场交易活动中买方居优势地位，市场呈现较为典型的买方市场的形态。在这种情况下，企业（卖主）的一切经济活动，都必须以顾客（买主）为中心，根据顾客的需要来组织生产和销售活动，否则，企业（卖主）的产品就会卖不出去，企业也就难以在激烈的竞争中求得生存和发展。显然，原有的市场营销学理论、概念已不能满足需要，美国市场营销学界的一些专家在对原有理论进行反思、总结的基础上，不断提出一些具有革命性的新观点、新概念，被西方称为“营销学革命”，并把它与资本主义工业革命相提并论。这些新观点、新概念奠定了市场营销学变革的基础。这一变革的关键在于：旧的市场营销概念把市场看做生产过程的终点，企业营销的职能是如何把自己生产出来的产品推销出去；而新的市场营销学概念强调了买方需求、潜在需求，指出市场应该成为生产过程的起点，营销的职能首先是必须调查、研究消费者，把消费者的需求摆在营销活动的中心地位，然后据以组织生产和安排销售，只有这样，产品的价值才能在市场上实现。经过变革，原有的市场营销学的范畴被大大突破而走向成熟，从而确立了现代市场营销学的理论范畴。

（三）市场营销学的研究对象及其内容

1. 市场营销学的研究对象

随着市场经济的发展和社会环境的变化，人们对市场营销学的认识不断深入，对市场营销学的研究对象的理解也在不断深化。归纳起来，主要有以下三种提法：

（1）市场营销学是一种经营理论，研究如何以顾客为中心，以市场为起点和归宿，来探讨企业的市场经营活动的规律性。

（2）市场营销学是一种经营思想，研究如何有效地组织企业的资源和发挥企业的特长，去满足消费者的现实和潜在的需求，从而最有效地完成企业的预期目标。

（3）市场营销学是一种经营战略，研究如何调查、激发和满足消费者的需求，如何有计划地组织企业的整体经营活动，从而最有效地实现企业的市场战略目标。

综合上述三种提法，现代市场营销学研究的重点在于：在买方市场条件下，企业如何在激烈的竞争和不断变化的环境中了解和满足目标顾客的需要，识别、分析、选择和利用市场机会，组织整体营销活动，提高企业经济效益，求得生存和发展。在这里满足消费者（买主）需求与满足企业（卖主）获得盈利的需求是并行的、不悖的，它们之间是相互满足的关系。企业追求盈利是企业组织营销活动的客观目的，这在市场经济条件下是无可置疑的，否则，企业会失去营销的动力；而企业能否获得此动力又是以满足消费者的需要为前提的，这一前提条件贯穿企业活动的始终。因此，概括地说，市场营销学是一门研究企业如何更好地满足消费者需要的学问，其研究对象是：以消费者需求为中心的市场营销活动及其规律性。我们学习和研究市场营销学，要树立以顾客需求为中心的指导思想，正确剖析企业营销活动过程中的复杂问题，探索市场营销规律，规划和制定一整套市场营销策略和方法，开拓市场、占领市场，满足消费者需求，实现企业的整体营销目标。

2. 市场营销学的研究内容

一门学科的研究内容是由其研究对象决定的。市场营销学在西方发达国家，从孕育到成熟，已有近百年的历史，发展到现在，其理论内容相当丰富。本书借鉴西方市场营销学内容和体系，结合我国的实际，力求探索建立有中国特色的社会主义汽车市场营销理论，将研究以下几方面内容：市场营销的含义、现代市场营销观念、汽车营销市场的调研与预测方法、汽车营销环境分析、汽车消费心理与消费行为分析、产品策略、价格策略、促销策略、分销策略及服务营销、网络销售、绿色销售和营销管理等基本理论知识，并结合汽车产品特点，介绍汽车整车营销实务、汽车配件营销实务、二手车营销实务和汽车售后服务营销实务等业务知识。

三、现代市场营销观念

市场营销是一种综合经营活动，是企业通过一定方式使顾客的要求得到满足，并实现一定利润的商业过程。这种有意识的经营活动，是在一定的经营思想指导下进行的。这种经营思想即是市场营销观念。

从某种程度而言，市场营销观念正确与否，对企业经营的成败兴衰具有决定性的意义。市场营销观念的发展，大体经历了五个阶段，即生产中心观念、推销观念、营销主导观念、生态营销观念、社会营销观念和大市场营销观念。前两个观念属于传统营销观念的范围，后几个观念属于现代营销观念的范畴。

（一）生产中心观念

生产中心观念和推销观念合称为传统营销观念。所谓生产中心观念也称为生产导向观念（以产定销）。这种观念认为企业一切经营活动以生产为中心，企业能生产什么就生产什么，企业生产什么市场就销售什么。在这种经营观念的指导下，企业经营研究的课题主要是如何扩大生产、降低成本。早期的市场营销活动面临社会生产力低下、商品生产规模较小、供应满足不了需求、产品成本较高的状况，企业正是在这种市场形态下形成了以生产为中心的观念。

一般可认为生产中心观念的运用条件是：（1）社会需求远远超过供给，即卖方市场条件下，消费者争购商品，几乎没有选择余地；（2）产品成本和售价较高，提高产量、降低成本就能扩大销路。

在生产中心观念中除了“以量取胜”、“以低成本取胜”外，还有一种“以质取胜”，有人将这种观念称作产品观念，它仍然属于生产中心观念的范畴。所不同的是此观念认为只要产品质量过硬、经久耐用，自然会顾客盈门，生产企业就会立于不败之地。中国有句古语："酒香不怕巷子深"就是体现了"以质取胜"的产品观念。

美国一代汽车大王亨利·福特，1899、1901年与别人合伙经营汽车公司，但均由于产品（高价赛车）不适合市场需要而告失败。1903年创办福特公司，第一批汽车因实用、优质和价格合理而销路大开。1906年它又重蹈覆辙，面向富有阶层推出豪华汽车，结果一般的消费者都买不起，使得销售量直线下降。1907年他总结经验教训，及时调整经营指导思想，实行薄利多销战略，使生意又魔术般回升。1908年，他推出生产规格统一、品种单一、价格低廉、大众需要又买得起的T型车，并且大规模生产，此后的10余年，福特车适销对路，销售迅速增加，产品供不应求，使福特在商业上取得巨大成功。

20世纪20年代中期，随着经济增长和收入的提高，汽车需求发生变化，消费者开始追求时髦，T型车尽管便宜，但已不再吸引顾客，造成销售量下降。面对现实，福特一意孤行，坚持生产中心观念。在顾客提出是否有新产品时竟然说：无论你需要什么颜色的汽车，我福特只有黑颜色的车卖给你！而此时，通用汽车公司深刻注视市场的变化，适应市场需要，及时推出了新颜色和式样的汽车，于是雪佛兰开始排挤T型车，并占领了福特车市场的大量份额，福特公司从此永远让出了世界汽车霸主的地位。

（二）推销观念

在20世纪30年代初期，由于资本主义世界经济大萧条，大批产品供过于求，销售困难，卖方竞争加剧，企业担心的不再是生产，而是销售问题。推销观念是以销售活动为中心的观念，其特点是"我卖什么，顾客就买什么"。企业通过产品广告宣传，大力施展推销和促销技术，激发顾客的购买兴趣，达到扩大销路的目的。

推销观念的核心在于消费者不会因自身的需求和愿望来主动地购买商品，而是须有销售的刺激才能诱使其采取购买行为。推销观念忽视了顾客满意与否以及能否促使其重复购买。因此，这种观念不适应买方市场的要求。

（三）营销主导观念

营销主导观念是以顾客需要和欲望为导向的观念，它把企业的生产经营活动看做是努力理解和不断满足顾客需要的过程，而不仅仅是生产或销售的过程；是制造适销对路的产品，而不仅仅是推销已经制造出来的产品。因此，"顾客至上"、"顾客是上帝"等口号，相应成为众多企业经营的"座右铭"。

1. 营销主导观念指导下的企业营销活动的特点

（1）企业认为顾客最终决定企业的成败存亡，应当用顾客的观点来指导与检查自己的经营策略，因此，企业首先要决定目标市场的需要和欲望。

（2）企业认识到顾客的需求比产品的精美更为重要，因此，从寻求生产方面的特权转向重视市场方面的特权，以提高市场占有率为目标，力求比竞争对手更有效地满足市场需求。

（3）为了掌握市场的需求，企业的一切经营活动都应建立在调查、预测的基础上。

（4）企业认识到只有满足消费者的需求才能树立信誉，取得成功，获得长期稳定的盈利。

2. 营销主导观念同推销观念的区别

营销主导观念取代传统推销观念是企业经营思想上的一次深刻变革，新旧观念相比主要有四点不同：

（1）起点不同。

旧的推销观念的起点是产品，企业以提高劳动效率、增加产量、降低产品成本为前提，使消费者接受；新的市场营销观念的起点是市场，企业以生产适销对路的产品为前提，满足消费者的需要。

（2）中心不同。

旧的推销观念的中心是生产者，以卖方市场为主导，企业主宰市场，消费者处于被动地位；新的市场营销观念的中心是消费者，以买方市场为主导，消费者是市场的主人，市场引导企业以销定产。

（3）方法不同。

旧的推销观念的方法是推销与促销，以生产出来的产品为前提，强调广告宣传，开展推销和促销活动；新的市场营销观念的方法是开展整体营销活动，以生产适销对路的产品为宗旨，强调售前、售中、售后服务。

（4）终点不同。

旧的推销观念的终点是从扩大销售中获得利润，以近期利益为目标，目光短浅，非常关注眼前的蝇头小利；新的市场营销观念的终点是从消费者满足中获得利润，以长期利益、发展战略为目标，不断进取，注重整体效益。

（四）生态营销观念

生态营销观念形成于20世纪60年代，是以生态平衡原理为指导的市场营销观念。它强调企业要像生物一样适应环境，企业的营销活动要根据实际与可能，充分发挥自己本身的优势来满足消费者需要，其特点是“生产消费者需要的、又是企业所擅长的产品”，即是把企业优势与消费者需求结合起来的一种营销观念。

（五）社会营销观念

社会营销观念形成于20世纪70年代，是指企业在营销活动中必须承担社会责任。它认为企业的营销活动，要充分利用各种资源，满足消费者需求，使企业获得收益，减少公害、保护环境，其特点是“生产符合消费者、企业、社会利益要求的产品”。

社会营销观念形成的原因是现代工业的发展所带来的副作用。如：原始森林的逐渐消失；土地沙化面积越来越大；空气、水源、土地被严重污染；汽车排放的负面影响严重；地球温度升高，海平面上升；动植物种类和有限资源迅速减少等。人们在获得较多产品和服务的同时，却不知不觉地带来了极大的负效应，并为此付出了很高的代价。汽车就是一个很好的例子，消费者获得了汽车舒适、快速的效用，但也承受着汽车噪声和废气污染。正是以上原因，社会营销观念才被人们所提出来。

（六）大市场营销观念

大市场营销观念形成于20世纪80年代，是以整个大局为中心的观念。它认为企业不应消极地顺从、适应外部环境和消费者需求，而应借助政治力量和公共关系，主动地影响外部环境，开拓市场，其特点是“积极、主动开拓市场”。

大市场营销观念形成的原因是当时国际贸易中盛行保护主义，使得企业难以打开封闭的市场。因此，企业要在营销活动中运用经济、心理、政治、公共关系等手段，以博得国内各地方和国外各有关方面的支持与合作，充分打开局面，开拓市场。

营销主导观念（市场营销观念）、生态营销与社会营销观念、大市场营销观念统称为现代市场营销观念。后三者是市场营销观念的补充和完善。现代市场营销观念的确立和发展，一方面固然是资本主义经济发展的产物；另一方面也是资本主义企业经营经验不断总结和积累的结果。企业仅仅生产价廉物美的产品，仅仅靠生产出产品后再千方百计地去推销，并不能保证商品价值的实现，只有深入地了解并力求适应消费者的需要和欲望来组织营销活动，同时，使公众的生活水平得以提高，社会物质财富得以丰富，才是真正的营销之道，这就是促使营销观念变化发展的综合因素。

我国的汽车企业（生产企业和销售企业）的营销观念相对比较落后，创新能力明显不足，重产品、轻营销，对不断变化的市场需要缺少敏感性，忽视整体营销手段的运用，忽视市场营销组合策略的运用。一些汽车企业对现代市场营销观念贯彻不够，当汽车旺销、需求强劲时，企业就忽视了需求的潜在变化，不做深入细致的调查研究，不注重改进营销方法；当汽车滞销、需求不足时，汽车企业才被动地注重市场营销。很多企业缺少居安思危、励精图治的精神，缺少将营销活动作为汽车企业经营活动的中心工作常抓不懈的态度，所以市场营销的功能和作用的发挥受到一定的限制。

以上介绍的只是营销观念发展的几个主要阶段。随着社会的进步和科学技术的发展，绿色营销观念也被提上议事日程。它强调环境与经济的协调发展，追求人与自然的和谐，其目标是既要使人类的各种需求得到满足，经济得到充分发展，又要保护生态环境，不对人类后代的生存和发展构成危害。绿色营销提倡绿色的营销组合，即以绿色营销观念为指导，实施绿色产品、绿色价格、绿色渠道、绿色促销策略。从产品设计到资源利用，从技术工艺到产品包装都要求节约资源，减少污染。

四、市场营销策略组合

市场营销策略组合，是指企业根据目标市场需要和市场定位，对企业可控制的各要素进行优化组合和综合运用，并使之相互协调，发挥优势，以取得更好的经济效益和社会效益。营销策略组合主要包括产品（Product）、价格（Price）、分销（Place）和促销（Promotion）等四个要素，这四个词的英文首字母都是P，因此通常也将市场营销策略组合称为“4Ps”组合。

技能训练：举例说明汽车市场营销同汽车销售的关系。

单元三

服务营销

学习任务

学习目标：掌握服务营销的含义和服务营销策略。

任务导入：市场营销的对象是产品，而产品分为有形产品和无形产品，服务是无形产品的一种。服务营销是市场营销含义的组成部分，并同一般的市场营销的含义有联系，但也有一定的区别。

一、服务的含义

广义的产品概念包括服务的内容，营销理论和实践也是起源于实体产品的销售活动。然而，随着社会经济的不断发展，服务业在国民经济中所占的比重越来越高，其产值在不少国家甚至已经超过了农业、工业与建筑业的总和。例如，美国在20世纪末的服务业产值约占国内生产总值的74%，从业人员占就业人数的79%，我国服务业的产值在2000年也已占国内生产总值的33%。全球服务业的增长率，几乎是制造业增长率的两倍。

关于服务的定义，有过许多不尽相同的表述，营销学鼻祖菲利普·科特勒把服务定义为："服务是一方向另一方提供的基本上是无形的任何活动或利益，并且不导致任何所有权的产生。它的生产可能与某种有形产品密切联系在一起，也可能毫无关联。"

从上述定义可见，服务所提供给顾客的，基本上是无形的活动或利益，是一种或一系列行为。这个定义是指广义的服务，既包含营利性的服务行业所提供的服务，也包含非营利性组织所提供的服务，如政府通过公立学校、医院、警察、消防、市政、邮政等部门提供的服务，以及教堂、博物馆、慈善团体所提供的公益活动等。狭义的服务仅指营利性的服务行业所提供的服务。

二、服务的基本特征

服务的基本特征归纳为四点，即无形性、不可分性、不稳定性和不可储存性。

（一）无形性

服务在售出之前是无形的，看不到、摸不着。顾客在购买和消费之前，很难掌握服务的质量，营销者也很难把服务质量准确地展示和描述出来，如购买美容服务的顾客，只有在过程结束后才能看到效果。即使同一种服务，不同的顾客或同一顾客在不同的时间地点，往往会有不同的感受和评价。例如，对于一部影视作品，不同的人有不同的感受，同一个人因时间地点不同，心情不同，也会有不同的感受。

因此，服务的营销者应努力增加无形产品的有形成分，使服务在一个或几个方面有形化，如服务场所、设备、人员、宣传资料以及价格等都可在一定程度上使服务有形化，有助于顾客对服务质量做出判断（其中，企业和品牌的优良形象、顾客的口碑具有更加重要的作用）。

（二）不可分性

不可分性是指服务不能与服务的提供者分离，无论提供者是人员还是机器。有形产品通常是先生产、储存，然后销售，最后消费。与此相反，服务是先销售，然后生产和消费同时进行，顾客在一定程度上参与生产过程。或者说，服务在生产过程的同时也就是消费过程，二者不可分割。因此，服务提供者和消费者相互作用是服务营销的另一大特征。服务的这一特征，决定了它在销售和消费之前，无法实行事前的质量控制。传统的营销管理和质量管理对服务型企业不尽适用。

（三）不稳定性

服务的质量取决于服务人员、时间、地点和条件。例如，一家汽车 4S 店有若干服务人员，他们的服务态度、技能不可能完全一样，即使是同一服务人员，在不同的时间、地点和条件下，所提供服务的质量也往往有所不同。此外，提供者和顾客之间的相互关系、相互作用，也会影响服务的效果。所有这一切，都使服务的质量具有不稳定性、可变性和差异性，更难像有形产品那样实行标准化生产。因此，服务企业对服务质量的控制和管理格外重要。尽力保持服务质量的良好和稳定，是一切服务企业的不懈追求，是服务企业生存和发展的关键所在。

（四）不可储存性

由于服务的生产和消费是同一过程，所以服务是不可储存的。宾馆在淡季没有售出的房间，其价值自然消失，不能储存到旺季再增加供给。因此，对服务企业来说，调节不规则需求是一个非常重要的问题。在淡季需求不足时，服务人员和设备都相对过剩；而旺季需求饱和时，又会供不应求。营销者应通过定价、广告等各种营销手段，努力使供求趋于平衡。

以上服务的四个特征中，最根本的特征是服务的无形性，其他特征都是由此派生的，也正因为服务是无形的、非实体的，所以一般不会产生所有权的转移。

三、服务业的种类

随着社会经济的发展，为消费者服务和为产业运营服务的行业日益增多，诸如“猎头”服务、形象策划服务，以及保安、讨债等专业公司等。可以说，凡是社会活动和个人生活中出现某种需要，就会有某种服务业应运而生。新的服务行业不断涌现，传统的服务行业随着人们需求的多样化和高档化，也在不断改进服务方式，增加服务项目，提高服务质量。如何对种类繁多、五花八门的服务业进行分类，是一个比较复杂的问题。在国外，广义的服务业基本上等同于第三产业，即除农业、采掘业和制造业以外的所有产业，均称之为服务业。

在我国，通常所说的服务业是指以营利为目的、以提供无形服务为主的为社会生产和生活服务的各种行业，主要门类大致可划分如下：

（1）交通运输业，包括公路运输、铁路运输、航空运输、轮船运输等。在各种运输方式中，又可根据运输对象的不同分为旅客运输和货物运输。

（2）通信业，包括邮政、电话、计算机网络服务等。

（3）金融业，包括银行、保险、典当以及其他各种金融机构。

（4）旅游业，包括旅游公司、宾馆、酒店等。

（5）休闲娱乐业，包括影剧院、游乐场所、体育健身房等。

（6）建筑服务业，包括房屋设计、建筑、装修等。

（7）中介服务业，包括房地产买卖中介、婚友中介、交易所以及大众传播媒体等。

（8）租赁业，包括租车、租礼服、租书籍音像材料以及大型生产工具租赁等。

（9）生活服务业，包括家庭卫生清洗、庭院种植修剪、家用电器修理、汽车修理与美容、洗浴业等。

（10）知识服务业，包括律师、会计师、营销策划、公关形象策划、电脑咨询等。

此外，还有文化教育、医疗保健等。各类服务业中又包含若干具体行业，涉及社会物质生活和精神生活的各个方面，并且随着经济技术的发展和社会分工的深化，服务业的门类还会细化，还会增多，还会有更大的发展。

四、服务营销策略

（一）服务营销策略

传统的“4Ps”营销组合主要适用于有形产品的营销。现代营销理论认为，对服务营销来说，在“4Ps”之外，还需要增加人（People）、有形实证（Physical Evidence）和过程（Process）这三个“P”。

1. 产品

服务产品所必须考虑的要素是提供服务的范围、服务质量、服务水平、品牌以及售后服务等。服务产品的这些要素组合的差异相当大，如一家供应几样菜的小餐馆和一家供应各色大餐的五星级大饭店的产品要素组合就存在着明显差异。

2. 定价

价格方面要考虑的要素包括：价格水平、折让和佣金、付款方式和信用。在区别一项服务和另一项服务时，价格是一种识别方式，顾客可从一项服务的价格感受到其价值的高低。价格与质量间的相互关系，也是服务定价的重要考虑因素。

3. 渠道

提供服务者的所在地以及其地缘的可达性都是影响服务市场营销效益的重要因素。地缘的可达性不仅是指实物上的，还包括传导和接触的其他方式。所以分销渠道的类型以及其涵盖的地区范围都与服务可达性密切相关。

4. 促销

促销包括广告、人员推销、销售促进、宣传、公关等各种市场营销沟通方式。

5. 人

在服务企业担任生产或操作性角色的人，在顾客看来其实就是服务产品的一部分，其贡献也和其他销售人员相同。大多数服务企业的特点是操作人员可能担任服务表现和服务销售的双重任务。因此，市场营销管理者必须和作业管理者协调合作。企业工作人员的任务极为重要，尤其是那些经营“高接触度”的服务业务的企业。所以，市场营销管理者还必须重视雇用人员的甄选、训练、激励和控制。此外，对某些服务而言，顾客与顾客间的关系也应引起重视。因为，某顾客对一项服务产品质量的认知，很可能要受到其他顾客的影响。

6. 有形实证

有形实证会影响消费者和顾客对于一家服务企业的评价。有形实证包含的要素有：实体环境（装潢、颜色、陈设、声音），提供服务时所需用的装备实物（比如汽车租赁公司所需要的汽车），以及其他实体性线索，如航空公司所使用的标识，干洗店将洗好衣物加上的“包装”等。

7. 过程

人的行为在服务企业很重要，而过程（即服务的递送过程）也同样重要。表情愉悦、专注和关切的工作人员，可以减轻必须排队等待服务的顾客的不耐烦感，还可以平息顾客在技术上出问题时的怨言或不满。整个系统的运作政策和程序方法的采用、服务供应中的机械化程度、员工决断权的适用范围、顾客参与服务操作过程的程度、咨询与服务的流动等，都是市场营销管理者需特别关注的事项。

（二）服务内外部营销和相互营销

最新的营销研究理论成果表明，服务营销不仅需要传统的外部营销，也必须十分重视内部营销和相互营销。

1. 外部营销

外部营销是指企业对顾客的营销，即服务产品、定价、分销和促销等方面的营销活动。

2. 内部营销

内部营销是指企业将经营理念、管理制度、营销哲学根植于企业各个部门和员工的过程，并且内部各职能部门和员工彼此把对方视为顾客。为了使员工做好服务工作，提高对顾客服务的质量，必须先搞好内部营销，充分发挥全体员工的主动性和积极性。服务企业主要是靠员工提供无形的服务，来占领市场争取顾客。顾客对企业的认知和满意度，主要取决于服务人员的服务技能和服务态度。因此，企业能否使全体员工协调合作，共同奋斗，真正以企业主人翁的态度做好自己的本职工作，对企业的服务水准和营销绩效具有决定意义。

3. 相互营销

由于服务的过程既是生产过程，同时也是消费过程，因此，服务质量不但取决于服务人员一方，还要取决于买方行为表现，即买卖双方的生产过程与消费过程彼此交织。服务人员不但需要掌握服务技能，还要善于处理与顾客的关系，建立、保持和强化与顾客的关系，开展关系营销。

（三）服务差异化营销策略

所谓的差异化，就是努力使自己与竞争者区别开来，以更好地为目标顾客提供服务。有些服务行业如通信、运输、银行等，如果差别不大，价格竞争就会愈演愈烈，最终导致两败俱伤。缓和价格竞争的最重要的手段，就是实行差异化营销，这种战略对服务业比对生产行业更加重要。

服务业的差异化营销策略，有下述三种基本类型：

1. 服务产品差异化

服务产品差异化即增加一些创新的有特色的服务项目。有些行业基本服务组合近似，差别不大，如电信公司提供的电话服务，运输公司提供的运送服务等。但是在这些基本服务之外，可在附加服务方面增加特色，如电信公司推出情侣号码，情侣之间的通话享受折让优惠；运送公司推出生鲜运输货柜等。创新的服务很少能长期保持领先地位，大多数的创新都很容易被竞争对手效仿，企业应将其与其他营销工具整合使用，树立特别的品牌形象，提高模仿壁垒。

2. 服务人员差异化

如果服务产品本身的差别不够明显，则可在服务人员和服务方式上实行差异化，如选择和培养更好的服务人员，设计更加文明、快速的服务程序等。例如上海一家饭店专营俄罗斯菜，其服务人员全部是婀娜多姿的俄罗斯姑娘，让消费者真切体味到异国风情，生意十分火暴。

3. 企业形象差异化

服务企业可通过品牌标志、颜色、象征性符号，建立自己的个性和形象，如麦当劳的金色大 M 字母、迪斯尼乐园的米老鼠和唐老鸭等。

企业还要善于利用各种传媒工具宣传自己的形象，使之深入人心，经久不忘，产生联想。一般而言，企业应综合运用这些差异化的营销策略，从而持久地增强自身的市场竞争力。

五、服务质量管理

质量是企业永恒的主体，服务质量管理自然也是服务营销管理的中心问题。由于服务存在着无形性、不可分性、不稳定性和不可储存性等基本特征，服务的生产过程往往是消费过程，因此不可能事先控制生产过程并全面检测服务质量，以保证提供给消费者的服务产品符合规定的质量标准。

（一）服务质量内容

消费者对服务质量的好坏的感受也难于评估。消费者对服务质量的认知，取决于他们的预期质量与在消费过程中实际感受到的质量的比较。由于参与生产过程，消费者对服务质量的评估不仅要看服务结果如何，而且要看服务过程的好坏。消费者对服务质量的认知有两个基本的方面：技术或产出方面、职能或过程方面。

1. 技术质量

技术质量是指消费者从服务过程中所得到的东西，也即服务过程的产出，如餐馆的饭菜是否可口，医院是否药到病除，列车是否准点等。对于这一层面的服务质量，消费者容易感知，也易于做出相对客观的评价。

2. 职能质量

服务质量的另一个不可分割的方面是职能质量。消费者对于服务质量的感知不仅包括他们在服务过程中所得到的产出，而且还包括其在接受服务的过程中的主观感受，如服务人员的行为、态度、仪表、着装，甚至一言一笑、举手投足都可能会让消费者有着不同的感受。显然，职能质量难以被客观评价，它更多地取决于消费者的主观感受，不同的人或同一人在不同的时间、地点和条件下，都可能有不同的感受。

（二）服务质量的评定标准

一般认为，服务质量的评定可以从可靠性、响应性、保证性、移情性和有形性五个基本方面来分析，而消费者一般也是从这五个方面来感知服务质量的。

1. 可靠性

可靠性是指服务方可靠、准确地履行服务承诺的能力，可靠的服务行动是顾客所希望的。感知服务质量同顾客的预期是分不开的，顾客总是把二者加以对比，如果感知服务达不到预期服务的质量，顾客就不会满意，并很可能永远不再接受这家公司所提供的服务。

2. 响应性

响应性是指能及时响应顾客的需求并提供服务。不能及时响应顾客的需求，让顾客等待，特别是无原因的等待，会对质量感知造成不必要的消极影响，出现服务失败时，服务方应迅速采取补救措施以减轻其给质量感知带来的消极影响，如误点的航班给乘客提供一份额外的点心。

3. 保证性

保证性是指员工所具有的知识、经验、人格、修养等确保其提供合格的服务的能力。

4. 移情性

移情性是指服务方设身处地为顾客着想和对顾客的需求给予特别的关注。

5. 有形性

有形性是指有形的设施、设备、人员和沟通材料的外表。有形的环境条件是服务人员对顾客更细致的照顾和关心的有形表现。对这方面的评价（如洁净）可延伸至包括其他正在接受服务的顾客的行动（如旅馆中隔壁房间喧哗的客人）。

顾客从这五个方面将预期的服务和接受到的服务相比较，最终形成自己对服务质量的判断。期望与感知之间的差距是服务质量的量度。从满意度看，既可能是正面的也可能是负面的。

由上可见，服务质量是一个复杂的、多层次的概念，服务质量管理较有形产品的质量管理，难度要大得多。因此，服务企业必须认真研究影响服务质量的各种因素，加强服务质量的控制，不断提高服务质量。

（三）服务质量差距管理

服务质量差距是由质量管理不当造成的。西方营销学家帕拉苏曼等人提出了一个系统的服务质量管理模式，其要点是对服务提供者提出预期服务质量的主要要求，该模式表明了引起服务失败的五种差距：

1. 消费者预期与管理者认知之间的差距

企业管理者对顾客需要的认知，并不一定总是正确的。例如，医院管理人员可能认为医院伙食是病人最关心的，其实病人最关心的是护士的服务。产生这种差距的原因，主要是对服务需求的调研不够，信息不准确，或是信息在传递过程中失真或丢失。这可能与企业的管理体制和组织结构有关，需要调整改革。

2. 管理者的认知和服务质量规范之间的差距

管理者对顾客的需要认知准确，但没有建立特定的服务标准。例如，银行的管理者要求柜台服务人员工作准确迅速，但没有具体标准，难以执行和监督。

3. 服务质量规范和服务提供之间的差距

这种差距是由服务人员所提供的服务达不到质量规范的要求所致，其产生的原因很多，可能是员工培训不足，能力不够，或过度疲劳，或不愿达到该规范，规范本身有矛盾，缺乏可行性等。克服这种差距，应加强内部营销、内部培训、内部沟通。

4. 服务提供与外部沟通之间的差距

实际服务与广告宣传中的承诺不符，即名不副实。例如，一家旅馆在宣传材料中展示的房间十分豪华舒适，而实际上已经破旧不堪，顾客抵达后一定会不满意。产生这种差距的原因就在于传播失实，误导了顾客的期望，主要措施是改进营销传播，信守承诺。

5. 感知服务和预期服务的差距

这是最主要的差距，是上述其他差距的最终结果。

明确这些差距，是企业制定战略、策略，以及保证期望质量和感知质量一致的理论基础。差距管理模式，可使管理者发现质量问题的根源，从而采取改进措施。

(四) 服务的需求与供给管理

由于服务的不可储存性，面对不规则需求，服务企业可以采取以下措施予以调节：

1. 需求调节

(1) 用差别定价的办法转移需求。例如，电影院的早场和晚场电影，票价不同，餐厅的午餐和晚餐定价也不同，因为晚间业余时间需求量大，定价可较高些。又如，北京市和天津市之间的火车票价格，早晚和午间不同，因午间来往人少可定价低些，早晚人多可定价高些。

(2) 开发非高峰时间的需求。例如，麦当劳开办早餐服务。

(3) 开展需求高峰时的补充服务。例如，游乐场所为排队等待的游客提供坐椅、饮料，理发店为等待者设休息室，摆放书报杂志。

(4) 广泛实施预约制度。例如，诊所看病可事先电话预约；旅行可预订机票、车票，旅馆可预订房间。

2. 供给调节

(1) 在需求高峰时段，雇用兼职服务人员。例如游乐场所在节假日雇用临时服务人员。

(2) 在需求高峰时段，调整服务程序，提高服务效率。例如，医院在繁忙时可由医辅人员协助医生做些辅助工作。

(3) 鼓励顾客更多地参与自我服务。例如，餐厅服务员不足时，可请顾客自己写菜单。

(4) 联合购置共用的服务设备。有些大型贵重的服务设备，利用率不高，可由几家服务组织共同使用，如大型医疗设备可由几家医院或诊所共同使用。

(五) 提高服务的生产效率

由于服务成本的不断增长，使提高服务生产效率日显迫切。服务企业提高服务生产效率的方式主要有以下几种：

(1) 服务企业通过培训提高员工服务技术水准和服务生产效率，也可雇用服务技术更高、工作更积极而报酬相同的新人。

(2) 某些服务组织可放弃一些质量来增加服务数量。例如，保健医生可适当减少用在每个病人身上的时间，以照顾更多的病人。

(3) 增加服务设备，并使服务过程标准化，以节约服务时间。例如，商用洗碗机可减少服务人员，提高生产效率。

(4) 服务企业可广泛利用技术来提高服务效率，降低成本，增加效益。例如，利用电脑存储和提取顾客信息，以电子邮件定向促销，可提高服务效率，降低成本，提高消费者的满意度。

技能训练：举例说明汽车服务营销同一般意义上的汽车市场营销的区别和联系。

单元四

绿色汽车营销

学习任务

学习目标：掌握绿色营销的含义。

任务导入：无公害的食品通常被称为绿色食品，而现在绿色汽车营销也越来越受到人们的重视，那么绿色汽车营销的含义到底是什么呢？

一、绿色营销概述

（一）绿色营销的起源

绿色营销是近 30 年来营销领域中提出的一个新概念，它的提出及逐步实行，是整个人类社会绿色革命的一个组成部分。近一个世纪以来，人类社会从总体上进入了工业社会，西方各国的人均国民生产总值大都超过了 1 万美元，但是，在创造富裕生活的同时，也带来了资源浪费、环境污染、社会道德沦丧和生活信念失落等问题。例如，由于工业生产无节制地开采资源，使很多重要的矿产、能源面临枯竭，目前全世界铜的储藏量仅可供持续开采 40 年，天然气为 50 年，石油为 30 年；过度砍伐森林，使森林面积不断减少，1950—1985 年全世界的森林面积减少了一半；由于工业和生活用水量急剧增加，水源遭受污染，造成全球一百多个国家缺水；交通、城市、工矿大量占用土地，以及垦殖不当，造成耕地面积大幅度减少，从 20 世纪 60 年代以来，世界人均耕地面积已从 0.45 公顷下降到 0.24 公顷；工业和交通排放大量废气、废热，已使大气层中的二氧化碳大量增加，臭氧层遭到破坏，给地球环境和人类健康带来极大危害；另外，在富裕生活中成长起来的年青一代，由于较少经历人类的不幸或苦难，历史使命、社会责任、友爱、克制、节俭等价值观念被淡化，社会犯罪、婚姻不幸、家庭解体等社会动荡因素在不断增长。

面对上述巨大的环境问题和社会问题，人类逐渐认识到，不注意环境保护和生态平衡的经济发展实际上是一条自我毁灭的道路。为了治理环境，减少污染，寻找新的节约资源的生产方式，人们付出了巨大的经济和社会代价，在经济发展、国民收入增加的同时，又支付了高额的环境保护费用，这两种费用互相抵消之后，人们发现经济净收入其实并没有那么多，所以以“绿色”为标志的保护生态环境的运动逐渐被人们所关注和接受。

1971年，加拿大工程师戴维·麦克塔格特发起成立了“绿色和平组织”，后人简称为“绿党”，它的宗旨是反对核试验，反对捕杀鲸鱼等海生动物，反对环境污染。其行动深得各国人民的拥护，人们纷纷加入或自行组织环保组织，整个队伍已发展到70多万人，在反对核试验、保护海生动物和反对环境污染方面成绩卓著。

1972年，联合国在瑞典的斯德哥尔摩第一次召开了人类环境会议，向世界发出了“只有一个地球”的强烈呼吁，同时发表了《斯德哥尔摩人类环境宣言》。

1987年，联合国环境与发展委员会公布了《我们共同的未来》的报告，正式提出了“经济的可持续发展”这一概念。其内涵是：（1）鼓励经济增长，消除贫困，增强国力；（2）不仅重视数量增长，更追求改善经济生活的质量，实行清洁生产和文明消费；（3）要以保护自然为基础，在经济发展过程中与资源和环境的承载能力相协调，保证地球生态的完整性，保证以持续的方式使用可再生资源，使人类的发展保持在地球承载能力之内；（4）要以改善和提高生活质量为中心目标，要与社会进步相适应。

总之，可持续发展包括经济持续、生态持续和社会持续，它们之间是互相联系协调而不可分割的整体。

我国在1994年制定了《中国21世纪议程》，为在中国实现生态与经济协调发展提出了目标，制定了政策措施。在这样一个历史发展的背景下，“绿色营销”开始出现了，它是整个绿色运动的一部分，是市场中的企业顺应经济发展和社会发展潮流的结果。营销的宗旨是一切从需求出发，通过满足消费者的需求，实现企业的目标。在绿色理念普遍盛行的今天，消费者在评价商品时，也更多地注重绿色因素，即商品的环保功能。哪个企业具有绿色意识，商品具有环保功能，哪个企业就受消费者的欢迎。所以绿色营销与营销的宗旨是完全一致的，它是营销内涵的进一步丰富和现代化。

(二) 绿色营销的含义

绿色营销是指企业在整个营销过程中充分体现环保意识和社会意识，向消费者提供科学的、无污染的、有利于节约资源和符合良好的社会道德准则的商品和服务，并采用无污染或少污染的生产和销售方式，引导并满足消费者的有利环境保护及身心健康的需求。

绿色营销的主要目标是通过营销实现生态环境和社会环境的保护及改善。其宗旨是节约原材料耗费，保护地球资源，实行养护式经营，确保消费者使用产品的安全、卫生、方便，以提高人们的生活质量，并引导绿色消费，培养环保意识，优化人类的生存空间。

(三) 绿色营销的过程

绿色营销，就是要充分注意消费者的绿色需求，通过绿色产品的生产和销售，满足消费者的绿色需求。

绿色营销的完整过程包括：

（1）树立绿色营销观念。

（2）收集绿色信息。

（3）制定绿色计划。

（4）开发绿色资源。

（5）研究开发绿色产品，树立绿色品牌。

（6）使用清洁技术生产绿色产品，进行绿色服务。

（7）产品包装绿色化。

（8）争取获得绿色标志及取得 ISO 14000 环境认证。

（9）制定绿色价格。

（10）开展绿色促销活动。

（11）开辟绿色渠道。

（12）引导绿色消费。

（13）实施绿色营销的监管。

二、实施绿色营销策略应注意的问题

（一）确立企业的绿色观念

市场观念是企业开展营销活动的基本指导思想。从历史上看，生产观念、推销观念、市场营销观念、生态学营销观念、社会营销观念、战略营销观念等，无不在营销实践的发展过程中起到了重要的推动作用，如今，为促进绿色营销的发展，也应实现观念的更新。汽车企业应明确树立并全面贯彻绿色营销观念，教育全体员工认识到环保事业是功在当代、利在千秋的崇高事业，视保护环境为己任，使环保目标与企业的经营管理目标融为一体。这样，绿色营销就成了汽车企业的自觉行动，而不会被当作权宜之计或不得已而为之的工作，才能健康、顺利地发展下去。

（二）努力开发利用环保技术

绿色营销的发展，取决于观念的更新、管理机制的转变和各项环保技术的应用。我国是一个发展中国家，科技水平相对落后，人们环保意识较弱，环境污染严重。在这种情况下实施汽车企业的绿色营销，必须特别注意加强科技投入，采取各种可行措施，引进或开发环保新技术，逐步增加产品设计、制造、分配、使用、报废各环节的绿色因素。我国环保技术的开发与利用潜力是相当大的，各大小汽车企业都应当努力以先进技术带动绿色营销的发展。

（三）善于发现并抓住绿色营销机会

由于我国环境污染、破坏严重，环保事业百废待兴，汽车企业的绿色营销机会随处可见。但实际上，企业的绿色营销实践只能循序渐进地进行。因此，应根据内外环境的具体要求，制定出汽车企业绿色营销的长远规划。在实施计划的过程中，注意进行广泛的调查研究，及时发现并抓住可行的营销机会，积极、主动而又有计划地推进企业绿色营销的发展。

（四）注意搞好绿色消费教育

绿色消费运动呼吁企业的绿色营销实践，也要求消费者树立绿色消费意识。在我们这样的发展中国家，还有相当多的人口对环境问题缺乏认识，甚至不知道什么叫绿色消费，什么叫绿色营销，这种状况显然不利于绿色营销活动的开展。为此，汽车企业也应肩负起对消费者进行教育的责任，注意传播环境保护与绿色消费知识，加强与消费者之间的信息沟通，以自身的努力呼唤各阶层消费者的意识，推动绿色消费运动的发展。这样，既可以扩大汽车企业活动范围，增强企业的动力，也有助于汽车企业绿色形象的塑造，提高企业绿色营销的成效。

（五）研究和遵循有关环保法规

目前，搞好绿色营销已成为各汽车企业的当务之急。但是，作为汽车企业切不可盲目地随波逐流，而应保持清醒的头脑，制定并实施最佳的行动方案。环保法规对企业行为的影响是相当重要的，必须全面了解。我国的环保法律、法令、规定等有数百种之多，国外的环保法令种类更多，有些规定相当具体，处罚相当严厉。国际标准化组织制定的最新国际环境标志制度也已颁布执行。这些法规或标准，既可以成为汽车企业的压力，又可以为汽车生产企业提供发展的机会。汽车生产企业应该明确方向，克服障碍，推动绿色营销的顺利发展。

三、绿色汽车

（一）绿色汽车的内涵

汽车作为特殊的商品其发展速度之快令人咋舌，而其对人类生存环境的污染也日益加剧。汽车排放的废气和噪声被一致认为是城市中的公害，它影响了人类的身体健康，污染了人类生存的环境，已成为较严重的社会问题。美国最新研究表明：汽车排放管和工厂的烟囱一样，释放的有害气体已成为无形杀手，其危害程度大于车祸。

2001 年 6 月，一项对美国圣保罗、墨西哥城、圣迭戈和纽约四城市的污染情况的研究报告，汽车废气污染导致死亡的人数已经超过交通事故。该研究报告反映的情况，与世界卫生组织调研报告基本吻合。美国环保组织估计到 2020 年，全世界将约有 800 万人死于空气污染，其中由汽油和煤的燃烧而导致人们因为哮喘、心脏病、肝脏功能失调而死亡的占绝大部分。

汽车排放的废气中的污染物主要包括一氧化碳、碳氢化合物、氮氧化合物、铅化合物等有害物质。据有关专家检测，一辆汽车在行驶过程中，平均每天约排放出的一氧化碳为 3 千克，碳氢化合物为 0.2～0.4 千克，氮氧化合物 NO_x 为 0.05～0.15 千克。当然由于发动机类型、排量、燃料、技术状态、运行时间、气候、道路条件等，上述数据可能会有所不同。“环保汽车”、“绿色汽车”的提出是社会进步的产物。汽车“零污染”的倡议引发了一场新能源技术的竞争，也促进了汽车“无污染”法律的制定和贯彻。

（二）汽车厂商纷纷研制“绿色汽车”

作为绿色革命的战略手段，也为了汽车企业的生存和发展，近几年来世界各大汽车厂商争相研制无污染、低污染的“洁净汽车”，并纷纷制定出市场推广时间表。

世界汽车厂商争相研制“洁净汽车”的原因主要有三方面：顺应环保的需要，解决石油资源不足，政策和技术的需要。

不少国家已出台了限制汽车尾气排放的法规，而使用传统的燃油发动机汽车技术很难达到，这样新能源汽车，特别是燃料电池汽车越来越受到重视。

从目前发展的情况来看，具有发展前景并替代石油为能源的技术有天然气、混合动力、液氢技术和燃料电池技术。通用公司的专家透露，到 2010 年通用公司的燃料电池汽车产量将占汽车总产量的 10％；2025 年这个比例将上升到 25％。天然气是可尽资源，而且很难达到零排放标准，所以只能作为过渡燃料。混合动力汽车指的是在城市内使用电能，在郊外或高速公路使用柴油或汽油推动以解决交通的需要，显然也只能作为过渡产品。

以戴姆勒—克莱斯勒、福特和三菱为一方，通用、丰田为另一方，结成两大汽车方阵展开了燃料电池汽车技术的开发竞争。其原理是氢气和氧气在燃料电池中发生电化学反应产生电能，推动汽车前进。前者采用的是通过车载反应器将甲醇转换成氢气的燃料电池汽车技术；后者不加反应器，直接使用液氢或汽油重整制氢技术。

（三）我国的环保汽车状况

1. 天然气汽车

根据全国第二次油气资源评价资料，我国天然气总资源量为38.04万亿立方米，潜力极大。一批大中城市正在积极推广使用液化石油气作动力燃料。事实上，天然气在汽车上的应用已有长达80年的历史，技术已基本成熟。天然气的价格比汽油便宜，不影响发动机的性能，没有燃烧汽油的积碳现象，可以延长发动机使用寿命；同时，天然气使用安全，排污少，对环境有利。

目前，以天然气作为唯一燃料的单燃料天然气汽车，尚有一些技术问题需要解决，所以还不多见。世界上和我国开发使用的天然气汽车，大都是由燃油汽车改装成的，既可烧汽油（烧柴油的改装稍复杂），也可烧天然气。改装一辆汽车的成本约5 000元左右，一年节约的燃料就可收回成本。我国已从新西兰引进改装技术和充气技术，并在四川、大庆、中原、齐鲁等各大油田推广使用。

目前，我国已有5～6家汽车主机厂生产双燃料天然气汽车，其发展势头不容低估。

液化石油气汽车和天然气汽车有时统称为天然气汽车。按天然气（或液化石油气）与汽车的匹配特点，天然气汽车可分为：天然气专用汽车、两用燃料汽车、双燃料汽车三类。

我国天然气汽车起步较晚，各地发展很不平衡，北京、上海多见液化气汽车，哈尔滨、重庆以天然气汽车居多。

全国首家天然气汽车研究中心——深圳绿色环保汽车研究中心，成功研制了适合我国国产车的天然气和汽油可以互相代用的汽车双燃料装置。单从外部来看，双燃料汽车与其他汽车并无不同，但打开汽车尾箱后，就可以看到一个钢瓶横卧在里面，这是液化气汽车的储气罐。在汽车尾部有一个气孔，用来给储气罐输气。与汽油车和柴油车相比，天然气汽车对环保极为有利，尾气中一氧化碳、氮氧化合物等污染物的含量可分别降低83%和73%以上，而且不含铅、苯等有毒物质。

2. 电动汽车

科技部已将电动汽车列为国家重大科技产业工程项目，由原机械工业部承担概念车的研究攻关任务，广东省承担经济实用型改装车及试验示范区的任务。根据广东省电动汽车协调指导小组计划，率先在南澳岛、广州、深圳等地设立试验示范区。该试验示范区将分两个阶段建成：第一阶段试验在南澳岛进行，1997年1月至1999年6月完成电动汽车的技术性能与经济性能评价；第二阶段从1999年7月至2000年12月实现推广示范。

1998年6月9日“汕头—南澳电动汽车MW运行试验示范区开通暨试验车辆交接投运仪式”在广东省汕头市举行。日本丰田公司向电动汽车运行试验及评价项目无偿提供五辆该公司最新批量生产的电动汽车RAV4。同时美国通用公司也出借了两辆EVI电动汽车用作试运行。首批投运的电动汽车总共 17 辆，计划共 30 辆，成功之后向广州、深圳推广。

以科技部为首组织的“十五”期间电动汽车研究规划，投资约 9 亿元人民币，目标是产业化。

1996 年 8 月 23 日，“中国一号”太阳能电动轿车在上海通过有关专家对车辆四大主要系统进行的检测审定。该车全部采用国产电器件，车长 4.65 米，宽 2.55 米，高 1.69 米，车顶共装有 4 平方米的太阳能光电板，全车由充电转换、电子调速、电控显示、机械传动四大系统组成，充电一次可连续行驶 202 千米，最高时速 88 千米。由电控显示的车辆电量、电流、电压等情况的数据表明，整车的设计水平已经接近或超过了美国、日本、澳大利亚等国第一台太阳能电动轿车试制车的技术状况。从费用上看，美国第一台太阳能轿车耗资 1.6 亿美元，日本为 1.1 亿美元，澳大利亚为 7 000 万美元，而“中国一号”的费用不超过 300 万元人民币。太阳能电动轿车的发展前景还有待进一步探讨。

3. 有轨电车

近年来，一度被冷落的有轨电车在国外正“卷土重来”。以欧美为中心，有 38 个国家、330 个城市在使用包括轻轨在内的有轨电车，而且大有发展之势。国外新兴的现代有轨电车已不再是人们记忆中的古老运输工具，由于广泛采用了新技术、新工艺，它具有许多独特优势。

(1) 电力驱动，没有污染。目前，环境保护和寻找新能源的浪潮一浪高过一浪。由于有轨电车使用洁净的电能，而且运行时的废气少，噪声小，因此被许多国家重视。

(2) 运能大，车速快，且有较好的调节能力。有轨电车单向每小时最大载客能力不低于 1.2 万人次，介于公共汽车和地铁之间，同时还可以灵活挂接车厢，增加乘客，时速可达 25～35 千米/小时，比公共汽车快 10～15 千米/小时。

(3) 投资少，乘坐舒适安全。有轨电车的总造价仅是地铁的 1/10，结合道路改造和利用，现有的电车供电设施投资会大大减少。由于在轨道交通系统中采用现代信号技术、控制技术和计算机管理技术，给车辆安全运行创造了条件。

4. 无铅汽油

我国已在 2000 年起完全禁止生产、销售和使用含铅汽油。推广无铅汽油是大势所趋，但这只是降低汽车尾气排放的第一步。应当看到，真正要解决汽车排放的问题，关键还在汽车本身。纵观世界各国对汽车排放限制的标准，主要是尾气排放的一氧化碳、碳氢化合物、氮氧化合物，燃料箱和加油过程中蒸发排放的碳氢化合物，以及含氟汽车空调冷冻剂。去掉汽油中的铅，目的是为了更好地使用催化手段来解决排气污染的问题。

因此，使用了无铅汽油，并不意味着排气污染的解决。要从根本上解决排气污染问题，应尽早地生产出符合我国国情的催化装置，以及开展燃油喷射电子化等一系列降低排放措施的综合应用。

技能训练：讨论绿色汽车的发展趋势。

模块二　汽车市场营销方法

单元一

汽车市场营销环境分析

学习任务

学习目标：掌握汽车市场营销环境分析方法

任务导入：汽车营销活动要受到各种因素的影响和制约，分析汽车市场营销环境的影响，是进行汽车市场营销活动的基础工作。

汽车企业的生产和销售活动都是在动态的世界中进行的，受周围许多因素的影响。汽车企业必须了解自身所处的环境，并对各种因素的影响作出及时而恰当的反应。从认识环境、了解环境、适应环境、改造环境、利用环境到有效地驾驭环境，才能保证汽车企业在激烈的市场竞争中立于不败之地。

一、汽车经营环境

所谓汽车企业的经营环境，是指影响汽车企业生存和发展的一系列外部客观因素作用的总和。汽车企业的经营环境是一个综合性的大环境，这个大环境是由若干个具体的小环境组成的，各个小环境之间有时相互促进，有时又会相互排斥，给汽车企业的经营活动带来了错综复杂的影响。

汽车企业经营环境从大的方面可以分为国际环境和国内环境两大类。无论是国际环境还是国内环境，又都包含以下几方面内容：

（一）历史环境

历史环境是汽车企业其他经营环境的背景。汽车企业通过对历史状况的回顾，可以更好地预测未来和规划未来，对汽车企业的发展提出更切合实际的期望和要求。

（二）政治环境

政治环境是汽车企业经营环境中带有战略意义的重要因素。它首先表现在国际形势和各国的对外政策上，其次是一个国家实行的制度和体制，以及政局是否稳定，法律是否健全，社会是否安定和人民生活是否不断得到改善等方面。

（三）社会环境

汽车企业的社会环境包括汽车企业所处的社会的社会风尚、人口构成、职业构成、宗教信仰、风俗习惯、家庭构成、民族特点和消费者个人的观点、态度、习惯及行为等方面的内容。

(四)人口环境

人口环境是指一个国家和地区(汽车企业目标市场)的人口数量、人口质量、家庭结构、人口年龄分布及地域分布等因素的现状及其变化趋势。

人口环境对汽车企业的市场需求规模,产品的品种结构、档次以及用户购买行为等市场特征具有决定性影响。例如,供老年人使用的汽车应注重汽车的安全性、操纵方便性和舒适性。我国的轿车已经开始作为耐用消费品进入家庭,营销者就应着重研究目标市场的人口环境特点,以便展开正确的营销活动。

(五)自然环境

汽车企业的自然环境是由一个国家的全部资源(特别是自然资源)构成的,是客观存在的自然界。它包括空气、水、土地、矿产、森林等物质资源和地理位置、地貌地质条件,以及由于地理环境所造成的工农业布局等。

汽车企业这些自然环境条件,对汽车企业的经营活动起着重要的促进或制约作用。自然环境是汽车企业从事经营活动的基础,没有一定的自然环境和条件,汽车企业将无法从事生产经营活动。

(六)使用环境

1. 气候因素

自然气候包括大气的温度、湿度、降雨、降雪、降雾、风沙等情况以及它们的季节性变化。自然气候对汽车使用时的冷却、润滑、启动、充气效率、制动等性能以及对汽车机件的正常工作和使用寿命产生直接影响。因而,汽车企业在市场营销的过程中,应向目标市场推出适合当地气候特点的汽车,并做好技术服务。例如在我国的东北地区,就应该考虑冬季寒冷对汽车使用的影响,汽车企业在汽车产品的质量和服务方面应有针对性的措施,满足这个地区对汽车使用的要求。

2. 地理因素

地理因素主要指一个地区的地形地貌、山川河流等自然地理因素和交通运输结构。一个地区的地理现状及其变化,决定了一个地区公路运输的作用和地位,尤其对公路质量(如道路宽度、坡度、弯度、平坦度、表面质量、坚固度、隧涵及道路桥梁等)具有决定性影响,从而对汽车产品的具体性能有着不同的要求。因而,汽车企业应向不同地区推出性能不同的汽车产品。例如,我国西部地区是高原、多山的地形,就应推出适合当地使用条件的中型载货汽车及其改装车。

3. 公路交通因素

公路交通条件好,有利于提高汽车运输在交通运输体系中的地位,提高汽车运输的工作效率,提高汽车使用的经济性等,从而有利于汽车的普及。反之,汽车的普及程度增加也有利于改善公路交通条件,从而对汽车企业的市场营销创造更为宽松的公路交通使用环境。

4. 城市道路交通因素

城市道路交通因素包括城市的道路面积占城市面积的比例、城市交通体系及结构、道路质量、道路交通流量、道路立体交叉、车均道路密度以及车辆使用附属设施等因素的现状及其发展。这一使用环境的变化，将会引发人们对交通工具选择的变化，从而引发了对不同类型的汽车的需求。

（七）经济环境

经济环境可分为宏观经济环境和微观经济环境两大类。

1. 宏观经济环境

宏观经济环境是指影响汽车企业经营活动的企业外部社会总的经济条件。宏观经济环境包括许多内容，既有国内的，也有国际的，既有中央的，也有地方的，但总的看，对汽车企业经营活动影响较大的因素有国民生产总值、经济周期和市场模式等三个方面。

2. 微观经济环境

微观经济环境是指汽车企业自身从较窄的角度去看待和分析本行业和本企业内部的经济问题。微观经济环境也称为企业的内部条件，具体包括有汽车企业生产的产品或提供的服务的成本、消费需求、价值、价格，以及企业的资产条件、人员结构等人、财、物的基本情况等。

二、汽车市场营销宏观经济环境分析

汽车企业经营活动的好坏归根到底取决于社会和国家的整体经济状况。在国家经济情况良好的条件下，大多数汽车企业的经营效果也较好；在国家经济条件较差的情况下，多数汽车企业的经营效果也差，有的汽车企业还要亏损，甚至于破产、倒闭。当一个汽车企业能够掌握国家整体经济发展的动态时，它就能够在经济变革的浪潮之中立于不败之地。如果汽车企业能够预测到国家的经济将进入衰退期，那么最明智的策略是维持现有的经营规模，抛售汽车企业的库存，以便平安地渡过难关。但是，在市场经济状态下，汽车企业要准确地预测这个问题是十分困难的，最多只能在研究经济变化的基础上，作出比较有依据的推测。为此，汽车企业必须既考虑社会总的经济条件，又要进一步研究这些经济条件是如何进行变化的。

对于一个汽车企业所在的国家或地区来说，应当特别注意研究对汽车企业经营活动影响最大的国民生产总值、经济周期和汽车企业所处的市场模式三个方面。

（一）国民生产总值

国民生产总值，是指一个国家或地区整个国民经济生产产品和提供服务的年总价值。它是衡量国民经济状况的最佳指标。因此，汽车企业应当特别注意每年国民生产总值的变化和发展情况，以便为汽车企业的正确决策提供可靠的依据。

（二）经济周期

20 世纪以来，世界各国（特别是经济发达国家）的经济连续发生波动，其一般规律是经济状况好转一段时间之后又下降，大约经过半年到一年的时间之后又上升。整个国民经济这种起伏变化情况，称为经济周期。经济周期持续时间长短的变化一般都在一年以下，但也有例外，如美国 20 世纪 30 年代的经济大危机和 60 年代的经济萧条，都延续了几年的时间才慢慢地得到恢复。

宏观经济的上升或下降，使汽车企业在应对经济环境的问题上面临相当大的困难。但是，汽车企业只要能够经常保持对全国（或全世界）的各种经济问题进行分析和研究，仍有可能在复杂多变的经济环境中做出较为可靠的、有益的预测。

（三）市场模式

一般来说，大多数汽车企业都是在竞争的市场环境下从事生产和经营活动的。汽车企业应当完全了解自己生产和经营活动所处的外部市场环境和类型。在分析市场环境时，必须详尽地考查市场的类型，也就是需要认真地去研究市场的基本模式。

市场的基本模式可以分为纯粹垄断、寡头垄断、垄断性竞争和纯粹竞争四大类。

1. 纯粹垄断

纯粹垄断是指某种汽车产品或服务只有一个销售者或经营者，在同一个地区没有别的替代者，用户如果想要购买这些汽车产品或服务，只能找这个独有的企业。

2. 寡头垄断

寡头垄断是指在汽车有大量买主的情况下，由少数几家汽车企业控制着市场。这几家汽车企业通常能控制该产品市场销售量的70％～80％，剩下的一小部分由其他许多小公司去经营。例如，美国三家汽车企业（通用汽车公司、福特汽车公司和克莱斯勒汽车公司）是美国汽车制造业的寡头垄断。寡头垄断具有如下特征：控制了美国汽车制造市场的90％以上，形成了美国汽车制造业的寡头垄断局面。

3. 垄断性竞争

垄断性竞争是指在汽车行业中有许多汽车企业生产同一种产品，每一个汽车企业只能生产市场总需求量的一小部分。各个汽车企业为了夺得尽可能大的市场份额，都力图使自己的产品与其他竞争产品区别开来。为此，每个汽车企业都非常重视采用诸如派员销售、广告、信用条件以及公司信誉等服务办法。在垄断性竞争的市场模式下，整个市场竞争十分激烈，而且具有非价格竞争的特点。

4. 纯粹竞争

纯粹竞争是指非常多的独立销售者，用相同的方式向市场提供各自的汽车产品。在纯粹竞争的市场模式中，全部产品都是标准化的，就是说，它们的品质、性能等完全相同，用户不管购买谁家的产品都无所谓。此外，由于各个汽车企业只供应市场需求总量中的很少一部分产品，所以，任何企业都控制不了产品的价格。同时，汽车企业可以毫无障碍地自由加入或退出行业。

一个成功的汽车企业，能够充分地认识其周围的总体环境和具体环境，因为任何一种环境因素，都有可能给汽车企业的经营活动造成影响。但是，汽车企业只要能够较全面地了解它们的发展和变化规律，比较自如地去适应它，就会具有较强的生命力。

三、汽车企业微观经济环境分析

汽车企业微观经济环境又称为企业的内部经济条件，包括汽车企业的资产条件、生产条件、产品及其流通条件等。汽车企业的内部条件除了经济条件之外，还有政治条件、技术条件、职工队伍状况、管理水平和管理机构等。下面所提到的企业内部经营活动的一些基本条件同企业的整体条件是密切相关的。

（一）汽车企业的资产条件

汽车企业的资产，是指汽车企业从事经营活动所涉及的全部资金和财产的总称。它主要包括流动资产、固定资产、无形资产、预投资产、其他资产和对外投资等内容，是汽车企业经营活动必备的基本条件之一。

（二）汽车企业的经营条件

任何生产过程都必须具备一定的生产和服务条件并在一定的空间和时间内进行。汽车产品生产和服务过程除了必须具备厂房、设备等固定资产条件外，还必须有一定的物质作为产品生产的基础条件，如原材料、备件、工具、包装物、水、电、低值易耗品、劳动保护用品等。

另外，汽车企业的管理水平、技术力量和水平、人员素质、资金实力、地理位置等都是企业从事生产经营的重要条件。汽车企业应在考虑经济因素的同时，重视这些因素的影响和作用。

（三）汽车产品流通条件

在市场经济条件下，汽车企业生产何种汽车车型，一般由汽车企业自己进行选择。汽车产品是构成企业的实质性要素，生产适销对路的汽车，是汽车企业生产目的的基本要求，也是汽车企业得以生存发展的基本条件。因此，汽车企业不仅要慎重选择一种或几种好的汽车车型，而且要根据市场需要，对汽车产品不断进行改造，即改造老产品，开发新产品。目前，多数汽车企业进入流通领域都是采用专业经营或连锁经营的形式。

四、正确处理企业与环境的关系

汽车企业生存在复杂多变的环境之中，各种环境因素对企业的经营管理活动虽然都有一定的影响，但它们不是同时、均等地发生作用。在不同的时期、不同的条件下，环境因素对企业经营管理活动的影响是有区别的，有时甚至会有较大的差异。因此，在研究环境时，要根据不同的情况，作不同的分析，只有区别对待，才能更有效地利用环境因素。

（一）认识环境

汽车企业在对环境调查研究时，应做到：

（1）灵敏度较高。在了解主环境（如经济、政治环境）的同时，对其他环境的任何微小影响都不要遗漏，而且要注意分析其发展趋势，提高识别能力。

（2）建立可靠的信息沟通渠道。信息是企业认识和研究环境的基础，建立必要的环境信息网络和信息库，多方面收集、储备有关的环境资料，及时、全面、准确地掌握信息及其变化，才能对环境作出恰当的分析判断。

（3）善于运用调查资料。了解和认识环境主要靠企业自身的努力，由于企业的具体情况不同，对环境分析研究所需要的资料也不同，调查研究的对象及使用的方法也会有较大的差异。

（二）适应环境

汽车企业的一切经营活动都必须同客观环境相适应，才能达到预期的目的。汽车企业应树立随环境变化而随时应变的思想观念，不断提高企业的素质，提高对环境的认识能力和应变能力，适应新环境。在新的形势下，要不断认识新环境，研究新问题，制定新决策，及时、积极、主动、有效地采取新措施，改变汽车企业的经营方法。

（三）控制环境

汽车企业为了有效地控制环境，必须做到：

（1）掌握环境发展变化的规律，并采取相应措施给以影响。

（2）对于可控环境，应制定出具体的控制目标和标准，并采用科学的方法和设施加以监控。对于已发现的运行偏差要及时研究，并采取相应措施予以纠正，以确保控制目标的实现。

（3）做好信息反馈工作，对存在的问题应及时加以解决。

（4）对环境的控制不仅要依靠汽车企业内部广大职工的共同努力，而且要广泛运用社会的力量，甚至全人类的力量。

（四）利用环境

环境是影响汽车企业经营活动的重要因素。汽车企业在掌握了认识环境、适应环境和控制环境的基本技能之后，还要积极主动地去利用环境，使环境能够为企业的经营活动产生更好的影响，发挥更大的作用。

（五）改造环境

环境是客观存在的，有些环境因素是人们无法抗拒的，只能通过提高预测能力加以预防，以使损失降到最低限度，如水灾、地震等自然灾害。但是，这并不意味着所有的环境因素都不能进行改造，相反，许多环境条件是可以通过人们的努力加以改造的，从而创造一种有利于企业生存和发展的环境条件。

知识拓展 市场经济

市场不仅是资源配置的机制和过程，更与一个国家、一个社会的经济体制紧密相关。解决生产什么、如何生产以及为谁生产的问题。各个社会有不同的方式，不同社会选取和借助各种不同的经济体制进行组织，而经济学则研究这些可供社会采用的配置稀缺资源的制度和机制。

（一）计划经济

计划经济也称指令经济，是由政府进行资源配置的经济体制。这种经济体制的基本特征是：政府不仅占有绝大部分生产资料（土地和资本），而且直接拥有绝大多数企业的所有权和经营权；政府成为绝大多数工人的雇主，并指挥他们如何工作；政府还决定社会产出的分配。这种高度集中的经济制度不仅不能实现资源的有效配置，还会造成经济效率的低下和资源的严重浪费。当然这种计划经济体制在战争时期或其他非常时期能发挥其优势，但在和平发展时期这种体制是不可取的。

（二）市场经济

市场经济也称自由经济，是由市场这一“看不见的手”进行资源配置的经济体制。这种经济体制的基本特征是：（1）个人和企业不仅拥有生产资料的所有权，而且拥有对生产的经营权和决策权；（2）价格机制在市场经济中发挥着极其重要的作用，它决定了生产什么（利润最高）、如何生产（成本最低）和为谁生产（收入分配）的问题；（3）这种经济体制必须与完善的市场体系——资本市场、劳动力市场、房地产市场等相配套；（4）这种经济体制必须由法律制度来规范。

市场经济的极端情况被称为自由经济，即政府不对经济决策和经济过程施加任何影响，完全由市场来自发运作，这种经济不能很好地解决资源的充分利用、社会收入分配的公平、自然环境的保护等一系列问题，其造成的后果必然会带来信息的滞后性和生产的盲目性。世界性的经济危机和个别国家经济发展上的大起大落都充分证明了这一点。当今世界上没有一个经济完全属于上述两种极端的经济，相反，所有的社会都是既带有市场经济成分也带有计划经济成分的混合经济。

技能训练：调查近几年我国的政治法律环境对汽车营销产生了怎样的影响作用?

单元二

汽车购买动机分析

学习任务

学习目标：掌握汽车购买动机的分析方法。

任务导入：汽车同一般商品有着一定的差别，购买者的消费心理同其他商品也是存在差别的。分析汽车消费者的购买动机，对于提供满足需要的产品和服务，充分体现市场营销观念是有促进作用的。

一、汽车消费者的购买动机

动机是推动人们去从事某种活动、达到某种目的而满足一定需要的意图、愿望和信念。购买动机是消费者购买行为心理的重要组成部分，是由顾客需要、兴趣等心理活动而产生的购买行为的内在动力。

潜在消费者在采购产品时的动机不是单一的，因此，才会给销售人员以机会来发现那些消费者自己都没有完全意识到的深层次需要。

汽车购买的内在动机有很多种，如有的消费者为了圆自己的梦而采购汽车；也有的消费者意外地挣了一大笔钱，所以买车；有的消费者为了有一件物品与自己的身份地位匹配而采购汽车；有的消费者为了给自己的亲人送礼物而购买汽车；有的消费者为了节省上下班的时间而采购汽车；也有的消费者因为周围的亲朋好友或者同事全都有车，承受压力而购买汽车；还有的消费者为了显示自己在事业上的成功而购买汽车。

有位先生参加大型车展，他在一部车前徘徊许久，始终没有决定是否要买。第二天，他又来了，这一次没有任何犹豫，直接找到负责车展销售的人员，签合同，付定金，购买了这辆豪华汽车。销售人员问他是什么原因使他在第二天下决心购买这部车的时候，他的回答非常简单：为了我太太。

购买汽车可能有交通的动机，也有可能有攀比的动机；可能有炫耀的动机，也有可能有改变生活方式的动机等。总之，目前中国的汽车消费者购车动机还比较情感化，不像国外的消费者，购车动机比较简单、比较实际，消费者往往是在充分了解汽车符合本人的切实需要后才购买。中国汽车消费者在市场中表现的不过是别人买的什么车、别人付了多少钱、别人的配置如何等。因此，作为中国的汽车销售人员，必须知道，潜在客户需要销售人员给予的，仅仅是实际提供的知识和信息就可以了。中国消费者对销售人员的信任基本上建立在感性的基础上，而国外消费者对销售人员的信任基本上建立在理性地考察销售人员的知识、信息等专业水平上。

任何消费者在采购任何产品时都会出现这样的情况，有一部分是他们清楚的原因，也有一部分是他们没有意识到，即使意识到了也不愿意承认的原因。前者即显性动机，而后者则是隐性动机。购买汽车同样也有显性动机和隐性动机之分。例如，有一个顾客前来购买奥迪轿车，他的显性购买动机包括：奥迪车豪华、舒服；奥迪车质量可靠；有地位的朋友都开等。他的隐性购买动机包括：奥迪车能够显示自己的地位；驾驶奥迪车能够赢得关注；购买奥迪车的过程中能够享受周到的服务等。无论是显性购买动机还是隐性购买动机，都对最后的购车决定起到举足轻重的作用。

二、不同年龄的汽车消费心理和行为分析

针对购买汽车的消费者的不同年龄，将汽车生活资料市场的消费主体划分为青年消费者、中年消费者和老年消费者三个群体，不同的消费群体都有其鲜明的消费心理与特点。

(一) 青年消费者的消费心理和消费行为分析

青年消费者人数众多，具有独立的购买能力和较大的购买潜力。但由于汽车的价值较高，有能力购买中高档汽车的青年消费者只占很少的一部分。现在的青年进入中老年后，又将成为购买中高档汽车的生力军，所以，在市场营销中，研究青年消费者的消费心理，成功打动他们至关重要。

青年消费者的消费心理具体表现在以下几个方面：

1. 追求时尚

青年人思想活跃，富于幻想，勇于创新，追求新潮，积极向上。这些心理特征反映在对商品的需求上就是追求新颖、时尚和美的享受，敢于领导消费潮流，体现时代特征。一般来讲，投放市场的新产品或时尚商品，都会引起青年顾客的极大兴趣和购买欲望。他们的购车行为趋向求新求美，喜欢购买富有时代特色的车辆，来装饰自己和家庭，展现其现代化的生活方式，以博得他人的赞许和羡慕。因此，投放市场的新车辆，社会流行的某一车辆，都会引起他们极大的兴趣和购买欲望，购买动机也会随之形成。

根据调查的结果显示，30 岁以下的青年消费者比较偏爱动感型的轿车，他们认为动感型轿车更能体现轿车的时尚感觉。被调查的青年消费者月收入在 3 000～5 000 元之间，已经工作了几年，基本受过高等教育，是汽车消费的潜在客户。

2. 突出个性

青年消费者处于由少年不成熟阶段向中年成熟阶段的过渡时期。他们追求个性独立，希望形成完善的个性形象，自我意识增强迅速。反映在消费心理上就是消费倾向从不稳定到稳定过渡，愿意表现自我个性与追求，非常喜欢个性化的商品，力求在消费活动中充分表现自我。

很多汽车厂商为了满足消费者的口味，纷纷给自己的车加入了“自我”的元素。奔驰、美洲虎、日产和宝马公司也推出自己的个性理念。个性化的流行，不仅体现在车型上，还将蔓延到内部设计、功能服务等方面。现在，在马路上跑的，已不仅仅是那些品牌特征非常明显的轿车，还出现了一些具有个性特点宛如不断变换时装的丽人的轿车。庄重大方是一种美；热情奔放也是一种美；不受羁绊、张扬个性更是一种美。

3. 肯用高价购买名牌

青年消费者所具有的追求时尚与新颖、表现时代、追求个性的消费心理，决定了他们在选购商品时，对新品种、新花色、新样式情有独钟，以领导时代新潮流为荣。对旧品种、旧花色、旧样式的商品不感兴趣，同样的质量和用途，宁愿多花钱购买名牌产品。

4. 有明显的冲动性且变化性强

青年人的心理特征一方面表现出对事物反应灵敏，另一方面也表现出感情冲动，草率行事。因此其购买动机具有明显的冲动性特点。首先讲究车辆美观、新异，其次才注意质量、价格，而不能冷静地分析车辆的各种利弊因素，许多人凭对车辆的感情来判断车辆的好坏、优劣，形成对车辆的好恶倾向。因此，动机的随机性、波动性较大。

现在有不少年轻人喜欢提前消费，比如早早买车，也有人喜欢用信用卡透支消费，还有些人特别喜欢购买名牌。在很多大城市，出现了数量不少先购车后置房的消费者，其中，绝大多数都是青年人。

很多青年人在购买了第一辆汽车后，最初的一段时间感觉非常新奇，对新车爱不释手。但经过一段时间后，新鲜感渐渐褪去，此时青年人特有的多变心理使得他们开始对其他车型发生了兴趣，他们开始考虑将现在手中的车卖掉，置换一款自己更中意的车。有资料显示，现在的二手车交易市场中，由于青年人的喜新厌旧而淘汰的旧车在整体旧车数量中占有不小的比例。

（二）中年消费者的消费心理和消费行为分析

1. 理智性强，冲动性小

中年人阅历广，生活经验丰富，情绪反应和感情用事的现象不多见。

2. 计划性强，盲目性小

中年人一般比较平稳，多以理智支配自己的行动。中年消费者处于向老年过渡的阶段，大多是家庭经济的主要承担者。尽管他们的收入不低，但肩负着赡养老人、抚育子女的重任。因此，他们养成了勤俭持家、精打细算的消费习惯，以量入为出作为消费原则，消费支出计划性强，很少计划外开支和即兴购买。

3. 注重传统，创新性小

他们希望以稳重、老练、自尊和富有涵养的风度有别于青年。反映在消费方面，就是不再完全按照自己的兴趣爱好选择商品或消费方式，而是更多地考虑他人的看法，以维护自己的形象，与众人保持一致。例如，购买汽车，他们宁可压抑个人的爱好而随俗，也不愿意让别人感到自己花样翻新和不稳重。

（三）老年消费者的消费心理和消费行为

（1）怀旧心理强烈，品牌忠诚度高。

（2）注重实际，要求得到良好的服务。

（3）较强的补偿性消费心理。

三、不同性别消费者的消费心理和消费行为分析

性别在人类的消费活动中也扮演了举足轻重的角色，男性消费者和女性消费者具有不同的消费心理特征。汽车营销人员在对待顾客时应男女有别。

顾客的性格和爱好等肯定各不相同，但异中有同，同中有异。就男性和女性而言，一般男士买车时比较粗心，而女士往往比较细心。针对这种情况，汽车营销人员接待男性顾客时，要细心一些，接待女性顾客时，要耐心一些。这样双方结合起来，以长补短，多加关注，买卖才容易成功。

一般男顾客，买车的目标比较明确，易于做出买或不买的决定，不大爱挑来挑去，比较相信汽车销售人员，这些都有利于成交。在这种情况下，汽车销售员的责任反而加重了，因为此时若不细心帮助顾客挑选，买回去后就可能因为不合适而使顾客失望，造成不良影响，甚至出现顾客投诉销售人员的情况，给双方带来很多麻烦。

女性顾客一般都比较细心，一是观察仔细，往往反复几次，拿不定主意，而且特别注意观察别的顾客是否买，效仿性较强；二是挑选得特别仔细，往往要反复查看，互相比较，不厌其烦；三是询问得特别细，对于产地、性能、价格、质量无所不问，而且特别注意别人的使用情况。

针对这些，汽车销售人员要特别耐心，而且要有针对性地接待。例如，多介绍别人用车后的反映，卖得快不快，价格高不高，挑选时要多拿些车型资料，让其充分选择，不要催促。总之，要特别耐心细致，切不可有烦躁的表现。

另外，女性购车者在购车时对车辆外观和颜色的重视程度远高于男性购车者。“外观颜色”在女性购车的潜意识中已被提升至仅次于“性能价格比”之后第二重要的位置，略高于“售后服务”、“油耗”、“配置”。绝大多数的女性对汽车的机械结构没有很大的兴趣，她们主要关心车子的外形是否好看，颜色是否鲜艳亮丽，内装触感是否柔软，配备是否贴心实用，最重要的是车子不要老出问题，而且买车养车的负担不要很重等。所以，汽车销售人员在面对不同的顾客时，要做好充分的心理准备，有相应的对策才能迈出成功的一步。

四、不同职业、阶层的消费者的消费心理和消费行为分析

(一) 社会阶层的含义和划分方法

社会阶层是指社会上的个体和家庭，因社会经济条件、地位不同及相应生活方式和价值观念的差异而区分出的不同层次。处于同一社会阶层的人们，在生活方式、价值观念、社会地位等方面就比较接近。相反，属于不同的社会阶层的人，其生活方式、价值观念、社会地位等方面则存在着比较大的差异。

社会阶层不受单一因素的影响，而是同时受到职业、收入、教育、财富等多种因素影响。社会阶层的划分一般要考虑下列几方面的因素。

（1）职业。职业是社会阶层划分中普遍使用的一个变量，许多国家都有职业排行榜的资料，即对不同职业的评分。在日常生活中，人们也常以职业为线索来评价一个人的地位和背景。

（2）收入水平。个人或家庭的收入是评定社会阶层的一个重要依据，而且，有关收入的数据容易获得，评价方法比较简便。

（3）受教育程度。在发达国家，职业类型和收入高低，与所受教育的程度密切相关。我国随着知识经济的到来，随着技术的复杂化和职业的专门化，受过高等教育的各类专业人才越来越被重用。如今，受教育的程度已经成为划分社会阶层的一个重要因素。

（4）财产。包括不动产和一些具有地位象征的物品（如汽车等）。随着我国住房改革和房地产事业的发展，住房情况将成为社会阶层划分中的重要因素。一些代表或象征社会

地位的物品，是现阶段一般公民所支付不起的高档商品，有的人便以拥有此类商品来标榜自身地位的优越。

（二）职业、阶层对汽车消费的影响

社会阶层的差别是客观存在的，处于不同阶层的人，在需求特点和购买行为方面存在着较大的差异。任何社会，各种档次、各种类型的产品均有其相对应的市场。同一阶层的消费者在消费观念、需求内容、消费动机等方面具有相似性。

1. 贫困型家庭

这些家庭几乎要将收入的全部来维持基本生活，因而无从产生独立、清晰的消费意识，只是被生理需要牵着走。求廉与求实是其主导性消费动机。这类家庭在将来的很长一段时间内，很难产生汽车消费需求。

2. 温饱型家庭

这些家庭在维持生理性需要的前提下，收入略有结余，他们开始谨慎地扩展消费项目，但由于经济并不宽裕，因此具有强烈的忧患意识，他们倾向于储蓄，花钱精打细算。这类家庭在将来相当长一段时间内，很难产生汽车消费需求。

3. 小康型家庭

由于经济上已不再拮据，这些家庭的消费个性初步形成，他们开始按照自己的心理倾向扩展消费领域，增加消费项目。这类家庭已经产生或即将产生汽车消费需求，他们最关心汽车的价格、耗油量、维修费用、各种使用费用等。

4. 富裕型家庭

这些家庭已经完全具备良好的生活条件，因而，追求消费个性化已成为他们明确的主题。汽车已经成为这类家庭的生活必需品，他们对汽车品牌和汽车质量比较挑剔。

现在已经崛起和正在形成的所谓“中产阶层”，有体面的工作，有稳定的收入，家庭生活富裕。他们中有大中企业主、个体经营者、大公司职员、国家公务员、教师、医生、律师、建筑设计师、会计师等。他们事业上比较成功，有良好的教育背景、高雅的生活格调、负责的生活态度，他们热爱家庭，有很多朋友。在对于汽车的要求方面，他们希望无论平日上班、从事商务活动，还是节假日合家旅行，既不失身份，又不必过分铺张。同时，他们希望自己的车有良好的品牌形象，安全系数高，因此，10 万元以下的车已经难以满足他们的需要，而那些 30 多万元的轿车难免有些张扬，而且养车用车的价格不菲。这就需要一款价格介于两者之间，具有相对良好的安全性、舒适性的轿车。因此，10～20 多万元的轿车成为他们首选的目标。

5. 富豪型家庭

这些家庭生活条件已相当优越，因此他们失去了物质消费的激情，不再有人们通常能够感受到的消费冲动和消费满足感。高档消费在他们生活中已常规化、随意化。其消费心理倾向几乎移出“物质消费”领域。这类家庭对汽车的豪华程度比较关心，很多人热衷于汽车改装、拉力赛等更加刺激的活动。大排量的豪华轿车如奔驰、宝马等和跑车、高档 SUV 等进口车是这个阶层的消费者非常青睐的汽车。能够买得起上述豪华进口汽车的客户根本不会在乎 10 万元左右的价格浮动，价格的变动一般不会影响他们的购买行为。

技能训练：尝试进行商用车的购买动机分析。

单元三

汽车市场营销调研与预测

学习任务一

学习目标：掌握市场调研的方法。

任务导入：市场信息是如何获得的？是通过市场调研。市场调研是开展市场营销活动的基础，是准确掌握消费者需求的途径，做好市场调研工作，是进行市场营销活动的前提和保障。

汽车营销面对的是不断变化和竞争的市场。为了汽车企业的发展，企业必须通过对市场的调研和预测，掌握市场的走势，并从中寻找营销机会，避开和减少风险。通过对市场容量、货源总量、竞争程度的测算和预测，汽车企业可以提高营销计划的科学性，而且短期市场预测，也是汽车企业安排生产计划的依据。

一、汽车营销市场调研

（一）汽车营销市场调研的含义

汽车营销市场调研，是指汽车企业对用户的需求及其购买力、购买习惯、未来购买动向和同行业的情况等方面进行调查、研究和分析的过程。市场调研的任务是弄清涉及企业生存与发展的市场的运行特征、规律和动向，以及汽车产品在市场上的产、供、销状况及其有关的影响因素和影响程度。

（二）汽车营销市场调研的作用

1. 掌握市场的供需状况

汽车企业一方面要把生产出来的汽车通过流通领域送到消费者手中；另一方面还要了解消费者需要什么车型的汽车，对质量有何要求，需求量有多大，有多少汽车企业同时提供或准备提供这类产品。

2. 有利于企业顺利进入市场

汽车的品种、数量等要以市场为导向，就是经常强调的“以销定产”的生产经营方针。汽车企业能够生产多少种车型汽车，仅象征着企业的生产能力高低，而能销售多少汽车才是企业真正的经营实力。

3. 提高企业的竞争能力

汽车企业能否进入市场和进入市场的深度如何，除了取决于其本身的生产经营条件外，还包括汽车的品种、数量、质量等在市场上所占据的地位，以及汽车企业对市场变化的适应能力。另外，还取决于市场本身对某种车型汽车的需求情况（如需求量、需求时间、地点、方向等）和市场竞争的激烈程度。

4. 提高经济效益

汽车企业应通过合理组织和使用企业内部和外部的资源，提高劳动生产率，降低产品成本而获取经济效益。

5. 提高科技和经营管理水平

汽车企业应充分了解和掌握现代科学技术和经营管理的发展水平和发展趋势，借助世界上已经成熟的科学技术和经营管理成果从事生产经营活动，为企业的发展和进步创造良好的条件。

二、汽车营销市场调研的内容

汽车企业市场调研的内容取决于市场预测的目的和经营决策的需要，是为了获取影响企业经营活动的市场信息，为制定经营决策和发展规划提供科学依据。围绕这个目的，市场调研的内容大致可分为三类：市场需求调研、市场经营条件调研和市场商品调研等。

（一）市场需求调研

汽车市场需求调研的目的在于了解消费者在一定的时间内，对某种车型的需求量、需求时间，以及市场占有面的宽窄和各汽车生产厂市场占有率的大小，从而决定采取何种措施进入市场，或稳固已有市场的占有率，或进一步扩大市场占有率。

（二）市场经营条件调研

市场经营条件调研主要是了解企业面临的外部环境和内部经营条件之间存在的各种矛盾和问题，从而制定解决这些矛盾和问题的对策。

1. 资源状况

资源状况包括生产同类汽车产品各企业所需的资源的来源、分布、数量、质量、种类、价格等分配和使用情况，以及同本企业的资源利用水平进行比较。

2. 市场环境

市场环境主要是指汽车企业外部所处的环境条件，包括国内外的政治、经济、社会、文化等状况，以及对企业可能产生的影响和作用。

3. 技术发展状况

技术发展状况包括国内、国际、本地区、本行业有关的生产技术状况与发展动向，新技术、新材料、新工艺、新结构的发展趋势和应用状况，生产设备的更新水平和技术改造的进展情况，企业经营管理水平及其发展趋势，以及有关技术和管理引进的条件和可能性、可行性等。

4. 竞争对手

竞争对手包括对某类汽车参与竞争的企业的数量、规模、形象、市场占有率、经营水平、经营能力、管理水平、经营方式、经营战略和竞争对策等。

（三）市场产品调研

企业产品在市场上的营销状况如何，是关系到企业兴衰的大事，所以，市场产品调研及分析是汽车企业市场调研的重要内容之一。

1. 产品状况

产品状况包括现在市场上已有该种汽车的数量、质量、品种、价格，新车型的开发情况与动向等。

2. 汽车销售

（1）现有市场销售情况，如某种汽车产品的社会拥有量及其分布状况，一定时间内的实际销售量和可能的最大销售量，产品销售价格及不同用户对产品的评价与意见，以及不同厂家（或商标）的同类产品之间的销售差异等。

（2）潜在市场分析，指正在开发或尚未开发的市场的范围和容量的大小，以及未被开发的市场的潜在开发可能性、难易程度和可行性分析等。

（3）汽车商品的生命周期，指某种汽车产品投入市场的时间、区域、销售量、工艺技术成熟程度、市场饱和程度、需求变化、价格变化等。

（4）新车型进入市场的可能性，指某车型汽车的市场需求总量、发展前景、市场销售难易程度、市场可能确定的价格、消费者的反映和可能出现的竞争情况等。

3. 流通渠道

流通渠道是指经营销售某种车型汽车的销售企业的数量、经销能力、汽车产品质量、地区分布、进出货渠道，以及包装、运输、储存能力等。

4. 汽车市场竞争程度

汽车市场竞争程度是指参与该种汽车竞争对手的数量、营销策略、销售渠道及其各自产品的数量、质量、成本、价格和用户的评价等。

三、汽车营销市场调研的步骤

市场调研一般由四个主要步骤组成，即确定问题和调研目标、制定调研计划、执行调研计划、收集和分析信息得出调研报告。

（一）确定问题及调研目标

要确定汽车营销中存在的问题及调研工作所要达到的目标，应由营销管理人员和调研人员共同配合来完成。因为前者最了解营销中存在的问题和应作出的决策，当然也最了解哪些信息对营销决策最重要；而后者则最了解应如何取得这些信息。

调研目标有三种：一是探索性调研；二是描述性调研；三是因果分析调研。

（1）探索性调研是指对需要调研的问题还不清楚，无法确定调研的内容和范围，因而只有搜集一些相关的资料，进行分析后找出症结，才能进一步深化调查。

（2）描述性调研是指通过调研如实地记录并描述诸如某种型号汽车产品的市场潜量、用户态度和偏好等方面的数据资料。

（3）因果分析调研是为了搞清原因与结果之间的关系。如某车型汽车降价 10%能否使销售额上升 10%。

（二）制定调研计划

1. 确定所需要的信息

这是市场调研要解决的首要问题。如某汽车生产企业准备向市场推出一种家用汽车，特点是噪声小、节油、安全，而且价格适中。决策者要研究这种新型汽车究竟能否占有市场，则需要获得下列信息：

（1）我国居民收入水平。目前居民工资、奖金等收入的平均水平如何，是否有购买这种汽车的经济能力。

（2）居民的主要交通工具。目前居民中大约有多少人有私人小轿车，多少人分别以公共汽车、自行车或两轮摩托车作交通工具。

（3）政府部门的规定。

（4）销售与利润的预测。这种汽车一旦投入市场，在若干年内预计销售量有多少，预计利润有多少。

（5）竞争者的状况。竞争者的同类汽车产品有哪些特点，市场销售状况如何。

2. 信息资料收集

为了得到所需要的信息，调研人员要收集有关资料，这包括案头资料和原始资料。所谓案头资料也称二手资料，是指经别人收集和整理过的资料。原始资料是指调研人员通过发放问卷、面谈、抽样调查等形式收集到的第一手资料。

二手资料由于存在可获性、时效性和准确性等方面的问题，为使决策者能够得到足够的、及时的、准确的信息，就必须进行原始资料的收集。原始资料的收集由于成本较高、时间较长，因此，应由专业调研人员设计出原始资料的收集方案，与管理人员一起确定调研方案。

一般调研方案应作出四个方面的决策，即调研方法、联系方法、抽样方法设计以及应用的调研工具。调研方法和联系方法应根据实际需要认真选择。对于抽样方法设计应注意以下几点：

（1）抽样对象。这一点要慎重考虑。如要调研家庭购买汽车的决策过程，是应调查丈夫、妻子还是全体家庭成员；调研用户对所采购汽车的意见，是应调查采购者、使用者还是领导等。

（2）样本大小。大样本当然比小样本提供的结果更可靠，但成本高，往往也没有必要。只要抽样程序正确，小样本同样能提供可靠的调查结果。

（3）抽样程序。主要有两类：一是随机抽样；二是非随机抽样。

（4）调研工具。对原始数据收集时，可能有两种供选择的工具；一是调研问卷；二是调研器具。

调研问卷是最常用的工具，灵活、方便，并可应用多种方法提出较多的问题。然而，拟定一份既可信又有效的问卷并不容易。应尽可能减轻调查者的负担；问题要具体，用语要确切，且符合调研目标；避免提出诱导性、倾向性的问题；问题要有趣味性；注意问题之间的逻辑关系。初步拟定问卷后，应对一组被调查者进行试用，修改不妥之处后，方可正式使用。

除问卷外，根据实际需要也可选用有关器具，如录音机、摄像机等进行调研。

3. 提交调研计划

调研人员应写出书面调研计划，应摘列出营销中的问题、调研目标、需收集的有关信息及方法，以及调研结果对营销决策有何帮助等；最后还应列出调研的大致费用。

（三）实施调研计划

这一阶段包括收集、整理和分析信息资料等工作。调研中的数据收集阶段是花费时间最多且又最容易失误的阶段。因此，调研人员在计划实施过程中，要尽量按计划去进行，使获得的数据尽可能反映事实。这就要求调研人员应具备一定的素质，在整个信息搜集过程中能排除干扰，获得理想的信息资料。

（四）解释并报告调研结果

要对调研结果作出解释，得出结论，并向决策部门提交调研报告。

报告的编写原则是：

（1）回答调研计划中所提出的问题。

（2）用调查的数据来说明问题，力求准确。

（3）文字应简明扼要、有重点。

（4）分析问题力求客观，避免主观臆断和片面性。

（5）能提出解决问题的具体意见，避免空谈。

一般调研报告大致包括这几点：调研的目的和范围、采用的调研方法、调研的结果、提出的建议和必要的附件。

四、市场调研的方式和方法

（一）市场调研的方式

市场调研的方式可分为全面调研、重点调研、典型调研和抽样调研等几种。

1. 全面调研

全面调研是指在一定的时间间隔内，对调研区域内所有的调研对象进行全部调研的一种调研方式。全面调研可以获得完善的调研资料，便于剖析事物变化的实质，但涉及面广，工作量大，人力、物力、财力和时间消耗多，应慎重选用。

2. 重点调研

重点调研是指在所有调研对象中，选择一部分对整体影响较大的重点调研对象进行调研的方式。如通过对我国主要几个汽车生产集团年产量增长情况的调研，可以推测出我国汽车工业的发展趋势等。

3. 典型调研

典型调研是指在全体被调研对象中，选出一部分具有代表性的个体进行调研的方式。如通过对世界轿车市场变化规律的调研，可以推断出整个世界汽车市场的变化规律等。

4. 抽样调研

抽样调研是指按照一定的方法，从被调研的总体对象中抽出一部分个体样本进行调研的方式。然后，根据对个体样本调研的结果，运用一定的处理方法推测出总体的变化情况。

（二）市场调研方法

常用的市场调研方法有观察法、采访法和实践调研法等几种。

1. 观察法

观察法是指调研者在调研现场利用一定的方法对被调查对象进行实地观察再获取调研资料的方法。如对公路上各路段交通流量的调查、道路交通事故现场的调研等。采用这种方法的调研结果比较准确，但工作量大，时间耗费较多，调查面也受到一定的限制。

2. 采访法

采访法是指调研者根据既定的调研事项和目的，用当面采访或书面调研等方法获取调研资料。具体作法有个人面谈、座谈会、电话交谈、问卷调研和信函调研等多种方法。

3. 实践调研法

实践调研法是指调研者直接进入市场通过试验而获取资料的方法。汽车企业在开发新车型时，一般都是先少量投入生产，生产出部分样品对市场进行试探，如新车型汽车展销、试销、价格试探等，根据试探的结果再进行预测和决策。

技能训练： 设计一个汽车调研方案。

学习任务二

学习目标： 熟悉市场预测的方法。

任务导入： 市场预测是汽车企业经营管理的重要组成部分，能为汽车企业更好地确定经营战略、经营方针、经营思想、目标、计划等提供可靠的依据，是增强企业活力，提高经营管理水平和市场竞争能力的重要手段，是汽车企业经营决策的基础。

一、市场预测的含义和作用

（一）市场预测的含义

根据事物过去和现在的资料，运用一定的科学方法和逻辑推理，对其未来发展趋势进行预计和推测，定性或定量地估计出事物的发展规律，并对此作出评价，以指导或调节人们未来的行动和方向。

（二）市场预测的作用

（1）市场预测是汽车企业进行经营决策的重要前提条件。

（2）市场预测是汽车企业制定经营计划的重要依据。

（3）市场预测可使汽车企业更好地适应市场的变化，提高企业的竞争能力。

通过市场预测，揭示和描述市场变化趋势，从而为汽车企业市场经营提供依据，帮助汽车企业在经营中克服盲目性，使汽车企业增强竞争能力、应变能力，取得良好的经济效益。

二、市场预测的分类

市场是一个大系统，内容丰富，种类繁多。因此，市场预测的范围宽广，分类标准也很多。一般汽车企业生产经营活动所涉及的市场预测主要有以下几种分类方法：

（1）按市场预测的规模分类，有宏观市场预测、微观市场预测。

（2）按市场预测的期限分类，有长期预测（也称战略预测）、中期预测（也称战术预测）、短期预测。

（3）按预测方法分类，有定性预测、定量预测、综合预测。

三、市场预测的内容

汽车企业进行市场预测的内容很多，既包括对市场发展趋势的预测，又包括对具体汽车产品的供求数量、质量及各种影响因素和影响程度的预测。

（一）市场需求预测

根据有关资料对汽车产品未来的需求变化进行细致的分析研究，掌握需求的内在规律，对其发展趋势作出比较正确的估计和判断。主要有以下内容：

（1）产销趋势的中长期预测。这是把重点放在汽车企业的长期经营方向上，侧重于根据科学技术的发展，深入研究影响产销的技术因素并结合市场竞争、资源条件等的变化，制定汽车企业的产品发展计划。

（2）产销趋势的短期预测。要求以企业汽车产品的部件来源、成本、价格等为依据，与同类产品比较，作出近期内市场需求对本企业产销影响的预报，以指导本企业作出相应的对策。

（3）单品种专题预测。这主要是对企业新产品投入市场后的销售状况和产品在价格、质量造型、装潢等方面进行研究和分析，提出改进和扩大新产品销量的建议。

由于有关因素会直接或间接地影响需求变化，所以对引起需求变化的一些因素也应进行预测。例如，社会经济的发展、国民购买力、企业及事业单位购买力等。

（二）市场占有率预测

市场占有率是指在一定的市场范围内，汽车企业某种汽车的销售量或销售额与该市场上同类汽车的总销量或销售额之间的比率，即：

市场占有率＝（企业某种或同类汽车销售量/市场上同类汽车销售量）×100％

（三）生产情况的预测

在了解市场需求和市场占用率的同时，必须深入了解某种汽车的生产能力和布局，资源、能源等条件的情况，以及它的数量、质量和性能等，并且预测其发展变化趋势。

四、市场预测的要求

（一）准确性

不管是汽车生产部门还是销售部门，在进行市场预测时，首先必须准确地选择和确定预测对象，这是至关重要的。在正确选择预测对象的基础上，还必须选择适合的预测方法和手段，进行准确的分析和预测，才能达到预期效果。

（二）可靠性

这是对预测结果的精确要求，即预测结果和实际发生的结果要尽可能一致。可靠性是对预测的根本要求。

（三）系统性

汽车工业作为支柱产业本身是国民经济系统的一部分，因此在进行预测时，必须考虑到各个相关子系统的影响，以系统的观点进行预测。

（四）整体性

企业的任何一项预测工作往往要以其他方面的预测作为基础。例如，某汽车配件销售公司决定是否代理某种品牌汽车配件的销售，其经济效益预测就必须建立在需求预测、生命周期预测等基础之上。

五、市场预测的程序

（一）提出问题和设想

在市场经济条件下，汽车企业在生产经营过程中常会遇到许多问题，也会在新车型汽车开发等问题上产生有关设想，这些问题和设想均可作为预测的初步前提。

（二）确定目标

在提出问题和产生设想后，就要从中选择、确定一个理想的、切合实际的目标。

（三）搜集整理资料

通过各种调查形式，搜集、整理、筛选、分析与主题有关的各种资料，如汽车行业及有关行业的统计资料，国内外有关汽车工业经济情报和反映市场动态的资料等。

（四）建立预测模型

在获得有关所需数据资料的基础上，依据有关市场理论、预测目标、预测要求及实际情况，选择适当的预测和评估方法，确定有关参数，分析变量间的关系，建立起反映实际的预测模型。

（五）进行分析评价

一般通过模型预测得到的结果往往与实际情况存在着差异，因而必须进行分析评价。

（六）修正预测结果和模型，写出预测总结报告

在对其预测对象以及各种影响因素应用预测模型进行计算机模拟分析研究时，由于建立的模型本身具有假设性和概括性，因而模拟出的预测结果不可能是十分准确和全面的。

六、汽车市场预测方法

汽车市场的预测一般都采用以定量分析为主，定量与定性分析相结合的综合预测分析方法。无论是对汽车市场的整体运行，还是对各车型分市场的变化监测，都是在定量分析的基础上结合定性分析而得出的结论。由于汽车产品品种多，需求范围广，品种间的替代效应强，各种影响因素复杂，因而用单一的方法进行预测难以取得较理想的预测结果。一般先采用几种方法进行分析研究，最后进行综合比较，进而得出最终预测结论。

（一）定性预测

1. 专家座谈法

这是邀请专家以开调研会的方式，向与会专家获取有关预测对象的信息，经归纳、分析、判断和推算，预测某种市场未来发展变化的趋势。这种方法可以在较短的时间里，充分利用专家群体的创造性思维和专业特长，对预测对象进行评估和推算，及时掌握第一手的预测信息。专家座谈法的缺点是：由于参加的人数及人的认识有限，不易全面地收集到各种意见；易出现大多数人的意见被采纳，而少数人的正确意见被忽视；还可能受到权威的影响，与会者不能畅所欲言。

使用此法应注意以下几方面的问题：

（1）参加座谈的专家应当对预测目标有长期的研究，或者熟悉汽车市场领域的情况，或者具有丰富的汽车市场营销实践经验。与会者代表面要广，且代表性要强，既应包括专家学者，也应包括营销部门或行业管理者和在一线的营销管理者。

（2）根据预测对象范围的大小和难易程度确定座谈会规模。一般会议规模不宜过大，以不超过10人为宜，可使每位与会者充分阐述自己的意见。

（3）为确保座谈质量，要根据预测目标的要求事先准备调查提纲。提纲要简单明确、重点突出、针对性强，并提前发给各与会者，以使他们有备而来。

（4）要精心选择会议主持人，认真组织好座谈会。主持者要谦虚谨慎、少说多听、善于引导、善于启发，要抓住会议的中心；应对重要内容让双方把观点和论据说清、讲透，防止“一言堂”，使每位代表都有发言机会；不要首先拿出倾向性意见，或听个别领导、权威谈意见，这容易产生主观片面性；对座谈内容要做好记录和录音，及时归纳整理发言内容，并提出带有倾向性的预测方案。

2. 专家调查法（也称德尔菲法）

专家调查法大量采用匿名调查表的方法通过函询征求专家意见，对各种意见汇总整理，将其作为参考资料，再以匿名函寄给各位专家，不断征询、修改、补充和完善，如此反复多次，直至多数专家看法一致，或不再修改自己的意见时，最终得出一套完整的预测方案。

专家调查法不是将预测意见一锤定音，而是多次轮番征询意见，每次征询都将经过整理的上一轮专家意见全面反馈给各专家以便相互启发，补充完善，提出新见解及其依据，使预测人全面把握大多数专家的意见倾向；由于采用统计方法处理每一轮专家的意见，故而经过几轮定量化的统计归纳后，预测结果趋向集中，预测方案的分散程度就会缩小，最终形成定性分析和定量分析相结合的、大多数专家趋向于一致的预测结果，使其更可靠，更具说服力。

（二）定量预测

定量预测是指把已经掌握的资料，运用一定的数学模型推算出事物未来变化情况的一种方法。这种方法是以事物发展具有一定连续性的假设为基础的，由事物过去、现在的变化规律去推断其未来。主要方法有移动平均法、加权移动平均法、指数平滑法、直线趋势法和因果分析法等。

技能训练：在调查研究的基础上，预测某品牌汽车的需求趋势。

单元四

网络营销

学习任务

学习目标：熟悉网络营销的含义与策略。

任务导入：计算机网络技术的发展给现代市场营销活动带来了手段上的革命，那么网络营销的含义和策略同传统的市场营销有什么差别呢?

一、网络营销的含义

网络营销是指在企业的经营过程中，借助联机服务网络、计算机通信和数字交互式媒体来获取、处理、利用各类有效信息以制定营销战略，进行营销管理，满足顾客需求的一种营销方式，它包括从网上调研、网络促销、网络销售到网络沟通的整个商务活动过程。

满足消费者的需求是营销的核心，网络的出现为企业了解消费者的需求提供了一个全新的通道。借助于网络系统，企业可以随时了解到消费者的需求。

二、网络营销的特点

Internet 是利用通信线路，将全球计算机纳入国际联网的信息传送系统。建立在这套信息传送系统之上的网络营销已经显示出极其强大的生命力，与传统的营销方式相比，它有以下一些特点：

（一）全球化、无障碍

Internet 是全球最大的网络系统，目前它已与近 200 个国家和地区相连，用户已突破 10 亿。遍布全球的、被该网络联系起来的用户，无疑成为网络营销的雄厚基础。网络提供的 24 小时营销服务不受时间、空间的限制，使网络营销有着其他营销手段所无法比拟的优势。

（二）交互性、快速化

网络不仅能迅速传送营销信息，而且能及时地反馈信息，充分、广泛地听取消费者的意见和建议。这种快速的、交互性的交流方式，将迅速增强企业的应变能力，使企业能紧紧把握消费者需求特点，及时进行产品、价格、渠道和促销策略的调整，为实现定制化营销创造了条件。

（三）经济性

网络营销为洽谈生意提供了一个有利的场所，交易双方可以直接在网上进行各种商务谈判，而不受时间、空间的限制。这样，不仅节约了时间和差旅费，而且节约了体力与精力。

网络营销的交易是在网上进行的，卖方无需设置仓库，不需现货，一切都是虚拟的。由于无需承担库存压力，故可节约仓储开支。

三、实现网络营销的条件

在网络上开展营销活动，需要具备多种条件。根据不同的商品性质、企业规模以及不同的营销目的，一般可将网络营销必须考虑的要素归纳为设备、内容、互动空间以及媒体组合。

（一）设备

在网络上传递商业信息，相关设备是少不了的，主要有用来保存、处理以及传送信息的计算机主机，传输专线以及设备的维护人员。企业可以自行建设网站，也可向网络服务企业租用设备。

（二）内容

内容的好坏直接影响到企业网络营销的成败。企业首先得分析上网族的结构及阅读习惯，还得考虑网络媒体的特性，例如，页面设计的特色、美观性等。

（三）互动空间

有些企业网站，内容不错，也登了广告，但仍很难引起共鸣，原因就是少了与读者互动的空间。只有在网页设计中加入了互动的内容，才能充分考虑到读者的个性化需求，才能尽可能多地吸引读者。

（四）媒体组合

不同媒体有不同的特色及功能，网络营销不能完全取代传统的电视或平面媒体。真正成功的网络营销，善于将这个新的媒体与传统媒体结合，产生出惊人的效力。让营销的扩散力在电视广告上发挥，让报纸广告继续保持高度曝光的优势，把漂亮的产品图片印在杂志上，然后充分利用网络媒体，填补营销上的漏洞。

正因为网络营销有以上四方面的特点，所以能全方位地展示产品或服务的外观、性能、品质，以及决定产品或服务的内部结构，使消费者能全面地认识商品或服务。

四、汽车企业网络营销的实施步骤

汽车网络营销的实施步骤如下：

（1）制作汽车企业的主页，创建数据库，建立公司网站，申请域名，选择网络服务商。

（2）建立 Internet，主要解决企业内部的信息处理问题。

（3）组建汽车企业外部网（Extranet），实现企业与 Internet 的连接，由此可以实现在线的实时信息互联。

（4）完善电子支付系统，主要是与金融网络系统对接。

（5）物流配合、服务跟上，实现虚拟交易与实物流通、提供服务（无形产品）的连接。

五、汽车企业网络营销的基本方式

汽车企业的商业网站是汽车企业与顾客的连接点、信息流通的主动脉，也是汽车企业开展网络营销必不可少的前提条件，应尽可能地运用多媒体工具，把汽车企业的情况、产品、功能以三维立体图形或动画的方式表现出来，最大限度地满足用户的要求。企业网上营销的基本方式是：网络表现、网络交互、网络商务。

（一）网络表现

网络表现是指汽车企业在门户网站或专门网站上进行自我展示。主要表现形式有：

（1）广告。即硬性地投放在网站上，以图片或文字的方式出现在显要位置，表现的主题是企业商标、汽车品种、车型参数和配置、价格等。

（2）目录。加入某个搜索引擎以待用户查询。

（3）商情。在某个发布平台将自己的商业动态和经营信息传播开来。

（4）页面。拥有独立的网页或建设自己的网站，全方位地体现汽车企业形象。

（二）网络交互

拥有独立空间或信息平台的汽车企业通过自己的产品表现进行在线交易或服务。主要表现形式有：

（1）调查。通过汽车用户的反馈信息了解市场需求和产品销售状况，并对消费趋势及产品市场占有率进行在线统计。

（2）订货。用户如果需要某种车型的汽车可要求配货或预定，汽车企业可以通过信息传递责成其各地的分支企业完成对用户的服务。

（3）投诉。为汽车用户的直接投诉提供通道，以提高服务质量。

（4）建议。对汽车产品及企业有信心的用户往往会提出好的建议，为汽车企业的市场定位、决策提供有益的参考。

（三）网络商务

网络商务是高技术实现与管理实现的结合，它以汽车企业经营现代化为基础。如果汽车企业已经实现了办公自动化，可以在保证内部系统安全的条件下与外部系统连接起来。主要表现形式：

（1）订单管理。用户在线购买产品并通过在线支付购物款。订单上的客户资料进入客户管理系统，汽车产品资料进入库存和物资流通管理系统，付款进入资金管理系统。这些系统的信息将反馈给订单系统以确认是否有效。

（2）客户管理。客户在交易行为产生后，系统就会进行定期或随机的跟踪服务，并对客户的反馈信息收集整理，予以回复。反馈信息经统计后会形成意见提交给管理人员。

（3）库存管理。仓储及流水线的控制数据需要输入此系统以调剂市场供求，并影响采购系统的运作。

（4）物流管理。订购信息会直接决定汽车产品的送货时间、频率、负荷和路线，从而清楚地计算成本，调整运输策略。

(5) 采购管理。依赖于网页上发布的采购供求信息，也依赖于企业内部提交的市场预测。仓储及流动资金的信息通过内部系统可以直接连接采购平台，实时发布采购信息，保证供货时间与质量符合生产的需求。

(6) 资金管理。汽车企业财政的管理基于企业内部的财务系统，银行资金的调用须与内部调配相结合。在线资金流动不仅可以显示经营业绩，还可以进行电子报税以及其他的在线金融项目操作，使会计电算化的应用达到一个新的境地。

(7) 数据管理。数据是现代化汽车企业管理的客观依据，网络的数据处理功能是在线数据管理的基础。网络数据库可以根据企业的需要实时统计目标主题的数据内容，进行数据分类处理，形成一份无人为误差的分析报告。

(8) 信息管理。汽车企业的各种信息都可以被企业内部网络中的所有终端共享。无论是文档还是命令，都可以通过网络传递，汽车企业的行政管理和商业流程都会变得更加有序，执行起来会更为轻松。

六、汽车企业网络营销策略的选择

汽车网络营销的一个重要指导思想就是要尽最大努力满足单个消费者的特定消费需求。汽车企业在网络营销策略的选择上，要立足于处理好与每一个顾客的关系，注重发挥 Internet 的独特优势，不断培养、提高顾客的忠诚度，确保销售持续增长。

(一) 慎选 ISP

ISP 是 Internet Service Provider 的缩写，解释为 Internet 服务提供商。任何一个企业要加入 Internet 都必须选一个 ISP。目前出现很多的 ISP，业务范围各具特色，企业应仔细加以选择，充分考虑 ISP 的技术条件和提供服务的种类和数量。

(二) 宣传网址

目前在网上至少有 3.5 亿个网页，150 万个网址，在如此广阔的空间里，一个网页或一条信息好比沧海一粟，因此网址宣传是开展网上营销并取得效益的前提。宣传网址既可以利用传统媒介，也可以利用 Internet 本身进行。前者包括广播、报纸、杂志、电视等，此外，传真、名片以及所有印刷品都是宣传网址的良好介质；后者可以利用导航台、新闻组、电子邮件群组、图标广告、分类广告等工具来宣传网址。在方式上，也可以同各种促销手段相结合，以激励汽车购买者或潜在购买者上网查询，继而产生购买行动。

(三) 注重网站结构

汽车网站设计应做到结构简单，建立较为便捷的路径索引以方便访问者。结构模式力求形式新颖、富有动感，尽量涵盖用户普遍需求的信息量。

(四) 保护网上商标，积极注册域名

网络域名是网络上一个服务器或一个网络系统的名称。对汽车企业来说，它是网上的品牌商标，也是一种产权。目前，我国一些汽车企业由于缺乏对 Internet 的认识，其域名被他人抢注，给企业带来了损失。因此，保护网上商标，积极注册域名非常重要。

(五) 树立网络形象和信誉

网络就像一个茫茫大海，如果无法在网络上树立企业的品牌形象，被“漫游”到的机

会微乎其微，因此，树立网络形象非常重要。网络形象包括网络诉求和网络识别等内容。汽车企业要利用 Internet 对顾客、竞争者、环境因素等进行调研，确立恰当的诉求目标、诉求对象和诉求手段。汽车企业网页的制作要清晰明了，引人入胜，能够反映企业的文化。同时，由于网上购物存在着风险，顾客能否光顾企业的虚拟商店，只有靠信誉来争取，网络信誉是质量和服务的标志。

（六）网络促销

目前汽车网络促销开展较为广泛，尤其是网络广告比较受欢迎。网络促销的出发点是利用网络传递快、辐射广等特点，实现与顾客的沟通。这种沟通不是传统营销中“推”的方式，而是“拉”的方式，即“软”营销。网上促销的广告、在线产品展销、与非竞争性厂商进行联盟、借助网络文化吸引顾客等活动，是发掘潜在顾客的有效途径。

（七）选择合适的网络商品

虽然网络有交互对话的特点，能使消费者变被动为主动，但并非所有的商品都适合在网上销售，只有能吸引顾客的进行主动查询的商品才是适合的。

综上所述，汽车企业网上营销是新经济形势下市场营销的创新，代表了一种发展趋势。当然，就目前而言，网络营销还不能完全取代传统营销，而只有与传统营销整合，才能使汽车企业的整体营销策略获得最大的成功。

技能训练：设计一个汽车网络营销方案。

模块三　汽车市场营销策略

单元一

目标市场营销策略

学习任务

学习目标：熟悉汽车目标市场营销策略的要领。

任务导入：做任何事情都要做到目标明确，如果一个汽车企业没有明确的目标用户和市场定位，盲目经营、盲目竞争，那么这个企业必然要在市场中失败。

一、目标市场的含义

汽车企业在市场营销过程中，面临许多营销机会，在对市场调查和预测的基础上，需要作出选择，确定自己的目标市场。在选择目标市场时，需对市场机会进行认真的分析比较，从中选出最有吸引力的细分市场，以便确定正确的营销策略。

汽车企业实行市场细分化、目标化和定位，是汽车企业营销战略的核心，是决定营销成败的关键。如汽车配件市场，由于汽车种类的复杂多样性，所以它有为数众多、分布广泛的购买者。根据不同的车型和使用环境等，用户有不同的需要和欲望。对此，任何一个零部件生产企业，不可能为所有用户提供有效服务，也不可能满足所有的用户。因此，汽车企业应该评估选择对本企业最有吸引力的细分部分作为自己为之服务的目标市场，实行目标营销，确定自己在汽车市场上的竞争地位，搞好产品的市场定位。

在市场细分的基础上，选择一个或几个细分部分作为自己的服务对象，这些被选中的细分部分称为目标市场。企业根据自己的资源条件选择目标市场进行经营，这就叫做市场目标化或目标市场营销。

二、目标市场策略

市场细分化的结果，使汽车企业面临许多不同细分市场中的经营机会。如何利用这些机会，选择哪些细分市场作为目标市场，企业一般有三种可供选择的目标市场营销策略。

（一）无差异市场营销策略

这是针对市场共性的一种求同存异的营销战略。采取这种策略的汽车企业并不去区分组成整个汽车市场的各细分市场上需求的差异性，而是寻求各类用户中相同的部分。企业只经营单一产品，运用一种市场营销方案，试图吸引尽可能多的用户。因此，企业所设计的产品和营销方案，都是针对大多数用户的。

无差异性营销的出发点是规模经济效益，品种少批量大，成本低，利润率高。缺点是以一种产品和一种营销方案，要想使不同层次、不同类型的所有用户满意是很困难的。例如，美国汽车行业一向以大型舒适豪华的轿车市场为目标，而忽视小型车市场，结果被外国汽车公司特别是日本汽车公司钻了空子。20 世纪 70 年代日本公司利用石油危机的机会，以小型、廉价、省油的汽车，一举占有了美国汽车市场的很大份额，使美国汽车公司措手不及，竞争中的优势减少很多。

（二）差异性市场营销策略

采用这种策略的企业针对不同细分市场中需求的特点，分别提供不同品牌、规格、性能的产品和营销方案。这种营销战略由于有的放矢，对症下药，能扩大销售，提高市场占有率。

差异性市场营销较之无差异性营销可创出较高的销售额，并提高产品的竞争能力。但同时由于产品品种和市场营销组合的多样化，使营销成本提高，因为差异性营销势必增加设计、制造、管理、促销等方面的成本。

（三）集中市场营销策略

集中市场营销是选择一个或几个细分市场，集中所有力量向其提供最能适合其需求特点的产品。

集中市场营销可以使产品更符合用户的需要，以取得更大的市场占有率，并且由于实行专业化经营，从而节省费用，增加盈利，可以提高产品和汽车企业的声誉。但由于目标过分集中，风险较大，当所经营的细分市场上需求发生突然变化，或出现强大的竞争者时，企业的处境将立刻恶化。

三、影响目标市场策略选择的因素

上述目标市场营销策略的三种类型，各有利弊，因而各有其适用的范围。一个汽车企业究竟采用哪种策略，应根据企业、产品、市场的具体情况来决定。

（一）汽车企业能力

包括汽车企业所拥有的生产能力、技术能力、资金能力、销售能力、管理能力等的总和。如果汽车企业的能力不足以覆盖所有的细分市场，唯一合乎实际的选择就是采用集中市场营销。

（二）汽车产品的情况

汽车是差异性很大的产品，因制造者的不同而有很大的差别，应实行差异性营销或集中营销。还要根据产品生命周期的不同阶段，使用不同的营销策略。当介绍汽车产品进入市场时，通常只介绍一种或少数几种型号，实行无差异性营销，或针对某一特点的细分市场实行集中营销；当产品处于成熟期时，可改为差异性营销，以维持或扩大销量。

（三）竞争者的营销策略

企业采取何种目标营销策略，还应该根据竞争对手采取的策略而定。一般来说，应该同竞争者的战略有所区别，反其道而行之。如果对手是强有力的竞争者，实行的是无差异性营销，则本企业实行差异性营销往往能取得良好的效果。若对手已经实行了差异性营销，本企业仍实行差异性营销，势必失利，这时可考虑实行更深一层的差异性营销或集中营销。当然，到底采取什么营销策略，需根据市场的具体情况和竞争双方的力量对比来进行分析。

四、选择目标市场的方法

企业在市场细分化的基础上，确定了市场覆盖战略，才可以考虑选择适当的市场组成部分作为目标市场。一般选择和确定目标市场范围有五种类型：

（一）产品与市场集中策略

就是汽车企业集中全力只生产某一种型号的汽车，供应某一用户群。小型企业比较适宜采用这种策略，企业可以始终专注于某个细分市场，并可以在经营取得成功后向更大的市场范围扩展。

（二）产品专业化策略

这是企业生产适合各类用户需要的某一种类的产品。

（三）市场专业化策略

这是企业决定生产能满足某一种市场上的各种产品。

（四）选择性专业化策略

企业选取多个细分市场作为目标市场，这些细分市场之间并没有明显的联系，但是每一个都存在良好的经营机会。

（五）全面覆盖策略

大型企业为取得市场领导地位常采用这种策略。汽车企业为所有用户（各细分市场）提供其需要的各类汽车。一般来说，汽车企业取得成功后再逐步扩大，最后达到全面覆盖。

五、竞争性营销策略

（一）汽车企业竞争者分析

1. 确定汽车企业的竞争者

竞争者一般是指那些与本汽车企业提供类似的产品和服务，并且有相似的目标用户和相似的价格的企业。在美国汽车市场上，通用公司不仅把福特公司作为主要竞争者，而且把摩托车、自行车等制造厂都看做竞争者，甚至将范围再拓宽一些，把所有同本行业争夺用户购买能力的汽车企业，都纳入竞争者的范畴之内。如通用公司把房地产公司也看做竞争者，因为，用户购买了房子就没有能力购买汽车了。

2. 竞争者的目标

就是要进一步搞清每个竞争者在市场上追求的目标是什么，每个竞争者行为的动力是什么。营销者要知道每一个竞争者的目标组合所侧重的是什么，从而才能正确估计竞争者可能采取的应变对策是什么。同时要注意竞争者在各个汽车产品和用户细分市场的目标和可能的行动，应抢先下手。

3. 确定竞争者的策略

在汽车行业中，如果两个汽车企业采取的策略越相似，它们之间的竞争就越激烈。以所采取的主要策略不同，把竞争者划分为不同的策略群，据此决定本企业的策略。

4. 估计竞争者的优势及弱点

这要搜集竞争者的有关资料。竞争者资料的收集是一件困难的事情，尤其是收集近期的数据资料就更困难。通过数据资料了解竞争者的长处和弱点，也可用来比较自己与竞争者在竞争地位上的优劣。在寻找竞争者的弱点时，要注意竞争者对市场或策略估计上的错误。

5. 判断竞争者的反应模式

当汽车企业采取某些营销措施和行动之后，竞争者会有不同的反应。可能会出现三种：一是反应不强烈，行动迟缓；二是迅速作出反应；三是不采取任何行动。这些不同的反应是由较复杂的原因造成的。企业需要了解主要竞争者的反应模式，以决定自己的适当对策。

6. 选取对策

汽车企业要根据竞争者的强弱、竞争者与企业相似程度的大小以及竞争者的表现是良好还是具有破坏性，在认真分析出企业内部的实力和外部的环境的基础上，结合上述分析和掌握的资料，认真研究采取的策略是进攻还是躲避。

（二）竞争性营销策略

汽车企业在分析竞争者之后，结合自己的目标市场，决定自己在市场上的竞争地位。这样可把市场营销者分为四类：市场主导者、市场挑战者、市场跟随者和市场利基者。

1. 市场主导者策略

所谓市场主导者，是指在相关产品的市场上占有率最高的企业。在价格变动、新产品开发以及促销等方面均处于主导地位，为同行所公认。一般在多数行业都有一家企业被认为是市场主导者，如在美国汽车行业的通用汽车公司，日本汽车行业的丰田汽车公司。它们是市场的主导者，也是其他企业挑战、效法或躲避的对象。主导者为了维持自己的优势，保住自己的主导地位，要从三方面采取措施：

（1）设法扩大市场需求量。一般从三方面扩大需求量：一是发掘新的使用者；二是开辟汽车产品的新用途；三是增加用户对汽车产品的使用量，这几方面可根据汽车企业的实际情况进行。例如，法国的一家轮胎公司为了增加用户对产品的使用量，他们大力宣传法国南部的旅游服务如何优良，竭力诱导巴黎人开车到南部去度周末，并出版详细的旅游指南，引导更多的人开车去旅游，以增加轮胎销量。

（2）保持现有的市场份额。在设法扩大市场需求量的同时，必须时刻预备竞争者的挑战，保卫自己的市场阵地。一般挑战者都是很有实力的，主导者稍不注意就可能被取而代之。市场主导者不能满足于现状，应在分析市场动态的基础上主动出击。如若不发动进攻，就必须严守阵地，不可有任何疏漏。例如，通用公司不愿耗资去生产小型汽车，结果使日本汽车公司的产品打入美国市场，给通用公司造成巨大损失。

（3）努力提高市场占有率。从经营战略对利润影响的研究表明，盈利率是随市场份额线性上升的。因此，许多汽车企业都把扩大市场份额作为重点经营目标之一。但要注意当市场占有率已达到一定水平时，却不一定能增加利润，只有在生产单位成本随着市场份额增加而减少时，或者产品价格大大超过提高产品质量所投入的成本，以及提供适合用户需要的新型汽车，用户愿意接受较高的价格时，提高市场份额才会产生高利润。

2. 市场挑战者策略

市场挑战者往往也是一些相当大的企业，如美国汽车市场的福特公司。如若向对手挑战，首先必须确定自己的战略目标和竞争对象，然后选择适当的进攻策略。

大多数挑战者的战略目标是提高市场占有率，从而获取较高的盈利率。在这个过程中，挑战者应对不同的对象制定不同的目标和策略。一般有三种情况：一是攻击市场主导者；二是攻击与自己实力相当者；三是攻击地方性小企业。

3. 市场跟随者和利基者策略

市场跟随者只图维持自己的市场份额，并不希望扰乱共处的局面，害怕在混乱中损失重大，因此采取追随主导者而非进攻的策略。

市场利基者往往是市场上不大显眼的、不大可能引起大汽车企业兴趣的市场的某一部分，一般是从事专业化生产经营的小汽车企业，但对某些大汽车企业中的较小部门也是有意义的。在寻求这种有利部分或位置时，要注意以下几个特征，即衡量它是否有足够的市场潜力和购买力，利润是否有增加的潜力，且对主要竞争者不具有吸引力，本汽车企业又具有占领此位置的能力，同时可依靠自己现有的信誉来抵抗竞争者。采取的主要战略是专业化营销，在市场、用户、产品等方面实行专门化。在选择有利市场位置时，要注意多重位置比单一位置更可能减少风险。因此，通常选择两个或两个以上的有利位置，以确保企业的生存和发展。

技能训练：调查一个国产汽车品牌的目标市场策略。

单元二

产品策略

学习任务一

学习目标：掌握产品组合策略。

任务导入：产品策略是市场营销“4Ps”组合的核心，是企业市场营销活动的支柱和基石，是价格策略、分销策略和促销策略的基础。

一、产品的含义与分类

（一）产品的含义

产品是指提供给市场的能够满足人们需要和欲望的任何有形和无形的物品，是一组将输入转化为输出的相互关联或相互作用的活动的结果，即“过程”的结果。产品在经济领域中，通常也可理解为组织制造的任何制品或制品的组合。从现代营销观念来看，企业销售给消费者的不仅仅是产品本身，而是一个产品体系，这就是现代市场营销学中的产品整体观念。

产品整体概念可以概括为5个层次。

1. 核心产品

核心产品是指消费者希望通过交换活动得到的最为核心或最为基本的效用或利益。它是产品整体概念中最基本、最主要的部分。如消费者购买汽车并不是为了获得一个带有车轮、车厢和装有各种部件的机器，而是为了获得能满足自己交通代步、舒适、便捷等方面需要的效用。

2. 形式产品

形式产品是指核心产品价值借以存在并传递给消费者的具体形式或外在表现形式。对于实体产品，它主要由产品的质量（也称品质、材质）、特色、款式（也称式样）、品牌（也称商标）和包装5大因素构成。对于服务产品则由服务的程序、服务人员、地点、时间和品牌等构成。

3. 期望产品

期望产品是指购买者购买产品时，期望得到的与核心产品密切相关的一整套属性和条件。例如，汽车消费者到汽车专营店选购汽车，除希望买到“性能优越、经济性和安全性好、配置齐全”的汽车实体产品外，还期望得到热情的接待、价格上的优惠、贷款和保险的指导、牌照的办理等服务。

4. 附加产品

附加产品，也称延伸产品，是指经营者为了满足消费者因获得前 3 个层次产品利益而派生出的延伸性需求而提供的产品或服务的总称。它通常包括销售服务、质量保证、备件供应、售后服务等内容。

5. 潜在产品

潜在产品是指产品最终可能的所有增加和改变的利益。它是在核心产品、形式产品、期望产品和附加产品之外，是消费者潜在需求尚未被消费者意识到的或者已经被意识到但尚未被消费者重视或消费者不敢奢望的一些产品价值。

它与附加产品的主要区别是，消费者没有潜在产品仍然可以很好地满足其现实需求，但得到潜在产品，消费者的潜在需求会得到超值满足，消费者对产品的偏好程度与忠诚程度会得到大大强化。

（二）产品分类

1. 产品从表现形式分类

（1）有形产品，即硬件，是不连续的具有特定形状的产品。如汽车、汽车零件、电视机、建筑物等，其数量具有计数的特性，往往用计数特性描述。

（2）软件，由信息组成，是通过支持媒体表达的信息所构成的一种智力创作，通常是无形产品，并可以方法、记录或程序的形式存在。如计算机程序、字典、信息记录等。

（3）服务，通常也是无形的，是为满足顾客的需求，供方（提供产品的组织和个人）和顾客（接受产品的组织和个人）之间在接触时的活动以及供方内部活动所产生的结果，并且是在供方和顾客接触上至少需要完成一项活动的结果。如医疗、运输、咨询、金融贸易、旅游、教育等。服务的提供可涉及：为顾客提供的有形产品（如维修的汽车）中所完成的活动、为顾客提供的无形产品（如为准备税款申报书所需的收益表）中所完成的活动、无形产品的交付（如知识传授方面的信息提供）、为顾客创造的氛围（如在宾馆和饭店）。服务特性包括：安全性、保密性、环境舒适性、信用、文明礼貌以及等待时间等。

（4）流程性材料，通常是有形产品，是将原材料转化成某一特定状态的有形产品，其状态可能是流体、粒状、带状。如润滑油、布匹，其数量具有连续的特性，往往用计量特性描述。

一种产品可由两个或多个不同类别的产品构成，产品类别（服务、软件、硬件或流程性材料）的区分取决于其主导成分。例如：汽车是由硬件（如发动机、底盘、电气设备、车身）、流程性材料（如燃料、润滑油、冷却液）、软件（如发动机控制软件、驾驶员手册）和服务（如销售人员所做的操作说明）所组成。硬件和流程性材料经常被称为货物。称为硬件或服务主要取决于产品的主导成分，例如，客运航空公司主要为乘客提供空运服务，但在飞行中也提供点心、饮料等硬件。

有形产品的真正价值不仅仅在于拥有它们，更重要的是它们能满足人们的欲望，人们购买产品的最终目的是为了得到产品所提供的服务，例如，人们买化妆品是为了得到美容服务，买洗衣机是为了得到洗涤服务，购买汽车就是为了得到舒适、快捷、方便的交通服务。市场营销人员的任务，就是在向消费者展示产品的实体时介绍其包含的所有服务，人们在选择购买产品的同时，实际上也在满足着某种愿望和利益。

2. 按有形产品是否耐用分类

（1）耐用品。

耐用品的使用时间长，相对价格高，如汽车、电冰箱等。

（2）非耐用品。

非耐用品的消费快，购买频率高，相对价格便宜，如汽油、啤酒等。

3. 按产品的用途分类

（1）便利品。

便利品，也称日用品，是指那些消费者经常购买、随时购买、即用即买、就近购买、追求便利、购买时不需或不愿花费太大精力去比较选购的产品。所以出售这些商品的商店，多数设在住宅区的附近，并采取广泛分销的渠道模式。便利品可以分为 3 种：常用品、冲动品和急需品。

（2）选购品。

选购品是指消费者在选购商品过程中，愿意投入许多精力和时间进行认真选购的产品。

（3）特殊品。

特殊品是指那些具有独特的品质、风格、造型和工艺等特性的商品，或为消费者特别偏爱，或消费者习惯愿意多花些时间与精力购买的商品。这类商品不是消费者普遍需要的，如古董、手工艺品、名贵字画和高级乐器等。这些商品的出售点不在于多，而在于高知名度和高服务水平。

（4）非渴求品。

它是指消费者目前不知道，或者即便知道也不会轻易购买的产品，如某些特效药等。由于这些产品非常特殊，因此要求通过广告及人员推销，进行大量的市场营销活动。

二、产品组合策略

（一）产品组合的含义

产品组合，也称产品结构或业务组合，即企业的业务范围与结构。它是指企业向目标市场所提供的全部产品或业务的组合或搭配。产品组合由产品线构成，产品线由产品项目组成。

产品线是指企业提供给市场的所有产品中，在技术上密切相关、具有相同使用功能且满足同类需要的一组产品。产品项目是指同一产品线中具有不同品种、规格、质量和价格等属性的特定产品。

（二）产品组合决策的要素

产品组合决策，一般是从产品组合的宽度、长度、深度和关联度等方面作出决策与规划。产品组合的宽度是指企业的产品组合中产品线的数目；产品组合的长度是指企业的产品组合中产品项目的总数；产品组合的深度是构成企业产品组合的产品线中每一产品项目所包含的产品品种数目，根据标准的不同，产品组合长度的计算方法也不同；产品组合的关联性是指企业的各条产品线在最终用途、生产条件、销售渠道或其他方面相互关联的程度。企业增加产品组合的宽度，可以扩大经营范围，实现多元化经营；增加产品组合的长度和深度，可以提高核心竞争力；增强产品组合的关联性，可以提高产品在某一地区、行业的声誉。

例如，一汽集团现有一汽大众、一汽奥迪、一汽马自达、一汽红旗、一汽丰田、一汽解放、一汽奔腾、一汽佳宝、一汽夏利等 9 条产品线，表明产品组合的宽度为 9。一汽集团所有车型的总数就是产品组合的长度。一汽大众现有捷达、高尔夫、宝来、速腾等品牌及不同型号的具体产品，具体产品类型的数量就是产品组合的深度。一汽集团所生产的产品都是汽车产品，就产品的最终使用而言，这家公司产品组合的关联度较大。

（三）产品组合策略

1. 扩充产品组合策略

扩充产品组合策略主要包括通过增加企业产品组合的宽度或增加产品组合的深度从而增加产品组合长度的策略。

（1）在原产品组合中增加一条或几条产品线。

（2）在现有产品线内增加新的产品项目。

当企业预测现有产品线的销售与利润在未来有可能下降，或不足以实现企业的发展目标时，就应考虑在产品组合中增加产品线，扩大产品经营范围；当企业打算增加产品特色，或为更多的细分市场提供产品时，则可通过在原有产品线增加新的产品项目来实现。此时，企业应使新增产品项目与原有产品项目有显著的差异，以避免新旧产品相互冲突。

2. 缩减产品组合策略

缩减产品组合策略与扩充产品组合策略正好相反，是指企业减少产品大类数目或者减少某一产品线内的产品项目数，从而减少产品组合长度的策略。当整条产品线或产品线中的某些产品获利甚微或已无获利希望时，企业可以考虑采用此策略，以便集中资源经营那些获利大或经营前景看好的产品线与产品项目。

3. 产品线延伸策略

产品线延伸策略就是突破企业原有经营档次的范围，使产品线加长的策略。其实，产品线延伸策略是实现扩充产品组合策略的一种重要途径。可供选择的产品线延伸策略主要有以下 3 种。

（1）向下延伸。

有些生产或经营高档产品的企业逐步增加一些较低档的产品，称为向下延伸。当企业生产经营的高档产品不能再提高销售增长速度，而且企业具备生产经营低档产品的条件，并能最大限度避免向下延伸带来的风险时，就可以采用该策略。

（2）向上延伸。

企业原本只经营低档产品，现在逐步增加中高档产品或业务，称为向上延伸。它一般适合于以下几种情况：一是高档产品有较高的销售增长率和毛利率；二是为了追求高中低档产品的完整的产品线，三是以某些高档的产品来调整整条产品线的档次。

（3）双向延伸。

有些经营中档产品的企业，在一定条件下，逐渐向高档和低档两个方向延伸，称为双向延伸。这种策略可以加强企业的竞争地位，击退竞争者，赢得市场领先地位。

技能训练：调查某一国产品牌汽车的产品组合策略。

学习任务二

学习目标：掌握产品生命周期策略。

任务导入：任何产品都有从产生到退出市场的经历，汽车产品也是这样。在产品生命周期的各个阶段，企业采取的营销策略是不同的。

一、产品生命周期的含义

（一）产品生命周期的含义

所谓产品生命周期是指某种产品从进入市场到被市场淘汰，退出市场所经历的全部过程。产品经过研究开发、试销，然后进入市场，产品进入市场标志着产品生命周期的开始；产品退出市场，标志着其生命周期的结束。

（二）产品生命周期阶段划分

典型的产品生命周期一般分为 4 个阶段，即引入期、成长期、成熟期和衰退期，如下图所示。

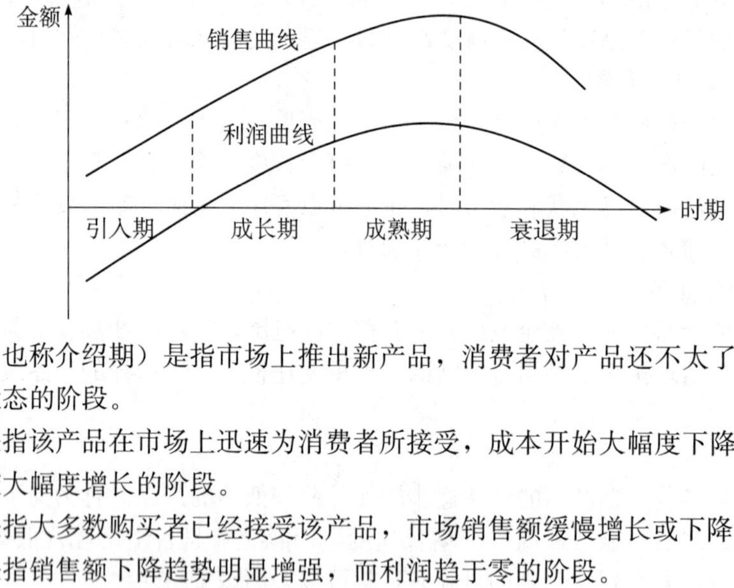

引入期（也称介绍期）是指市场上推出新产品，消费者对产品还不太了解，产品销售呈缓慢增长状态的阶段。

成长期是指该产品在市场上迅速为消费者所接受，成本开始大幅度下降，销售额迅速上升，利润较大幅度增长的阶段。

成熟期是指大多数购买者已经接受该产品，市场销售额缓慢增长或下降的阶段。

衰退期是指销售额下降趋势明显增强，而利润趋于零的阶段。

二、产品生命周期各阶段的特点与营销策略

（一）引入期

1. 市场特点

引入期的特点主要表现为：新产品刚投入市场，消费者对产品还不太了解，只有少数追求新奇的消费者可能购买；销售网络还没有全面有效地建立起来，销售增长缓慢，销售量很低；生产技术还有待完善，产品质量还不很稳定；前期投入大量开发成本，还必须继续追加高额的促销费用。企业通常处于亏损或微利状态；同类产品的生产者较少，竞争不激烈。

2. 市场营销策略

引入期企业营销策略的总思路可以概括为：加大推广力度，缩短介绍周期，推出品

牌，突出一个“快”字。从促销策略和价格策略两个方面考虑，企业在引入期主要有以下四种组合策略可供选择。

（1）快速掠取策略。

也称快速撇脂策略，即选择高价格和高水平的促销方式迅速推出新产品，迅速抢占市场、取得较高的市场占有率。

采取该策略需要具备以下市场环境与条件：市场有较大潜力，消费者有求新求异心理，急于求购，并愿意付出高价；企业面临竞争威胁，需要创建高价名牌的形象，迅速形成消费者对该产品的偏好。

（2）缓慢掠取策略。

也称缓慢撇脂策略，即以高价格和低促销费用的方式推出新产品面向市场，以求取较高的利润。

采取该策略需要具备以下市场环境与条件：市场规模较小，消费者已熟悉该产品，并愿意出高价购买；竞争者较少，竞争威胁不大。

（3）快速渗透策略。

实行低价格和高促销费用的方式推出新产品的策略，以迅速占领市场，以低价格赢得消费者，较大地提高市场占有率。

采取该策略需要具备以下市场环境与条件：市场容量很大，消费者对产品缺乏了解，但对价格比较敏感；竞争者多，竞争比较激烈；产品单位成本可以随着生产规模及销售量迅速下降。

（4）缓慢渗透策略。

实行低价格和低促销费用的方式推出新产品，以低价格扩大市场份额，以较低的促销成本获取相对较高的净利。

采取该策略需要具备以下市场环境与条件：市场容量较大，市场需求价格弹性较大，促销弹性较小，消费者对价格比较敏感，存在较多潜在竞争者的威胁。

（二）成长期

1. 市场特点

消费者对该产品比较熟悉，销售习惯基本形成，销售量迅速增长；产品基本定型，步入大批量生产阶段，大量的竞争者也开始生产此类产品，竞争比较激烈；产品成本降低，市场价格趋于下降；消费者开始重视产品性能、质量、特色与品牌；单位产品促销费用随销售额的迅速增长而相对降低，利润开始较大幅度地提高。

2. 市场营销策略

成长期企业营销策略的总思路可以概括为：抢占市场份额，加快推广速度，创出名牌，突出一个“争”字。具体而言，企业可以采取的营销策略主要有以下四个方面：

（1）改善产品品质，增加产品性能，提高产品质量。

（2）加强促销，创建名牌，树立良好的形象。

（3）加强市场细分，拓展市场。

（4）重视产品价格、渠道与促销方式的巧妙组合，开拓新的市场等。

（三）成熟期

1. 市场特点

产品销售量增长缓慢，市场需求量逐渐趋于饱和；生产量很大，生产成本降到最低程度；产品的服务、广告和推销工作十分重要，销售费用不断提高；利润达到最高点，并开始下降；很多同类产品进入市场，市场竞争十分激烈。

2. 市场营销策略

成熟期企业营销策略的总思路可以概括为：巩固市场地位，延长成熟期限，护好名牌，突出一个“保”字。具体而言，成熟期企业的营销重点是维持市场占有率并积极扩大产品销售量，争取利润最大化。企业可以采取的营销策略有以下三个方面：

（1）市场改进策略。

该策略主要是通过发现产品新的用途或改变促销方式，发现新用途，开拓新市场，进一步提高产品销售量。

（2）产品改进策略。

该策略主要是通过进一步改进产品的性能、质量和服务，实现产品的再次推出，吸引新老消费者。

（3）营销组合改进策略。

该策略是通过对产品、价格、渠道和促销等因素加以改进，如降低价格、改良款式、变更广告、拓展渠道、延期付款和加强服务等刺激消费者消费，争取稳定的销售量，从而延长成熟期。

（四）衰退期

1. 市场特点

产品销售量急剧下降，性能和质量更好的新产品吸引了消费者的注意力；产品价格降到最低水平，利润迅速下降，已无利可图，甚至出现亏损现象；大量的竞争者退出市场；消费趋势发生新的变化，消费习惯与偏好已经转移；停留在市场上的企业也开始减少服务，削减营销费用，处于维持经营的状态。

2. 市场营销策略

在衰退期，企业面临着销售和利润直线下降、大量竞争者退出市场、消费者的消费习惯已发生转变等情况，此时，企业应突出一个“转”字。可供选择的营销策略有以下几个方面：

（1）维持策略。

即保持原有的细分市场，继续使用原来的分销渠道、定价和促销等营销组合策略，维持较低水平的销售，直到该产品退出市场。

（2）集中策略。

即把企业的有限资源集中到最有利的细分市场和销售渠道上来，销售最易销售且仍有利可图的品种。通过缩短战线，集中力量，获取较大的利润后再退出市场。

（3）收缩策略。

即大幅度降低销售费用，减少人员推销，保持低水平的销售，通过降低营销成本以获得微薄的利润。

（4）放弃策略。

即放弃落后产品的生产与经营，退出市场，保持实力，另辟蹊径，及早推出新的产品，占领市场。

三、新产品开发策略

(一) 新产品的含义

1. 新产品的含义

新产品是指在某个市场上首次出现的或者是企业首次生产销售的整体产品。产品整体概念中任何一部分的创新、革新和改良，都可视为新产品。

2. 新产品的类型

从现代市场营销的角度来看，新产品主要有以下六种类型：

（1）全新产品。

即利用新技术创造出的整体更新的产品。采用新原理、新材料、新技术及新工艺创造的并率先在市场上问世的产品。

（2）新产品线。

能够使一个公司首次进入新市场的产品。

（3）现有产品线的增补产品。

在公司现有产品线上，增补的新产品，包括产品型号、款式、大小等方面的变化。

（4）现有产品的改进和更新。

产品性能的改进或注入新的价值，能够替代现有产品。

（5）市场重新定位的产品。

能够进入新的细分市场的现有产品或改变原有市场定位推出的新产品。

（6）成本减少的产品。

以较低的成本推出同样性能的产品。

(二) 新产品开发的意义及过程

1. 新产品开发的意义

新产品开发不仅是提高企业核心竞争力、促进企业持续发展的需要，也是市场需求及社会、经济与科技发展的要求。

（1）新产品开发是提高企业核心竞争力、促进企业可持续发展的需要。

（2）新产品开发是适应消费需求变化的需要。

（3）新产品开发也是产品生命周期理论的要求。

（4）新产品开发是科学技术发展的结果。

2. 新产品开发的过程

新产品开发过程一般由新产品构思、筛选、形成产品概念、制定营销战略、商业分析、新产品研制、市场试销、批量上市等八个阶段组成。

（1）形成产品构思。

新产品开发的第一阶段是形成构思。所谓构思，是指为满足某种市场需要而提出的新产品的设想。一个成功的新产品，首先来自一个有创造性的构思。新产品构思的来源很多，企业应集思广益，从多方面寻求产品的构思。主要的新产品构思来源有企业内部的技术人员与营销人员、消费者、竞争对手、经销商以及其他来源。

（2）筛选产品构思。

筛选产品构思就是对形成的大量新产品构思进行分析研究、比较评价，筛选出技术上可行、经济上合算且社会效益优良的新产品构思方案。对构思的筛选要避免两种失误，一是误舍，即将有希望的新产品构思舍弃；二是误用，即将没有前途的新产品构思付诸开发。不论是误舍还是误用，都会给企业造成重大损失，所以必须从本企业的实际出发，根据企业的具体情况决定取舍。

（3）形成产品概念。

新产品构思经过筛选后，需要进一步发展更具体、更明确的产品概念。产品概念是指已经基本定型的产品构思，是从消费者角度对此构思所做的详尽的描述，并能用文字、图像、模型等予以清晰地描绘。产品概念的形成一般需要经过产品设计与评估两个步骤来实现。

（4）制定营销规划与战略。

形成产品概念后，有关人员拟定新产品投放市场的初步市场营销战略计划书，该计划书需要在以后的发展中不断完善。它一般包括三部分内容：第一部分主要描述目标市场的规模、结构和行为，新产品在目标市场的定位，短期的市场销售量、市场份额和利润目标等；第二部分主要描述产品的计划价格、分销策略和第一年的营销预算；第三部分主要描述预期的长期销售量和利润目标，以及不同时期的市场营销组合策略等。

（5）商业分析。

企业确定产品概念及市场营销策略后，还必须对要开发的新产品进行商业分析。商业分析主要是从经济效益的角度分析新产品是否符合企业目标，能否满足市场需求。企业市场营销管理部门要审查新产品将来的销售量、成本和利润的估计。

（6）新产品研制。

新产品概念经过商业分析后，进入研制阶段。研制阶段是指新产品研究与开发部门或技术工艺部门将产品概念转变成产品模型或样品，并设计出其包装及品牌等。

（7）市场试销。

如果企业对新产品的研制包括样品、品牌与包装设计感到满意，就应把试制的小批量产品拿到市场上试销。

（8）批量上市。

新产品试销成功后，企业就可以正式批量生产与全面投放市场了。一旦决定大批量投放上市，企业就需再次投入大量资金，支付大量费用。企业在此阶段应在投放时机、投放地区、目标市场选择和营销组合策略等方面慎重决策。

技能训练：调查某一品牌汽车的生命周期策略。

学习任务三

学习目标：学习与掌握品牌策略与包装策略。

任务导入：品牌的含义是什么？商品品牌同商品名称有什么关系？品牌策略有什么作用？

一、品牌策略

（一）品牌的含义

品牌，即商品的牌子，是用来识别卖方产品或服务的名称及标志。它通常由文字符号、图形图案和标记等要素或这些要素的组合构成，其中能用语言发音表达的部分称作品牌名称，简称品名，如奔驰、别克、丰田、中华、吉利等，它主要产生听觉效果。其中不能用语言发音表达的部分称作品牌标志，简称品标，如丰富多彩、图案各异的汽车车标，它主要产生视觉效果。

按照国际惯例，商标是指按照法定程序向商标注册机构提出申请，经审查，予以核准，并授予商标专用权的品牌或品牌中的一部分。商标受法律保护，任何人未经商标注册人许可，皆不得仿效或使用。因此可以说，商标一定是品牌，但品牌不一定是商标。

尽管品牌与商标都是用以识别不同企业不同产品的商业名称及其标志，但品牌与商标仍有一定的区别，具体表现在以下三个方面：

1. 概念不同

品牌是市场概念，通常是指产品和服务的牌子，其实质代表品牌使用者对消费者在产品特征、服务和利益方面的承诺；而商标是法律概念，是获得专利权并受法律保护的品牌。

2. 外延不同

品牌的外延大，包括产品的名称、属性、品质和标志等；而商标则是品牌的一部分，并需要经过注册，才能使用。

3. 价值不同

就品牌而言，必须被企业使用并结合特定的产品和服务投放市场，才有价值，没有被使用的品牌往往没有价值；而商标只要注册，不管是否使用，都有一定的价值。

（二）具体品牌策略

品牌策略是企业品牌运营的谋略，是企业面向市场的重要决策。品牌策略主要包括以下内容。

1. 无品牌策略

20 世纪 70 年代以来，西方国家的许多企业通常对某些消费品和药品不设计品牌，也不向政府登记注册，实行无品牌策略，其主要目的是节省包装和广告费用，降低价格，扩大销售，有些以规格划分的同质产品、消费者根据爱好选购的小商品、消费者习惯上不认牌购买的商品（如煤炭、布匹和玩具等），也不一定要使用品牌。

2. 有品牌策略

有品牌策略，也称品牌化策略。使用品牌无疑对企业有许多好处，品牌既有利于消费者识别不同生产者的商品，也有利于生产者进行商品的分类经营管理；既有利于通过追究商标所有人责任并保护消费者合法权益，也有利于企业保护自己的合法权益，避免他人假冒侵权；既有利于企业宣传推广自己特定品牌的产品，也有利于企业培养建立稳定的消费者群。因而，大多数企业一般都要进行品牌设计与注册，从而利用好商标这件市场营销利器。

3. 品牌使用者策略

品牌使用者策略即使用谁的品牌，具体有以下四种：

（1）生产商品牌策略。

生产商品牌策略就是谁生产就用谁的牌子销售。具体而言，就是在整个营销流程中，使用的是产品生产者自己设计、注册并使用的商标。使用制造商品牌，有利于生产者积累品牌资产，形成持续稳定的市场竞争力。

（2）中间商品牌策略。

中间商品牌策略就是谁经销就使用谁的牌子。具体而言，就是生产者将自己的产品大批量销售给中间商，然后中间商使用自有品牌进行销售。

（3）生产商品牌与中间商品牌并存。

有些生产者生产的产品一部分用自有品牌销售，一部分则提供给中间商，使用中间商品牌进行销售。

（4）授权品牌。

营销实践中，有些生产者既不用自己的品牌销售产品，也不用中间商品牌销售产品，而是经过申请，获得一些知名品牌授权，用经过授权后的品牌进行销售。

4. 品牌统分策略

品牌统分策略即使用多少品牌，具体有以下五种：

（1）统一品牌策略。

即企业所有产品都统一使用同一个品牌。采用此策略的优点是可减少品牌设计费，降低促销成本，同时如果品牌声誉很高，还有助于新产品推出。不足之处是某一产品出问题，会影响整个品牌形象，危及企业的信誉。

（2）分类品牌策略。

即企业依据一定的标准将产品分类，同一类产品使用相同的品牌。

（3）个别品牌策略。

即企业同一类产品中的各种产品分别使用不同的品牌。

（4）企业名称加个别品牌策略。

即企业对其不同种类的产品分别使用不同的品牌，但在各种类产品品牌前面还冠以企业名称。这种策略的好处是在各种不同新产品的品牌名称前冠以企业名称，可以使新产品享受企业的信誉，又可以使各种不同品牌的新产品保持自己相对的独立性。

（5）多品牌策略。

即企业对同一种产品使用两个或两个以上的品牌。多品牌策略虽然会使原有品牌的销售量减少，但几个品牌加起来的总销售量却可能比原来一个品牌时要多。这一策略的优点是使企业能针对不同细分市场的需要，有针对性地开展营销活动。采用此策略，各品牌之间联系松散，不会因个别产品出现问题、声誉不佳而影响企业的其他产品。缺点在于品牌较多会影响广告效果，易被遗忘。这种策略需要较强的财力做后盾，因此，一般适宜于实力雄厚的大中型企业。

5. 品牌延伸策略

品牌延伸是指企业利用其成功品牌的声誉来推出改进产品或新产品，包括纵向延伸和横向延伸。纵向延伸即企业先推出某一品牌，赢得一定市场声誉后，逐步推出新一代经过改进的该品牌产品。横向延伸即企业把成功的品牌用于新开发的不同产品。

品牌延伸策略的优点是可以大幅度降低广告宣传等促销费用，使新产品迅速、顺利地进入市场。缺点是品牌延伸可能淡化甚至损害品牌原有的形象，使品牌的独特性被逐步遗忘。因此，品牌延伸策略的实施应谨慎。

6. 品牌重新定位策略

品牌重新定位策略，也称再定位策略。它是指对企业全部或部分产品的品牌市场定位进行调整或改变的策略。七喜公司是品牌重新定位成功的范例。七喜牌饮料是众多饮料的一种，主要消费群是老年人。但在众多的饮料市场中，可乐类饮料是七喜饮料的主要对手。七喜公司通过调查，发现许多消费者并不喜欢喝可乐饮料，七喜公司就将自己的饮料重新定位为“非可乐”饮料，从而取得了非可乐饮料市场的领导地位。

二、包装策略

（一）包装的含义及其作用

“包”即包裹，“装”即装饰。产品包装是形式产品的重要组成部分，通常是指产品的容器、包装物及其设计装潢。在现代市场营销中，包装具有重要作用。

1. 保护商品

这是包装最基本的作用。良好的包装可以保护产品在搬运、运输、仓储及销售过程中避免损害、变质与散落，以确保产品的使用价值，从而保证企业和消费者双方的利益。据统计，我国商品因包装不善而每年损失上百亿元。

2. 便利消费者

根据消费者的习惯和要求进行适当的包装，既能满足消费者的特定心理与习惯，又能方便消费者使用。

3. 促进销售

在消费者购买的过程中，包装是产生购买兴趣的重要因素。通过合理的包装，不仅区别不同的产品，便于消费者识别，而且构思巧妙、新颖与奇特的包装还能吸引消费者的注意，诱发购买兴趣，促进产品销售。

4. 形象宣传

包装是产品广告宣传的重要方式，是活广告。合理的包装能起到非人员的作用，还是企业理念与文化的表现，是树立企业良好形象的重要手段。

5. 增加价值

随着社会平均收入水平及生活水平的不断提高，消费者愿意多付出一定费用购买包装新颖、美观与可靠的产品。

（二）包装策略

可供企业选择的包装策略主要有以下几种。

1. 类似包装策略

它是指企业生产经营的所有产品，在包装外形上都采用相同或近似的图案、色彩和共同的标志或特征。该策略便于产品的识别，节约包装设计费用，有利于树立统一的企业形象，有利于促进不同产品开拓细分市场，促进产品销售。如舒肤佳香皂，在其生产的 4 种不同香型的香皂包装设计上采取了名称、标志与图案一致，而用白、绿、黄与粉红 4 种不同颜色区分产品的差异的方法，不仅增加了产品的知名度，也促进了产品的销售。

2. 差异包装策略

它是指企业的各种产品都有自己独特的包装，在设计上采取不同的风格、不同的色调和不同的材料进行包装的策略。这一策略的优点是企业能避免因某一产品的失败而殃及其他产品的市场声誉；其缺点是产品包装设计、制作费和促销费相应增加。

3. 组合包装策略

它是指企业按照人们的消费习惯，将多种相关产品组合包装在同一包装物中。如把茶壶、茶杯、茶碟等组合装载在同一包装物中。这种包装不仅便于消费者配套购买，还方便消费者携带、使用等。

4. 等级包装策略

它是指根据企业同类产品的质量等级和消费者消费档次设计和使用不同的包装，以反映产品的等级或档次。其做法是高档品采用精致包装，低档品采取粗略包装。这种包装策略不仅有利于产品市场定位，便于消费者对产品的识别，而且利于满足不同消费水平的消费者的特定需求，从而扩大市场占有率，提高销售量。

5. 再使用包装策略

它是指设计的包装物具有双重用途，即在产品使用后其包装物还可以另作他用。如有些饮料的包装瓶在饮料喝完后，是很漂亮的茶杯，方便消费者使用。再包装策略增加了包装物的用途，迎合消费者一物多用的需求，有利于产品的销售。

6. 附赠品包装策略

即在包装物中附有一定的小赠品，如打火机、书签、儿童玩具、奖券等，以诱发消费者的购买欲望。这种策略适应于儿童、青少年及有特定嗜好或偏好的消费者。例如，很多白酒的包装盒中都附带千奇百态的打火机，不仅受到吸烟者的欢迎，还受到有收集打火机嗜好者的喜爱。

7. 改变包装策略

它是指企业处于改变企业形象或对产品进行市场定位的需要，而对产品的包装进行改进或更新的策略。更新包装策略包括更新包装设计、包装材料及包装制作工艺等。该策略能够让消费者产生新鲜感，有利于企业产品以新的气象出现，从而促进销售。

技能训练：调查某一品牌汽车的品牌策略。

单元三

价格策略

学习任务一

学习目标： 了解产品定价目标与方法。

任务导入： 产品定价有什么目的？产品的价格是如何确定的？

一、企业的定价目标

所谓定价目标，是指企业通过制定一定水平的价格，所要达到的预期目的。它和企业战略目标是一致的，并为经营战略目标服务。其总的要求是追求利润的最大化，但不同企业、不同产品或同一企业在不同时期、不同市场条件下有着不同的定价目标，企业应结合自身的性质和经营状况，灵活制定自己的定价目标。企业的定价目标主要有以下几种。

（一）以维持企业生存为定价目标

当企业生产能力过剩、库存积压、市场竞争过于激烈或者要改变消费者需求时，就要把维持生存作为自己的主要目标。为了维持经营或能够使大量的库存产品尽快脱手，企业必须要制定一个尽量低的销售价格，即以保本价或亏本价出售产品，使企业可以维持下去而寻求新的转机，以此来保持企业活力。但这种定价目标只是一种权宜之计，企业必须进一步调查市场，作出经营策略的其他调整，才能使企业从根本上走出困境。

（二）以获取利润为定价目标

获取经营利润是企业从事经营活动的直接动力和最终目的，也是企业生存和发展的必要条件，而企业能否获取期望的利润则在很大程度上取决于销售价格的制定。因此，利润目标为大多数企业所采用。由于企业营销总目标不同，因此这一定价目标在实践中有两种形式。

1. 以追求最大利润为目标

最大利润目标就是企业在一定时期内，可能并准备迅速获取最大利润的定价目标。一方面企业追求最大利润，并不是追求单位商品的最高价格，产品价格太高，会导致销售量下降，利润总额可能因此会减少，“杀鸡取卵”式的赚钱方式不可取，而应“放长线钓大鱼”；另一方面企业利润最大化并不等于所有产品都实现利润最大化，企业可以将有些产品以较高价格及利润销售，有些产品则可以较低价格甚至亏损销售，企业谋取的应是最大的整体效益。

2. 以获取适度利润为目标

很多企业从实际出发，并不把没有切实把握且有极大风险的最大利润作为定价目标，而是以适度利润作为定价目标。所谓适度利润目标是指企业在补偿社会平均成本的基础上，加上适度利润作为商品价格，以获取正常情况下合理利润的一种定价目标。它是以稳定市场价格，避免不必要竞争，获取长期利润为前提，在此种目标下，商品价格适中，消费者乐于接受，政府积极鼓励，有利于树立企业的良好形象。因此，企业通常愿意采取这种定价目标。

（三）以市场占有率最大化为定价目标

企业从占领市场的角度来制定商品的定价目标。市场占有率，也叫市场份额，它是反映企业市场地位的重要指标，能够影响企业的市场形象和盈利能力。市场占有率是指企业的销售额占整个行业销售额的百分比，或是企业某产品的销售量在同类产品市场销售总量中所占的比重。市场占有率的高低，对价格的高低有很大影响：市场地位高，表明在竞争过程中，企业拥有一定优势，意味着企业生产和销售的规模大，即使在单位利润水平不高的情况下，企业仍具有较强的盈利能力；反之，市场占有率很低，则可能意味着企业没有明显优势，甚至可能处于十分危险的地位，即使单位利润水平很高，但在生产经营量有限的情况下，盈利能力仍是有限的。因此，许多企业经常采用尽可能低的产品价格来追求市场占有率的领先地位，力图维持或扩大其市场占有率。但在采用这一定价目标时，也必须慎重考虑，量力而行，要具有较雄厚的经济实力，可以承受一段时间的亏损，因为运用低价策略扩大市场占有率，必然会使需求量急剧增加，为此企业必须有充足的商品供应，对竞争对手的情况有充分的了解，有夺取市场份额的绝对把握，否则由于供不应求而造成潜在的竞争者乘虚而入，反而会损害企业的利益。

（四）以产品质量最优化为定价目标

这是指企业要在市场上树立产品质量领先地位的目标，当其市场上存在数量较多关心产品质量胜于关心价格的消费者时，企业可以考虑产品质量领先的定价目标。优质、优价是一般的市场供求准则，高价格应能弥补高质量和研究开发的高成本，产品优质优价的同时，还应辅以相关的服务质量。

采取这一目标的企业必须具备以下两个条件：一是高质量的产品；二是提供优质的服务。如果企业不具备以上条件，而采取高价位策略，只会吓跑消费者，失去市场。

（五）以应对竞争为定价目标

随着市场竞争的加剧，许多企业对竞争者的价格都十分敏感，大都以应付或避免竞争作为自己的定价目标。企业在定价前都会仔细研究竞争对手的产品和价格情况，然后有意识地通过自己的定价目标去对付竞争对手。通常采用的方法有与竞争者同价、高于竞争者的价格和低于竞争者的价格。

一般来说，当市场存在领导者价格时，新加入者要想把产品打入市场，争得一席之地，只能采取与竞争者相同的价格；竞争能力弱的一些企业大都采取跟随强者或稍低于强者的价格；只有在具备特殊条件，诸如资金雄厚、拥有专有技术、产品质量优越和推销服务水平高等情况下，才有可能把价格定得高于竞争者。

二、企业定价程序

企业将产品第一次投放市场，或者首次进入某个全新的细分市场时，都必须给产品制定一个基本的价格，以利于企业营销目标的实现。由于价格涉及企业、竞争者与消费者三者的利益，因而掌握定价的一般程序，对于制定合理的价格非常重要。所谓企业的定价程序，就是根据企业的营销目标，确定适当的定价目标，综合考虑各种定价因素，选择适当的定价方法，具体确定企业产品价格的过程。

一般来讲，企业定价程序可分为以下六个步骤：

(一) 选定定价目标

企业的定价目标首先要从企业的目标与战略出发，对商品供求状况、市场竞争状况以及定价策略和市场营销的其他因素综合考虑加以确定。定价目标是合理定价的关键，企业营销目标不同，定价目标也就不同，不同的企业可以有不同的定价目标，同一企业在不同时期、不同条件下也有不同的定价目标，因此企业在选择定价目标时，应权衡各种定价目标的因素和利弊，慎重地加以选择和确定。

(二) 测定市场需求

营销价格与商品需求关系非常密切。在一般情况下，消费者对某一商品需求量的变化与这一商品价格变化的方向相反。如果商品的价格下跌，需求量就会上升；而商品的价格上涨时，需求量就会相应下降，这是供求规律的客观反映。了解市场需求随价格变化而变化的规律，是为了确定市场可以接受的价格最高限，以便合理地制定价格，争取实现最佳销售量。在实际工作中，不同产品价格对需求量的影响是不同的，对企业的总收入影响程度也不相同，为此要测定需求价格弹性。

需求价格弹性是指因价格变动而引起的需求的相应变动率，它反映需求变动对价格变动的敏感程度。

企业在定价时，需要考虑需求价格弹性的意义，不同产品具有不同的需求弹性，且其弹性的强弱程度决定企业的价格决策。需求价格弹性系数有以下三种情况：

(1) 需求价格弹性系数大于1。这种情况表示需求降低的幅度大于价格上涨的幅度，价格的升降与总收入的增减成反比。定价时，应通过降低价格、薄利多销达到增加盈利的目的；提价则务必谨慎，以防止需求量发生锐减，影响企业收入。

(2) 需求价格弹性系数等于1。这种情况表示商品价格提高的幅度与需求量降低的幅度相同，价格变化对销售收入影响不大，此时企业的总销售收入基本不变。企业在定价时，可选择实现预期盈利率的价格或选择通行的市场价格，同时将其他市场营销措施作为提高盈利的重要手段。

(3) 需求价格弹性系数小于1。这种情况表示需求量降低的幅度小于价格上涨的幅度，价格的升降与总收入的增减成反比。企业在定价时，较高水平的价格往往会增加盈利，低价对需求量刺激效果不强，薄利并不能多销。

可见，价格会影响市场需求量，影响企业产品的销售量，并影响企业市场营销目标的实现。企业的营销管理部门在制定价格时，必须知道需求的价格弹性，了解市场需求对价格变动的反应程度，从而确定企业的产品价格水平与价格对策。

（三）估计成本

产品成本是企业核算盈亏的临界点，是制定产品价格的基础。如果企业销售的产品不能弥补其生产与营销成本并获利，企业就无法生存与发展。因此，产品定价必须考虑补偿成本，这是保证企业生存和发展的最基本条件。依照企业的产品成本与销售量的关系，成本可分为变动成本和固定成本两种。

变动成本是指随着产品种类及数量的变化而相应变动的成本费用。在一定范围内随着产品销售量变化而成正比例变化，即产量增加变动成本也随之增加，如产品进价、进货费用、储存费用和销售费用等。

固定成本是指在既定生产经营规模范围内，不随着产品种类及数量变化而变动的成本费用。如固定资产折旧、房地租、办公费用、管理层的薪金等，这些费用不论企业产量的多少都必须支出。

总成本，即全部变动成本和固定成本之和。当销售量为零时，总成本等于未营业时发生的固定成本。平均成本，指总成本与总销量之比，即单位产品的平均成本费用。企业获利的前提条件是价格不能低于平均成本费用。

（四）分析竞争者的价格

产品的最高价格取决于该产品的市场需求，最低价格取决于该产品的成本费用，在产品最高价格和最低价格的变化幅度内，企业产品价格的高低程度，又取决于竞争者同种商品价格水平的高低。因此，企业就需要通过市场调查、收集竞争者价目表、听取客户意见等办法了解情况，尽可能地掌握影响竞争者定价的全部情况，并估计其对本企业营销商品定价的影响，从而为本企业营销确定一个适当的市场地位。

（五）选择定价方法

企业在分析测定以上各种因素之后，就应选择适当的定价方法以实现企业的定价目标。企业营销的产品价格受成本费用、市场需求和竞争状况的影响。企业制定产品价格时要考虑这三方面的因素，结合本企业产品的实际情况，选择适当的定价方法。

（六）确定最终价格

最后的营销价格是面向消费者的价格。企业确定产品的基本价格后，有时需要使用一些定价策略和技巧来使产品的价格更有吸引力。

以上六个步骤，比较明确地界定了企业定价的有关因素。此外，还应考虑其他方面的要求、意见和情况。企业选定最后价格时，还须考虑消费者的心理，并考虑企业内部有关人员、经销商、供应商等对所定价格的意见，以及竞争对手对所定价格的反应等，以便使企业商品定价既能为消费者所接受，又能为企业带来利益，从而有利于企业营销战略的实现。

三、定价方法

定价方法是指企业在特定的定价目标指导下，依据产品生产成本、市场需求情况及竞争状况，运用价格决策理论，对产品价格进行计算的具体方法。企业制定价格时应全面考虑到这些因素，但是在实际定价工作中，往往只侧重某一个方面的因素。因此，依照不同的价格制定依据，大体上可把定价方法分为三大类，即成本导向定价法、需求导向定价法和竞争导向定价法。

（一）成本导向定价法

成本导向定价法是以成本为中心，加上预期利润，分别从不同角度来确定对企业最有利的价格的方法。这种价格的计算方法由于比较简便，因此是企业普遍使用的最基本的定价方法。由于营销产品的成本形态不同，以及在成本基础上核算利润的方法不同，成本导向定价有以下几种具体形式。

1. 成本加成定价法

这是成本导向定价法中应用最广泛的定价方法，即在单位产品成本基础上加上一定比例的预期利润和税金构成价格。其基本计算公式为：

单位产品价格＝单位产品的完全成本×（1＋成本加成率）

其中，成本加成率即为预期利润占产品成本的百分比。

例如：某汽车生产企业生产 100 台某型号汽车，固定总成本 500 万元，生产每台汽车的变动成本为 8 万元，确定的成本加成率为 20%，则采用用成本加成定价法确定价格的过程如下：

（1）计算单位产品固定成本：5 000 000÷100＝50 000（元）

（2）计算单位产品成本：50 000＋80 000＝130 000（元）

（3）计算单位产品价格：130 000×（1＋20%）＝156 000（元）

这种定价方法必须准确核算成本，以平均成本为准，要确定单位变动成本，再加上平均分摊的固定成本构成单位产品成本。

这种方法的优点是简便易行，因为确定成本要比确定需求容易，价格盯住成本，企业可以简化定价工作，也不必经常依据需求情况而作调整；只要同行业企业都采用这种定价方法，那么在成本与加成率相似的情况下价格也大致相同，价格竞争就会大大削弱，从而可以保障生产经营的正常进行；对买卖双方都较为公平，卖方不利用买方需求量增大的优势趁机哄抬物价，因而有利于买方，固定的加成率也可以使卖方获得相当稳定的投资收益。

这种方法的缺点是忽视市场需求和竞争。实际上，定价的高低将因需求和竞争而直接影响企业产品的销售量，另外加成率是一个估计数，缺乏科学性，由此计算出来的价格，很难说一定能为消费者所接受，更谈不上在市场上具有竞争力，使营销工作很被动。因此在应用这种方法时，应当根据市场需求和竞争情况等因素的变化作必要的调整。对营销组合比较复杂，供求双方竞争激烈，具体产品成本不易准确核算的企业不宜采用这种方法。

2. 目标收益定价法

目标收益定价法又叫投资收益定价法或目标贡献定价法，是企业根据产品生产总成本和计划的总销售量，加上按投资收益率确定的目标利润额作为定价基础的一种方法。这是一种在制造业企业中应用比较普遍的方法。这一方法的操作过程是：预测产销量并估算总成本，按确定的成本利润率估算目标利润，估算总销售收入并计算单位产品的目标价格。其计算步骤如下：

（1）确定目标收益率。

目标收益率可以表现为投资利润率、成本利润率、销售利润率和资金利润率等形式。

（2）确定目标利润。

根据目标收益率的表现形式不同，目标利润的计算也不同。计算公式分别为：

目标利润＝总投资额×目标投资利润率

目标利润＝总成本×目标成本利润率

目标利润＝销售收入×目标销售利润率

目标利润＝平均资金占用额×目标资金利润率

（3）计算单价。

单价＝（总成本＋目标利润）/预计销售量

例如：某企业生产100辆某型号汽车，可以全部售出，其总成本为1 000万元，企业的目标收益率，即成本利润率为20%，则产品定价为：

目标利润＝总成本×目标成本利润率＝1 000×20%＝200（万元）

汽车价格＝（总成本＋目标利润）÷预计销售量＝（1 000＋200）÷100＝12（万元）

这种方法的优点是有利于加强企业管理的计划性，可以保证企业既定目标利润的实现。缺点是企业是以估计的销售量求得应制定的价格，而价格恰恰是影响销售量的一个重要因素，因此按此种方法计算出来的价格，不可能保证预计销售量的实现。这就要求企业必须要有较强的计划能力，必须测算好销售价格与期望销售量之间的关系，避免出现确定价格后而销售量达不到预期目标的被动情况。

目标利润定价的前提是产品的市场潜力很大，需求的价格弹性不大，市场占有率较高的企业或垄断企业，按目标利润确定的价格肯定能被市场接受。

3. 边际贡献定价法

边际贡献定价法也叫边际成本加成定价法，是指企业每出售一单位商品而增加的总收益。它可以用总销售收入减去变动成本后的余额来计算，即一种只计算变动成本，暂时不计算固定成本，以预期的边际贡献来适当补偿固定成本并获得利润的价格计算方法，是企业在市场竞争激烈时，为迅速开拓市场而采用的较灵活的定价方法。利用边际贡献计算价格比较简便，因为只要售价不低于变动成本，那么生产还可以维持，如果售价低于变动成本，生产越多，则亏损越多。其计算公式为：

单位产品价格＝（总的变动成本＋边际贡献）÷预计销售量

例如某汽车企业生产每辆汽车的单位变动成本为5万元，计划边际贡献为2 000万元，当销量为1 000辆时，其价格（不含税）应定为：

（5×1 000＋2 000）÷1 000＝7（万元）

4. 盈亏平衡定价法

盈亏平衡定价法即保本点定价法，是企业按照生产某种产品的总成本和销售收入维持平衡的原则来制定产品的保本价格的一种方法。这是一种侧重于保本经营的定价方法，是企业在市场不景气时而采取的一种权宜之计。

保本点亦称盈亏平衡点、盈亏临界点，就是指当企业的销售量达到某一点时，销售收入恰好等于销售成本，在这一点上企业正好不亏不盈，处于保本状态，故称这个点为保本点。保本点一般有两种表现形式，一是实物量形式，称保本销售量，二是价值量形式，称保本销售额。保本是获利的基础，是企业得以继续经营的条件。企业只有扩大超过保本点以上的销售量，并提供优质服务，才能获得最大的利润。

根据成本、业务量与利润三者之间的依存关系，用方程式表达为：

利润＝销售收入－变动成本总额－固定成本总额

利润＝销售单价×预计销量－单位变动成本×预计销量－固定成本

那么，当利润等于零时，这时的业务量就是保本点，将上述方程式移项、整理，得到计算价格的公式（不考虑税金）：

保本价格＝（单位变动成本×预计销量＋固定成本）÷预计销量

例如：某汽车企业固定成本为4 000万元，每辆某品牌汽车的单位变动成本为8万元，预计全年销售量为1 000辆，其盈亏平衡点的价格应为：

保本价格＝（单位变动成本×预计销量＋固定成本）÷预计销量

＝（8×1 000＋4 000）÷1 000＝12（万元）

保本点可用盈亏平衡分析图进行表示。以横轴表示销售量，以纵轴表示销售收入和成本金额。

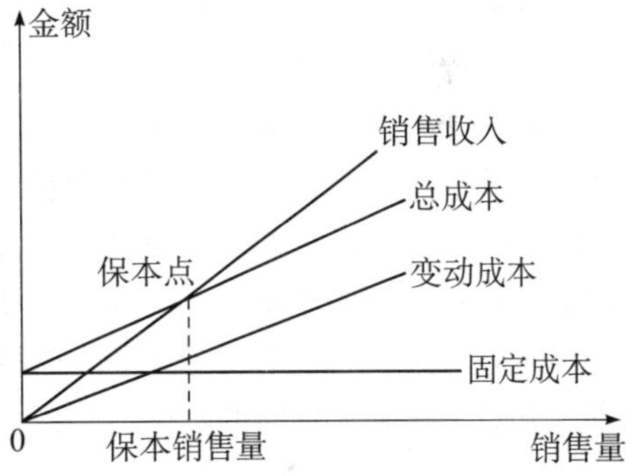

通过对盈亏平衡图的分析，可以清楚地看到：（1）在保本点不变的情况下，产品销售每超过保本点一个单位的业务量，即可获得一个单位贡献毛益的盈利，销售量越大，能实现的盈利额就越多；反之，产品销售低于保本点一个单位的业务量，即亏损一个单位贡献毛益，销售量越小，亏损额就越大。（2）在销售量不变的情况下，保本点越低，产品的盈利能力越大，亏损额就越小；反之，保本点越高，产品盈利能力就越小，亏损越大。（3）在销售收入不变的情况下，单位变动成本或固定成本总额越小，则保本点越低；反之，则保本点越高。

盈亏平衡定价方法使企业无利润可言，只能使企业的生产耗费得以补偿，而不能得到收益。这种方法在市场不景气的情况下采用比较合适，因为保本经营总比停业的损失要小，而且企业有较灵活的回旋余地，这种定价方法较多适用于工业企业的产品定价。

以上方法都是生产导向型的定价方法，成本的计算以事先预测的需求和销售水平为基础，若这些因素发生变化，产品的成本也会产生波动。生产导向型定价法忽略了需求和竞争对手行为等市场因素，有可能会导致错误的定价。因此企业还应根据实际情况，灵活综合运用其他定价方法。

（二）需求导向定价法

需求导向定价法是以市场需求程度及消费者感受为主要依据的定价方法。由于与社会需求有联系的因素很多，如消费习惯、收入水平、产品或服务项目的需求价格弹性等，加上企业对这些因素的重视程度不一，便形成了以下几种具体的需求导向定价法。

1. 认知价值定价法

认知价值是指消费者对某种商品的主观评判。认知价值定价法是指企业不以成本为依据，而以消费者对商品价值的理解度为定价的依据。认知价值定价法的关键和难点是企业要确定出产品在市场上的认知价值，即获得有关消费者对商品价值理解的准确资料，因为估计过高或过低就会制定出偏高或偏低的价格，对企业都是不利的。

这种方法的定价基础是“价值满意度”。它是消费者购买后对产品价值的感知，其关键在于正确地估计产品所提供的全部市场认知价值。使用这种方法定价，企业首先应以各种营销策略和手段，影响消费者对产品的认知，形成对企业有利的价值观念，然后再根据产品在消费者心目中的价值来制定价格。认知价值定价法实际上是企业利用市场营销组合中的非价格变数，如产品质量、服务和广告宣传等来影响消费者，使他们对产品的功能、质量和档次有一个大致的“定位”，然后再进行定价。如果某企业开发的产品是高质量、豪华型和全面服务的高位产品，那么只要经过促销宣传使消费者理解到这是一种“高消费”的产品，企业即使定价很高，仍能吸引那些对此有“认知”的消费者。

长春一汽集团生产的捷达轿车，使用德国大众的车标，在中国销售的十多年间价格一直稳定在 7 万元左右。而奇瑞汽车是国内自主品牌汽车，车型包括“东方之子”、“旗云”、“A5”、“A3”和“QQ”，其中很多车型的技术性能、配置等方面与捷达相差无几甚至在某些方面还要高过捷达，同时同档次车型的价格始终低于捷达，但仍然得不到消费者的认可。可见在消费者心目中，“大众”这个品牌的认知价值更高，消费者更愿意支付高价格认购认知价值更高的产品。

2. 需求差异定价法

需求差异定价法是指企业对同种产品或劳务根据不同的市场需求，制定不同的产品价格的方法。这种定价方法，对同一商品在同一市场上制定两个或两个以上的价格，可以使企业定价最大限度地符合市场需求，促进产品销售，从而有利于企业获取最佳的经济效益。其定价的基础是消费者不同的购买心理、不同的购买力以及不同的购买时间和地点等。根据这些需求特性的不同，需求差异定价法通常有以下几种形式。

（1）因人而异。

同种产品或劳务，对不同职业、收入、阶层或年龄的消费者群制定不同的价格，企业可根据上述差异在定价时给予相应的优惠或提高价格。如对老客户和新客户、长期客户和短期客户、女性和男性、儿童和成人、工业用户和居民用户等，分别采用不同的价格。男性消费者往往重视质量不重视价格，只要符合自己需求即可；女性消费者购物往往重视价格而忽略用途。

（2）因地而异。

企业根据自己产品销售区域的空间位置来确定商品的价格。例如，同样的饮料，在酒吧和舞厅中的售价比一般的零售商店高几倍；同一种产品，城市和农村的价格有所不同，国内和国外的价格有所不同等。

（3）因时而异。

根据产品季节、日期及时间上的需求差异制定价格。如电话等公用事业，在白天、夜晚和节假日等都有不同的收费标准。月饼的销售价格在农历 8 月 15 日前定得相对较高，但中秋节一过，只能大幅度降价甚至低于成本销售。

（4）因用途而异。

同一种商品有时会有不同的用途和使用量，因而价格也应有所区别。如工业用电、农业用电和居民用电的收费往往不一样。

由于需求差异定价法针对不同需求采用了不同的价格，实现了消费者的不同满足感，能够为企业谋取更多的利润，因此在实践中得到了企业的广泛运用。但是，这种定价方法在使用时应具备以下条件：一是市场能够根据消费者的需求强度不同进行细分；二是细分后的市场在一定时期内相对独立，互不干扰；三是竞争者没有可能在企业以高价销售产品的市场上以低价销售；四是价格差异程度不会引起消费者的不满或反感。

3. 反向定价法

这种定价方法是企业根据消费者对商品乐意接受的最终销售价格，逆向推算出产品的批发价和零售价的一种定价方法。这种定价方法不以实际成本为依据，而以市场需求为出发点，力求使价格为消费者所接受。其计算公式为：

出厂价格＝市场零售价格×（1－批零差率）×（1－进销差率）

分销渠道中有批发商和零售商的情况，厂家多采取这种定价方法。汽车销售业务一般采取特许经营的方式，厂家直接供应给汽车4S店，价格采用“返点”的方法，厂商和销售商协商确定的返点率，作用同批零差率相似。

例如消费者对某型号汽车的可接受价格为10万元，汽车经销商的经营毛利率为5%，该型号汽车的返点率为7.5%，则该型号汽车的价格为：

汽车经销商可接受价格＝消费者可接受价格×（1－5%）
＝100 000×（1－5%）
＝95 000元

汽车厂商可接受价格＝汽车经销商可接受价格×（1－7.5%）
＝95 000×（1－7.5%）
＝87 875元

（三）竞争导向定价法

在激烈竞争的市场上，企业竞争对手的价格往往对自身产品价格有直接影响。竞争导向定价法是以同类产品或服务的市场竞争状况和竞争对手的生产条件、服务状况、价格水平等为定价依据，来确定同类产品的价格。其特点是产品价格与生产成本和市场需求不发生直接关系，而与竞争者的价格密切相关，使用这种方法定价的企业往往对竞争对手的价格变动较为敏感，一旦竞争对手采取降价策略，它们会积极地反击。现代市场营销活动中，竞争导向定价法已被广泛采用，竞争导向定价法主要有以下几种形式。

1. 随行就市定价法

大多数以竞争为导向定价的企业采用随行就市定价法。即企业将某种产品价格保持在市场平均价格水平上，利用这样的价格来获得平均报酬。因为在竞争的市场条件下，任何一家企业都无法凭借自己的实力在市场上取得绝对的优势，为了避免价格竞争给企业带来损失，大多数企业都采用随行就市定价法，尤其是在少数实力雄厚的企业控制市场的情况下，对于大多数中小企业而言，其市场竞争能力有限，不愿与生产经营同类产品的大企业发生“面对面”的价格竞争，而靠价格尾随，根据大企业的产销价来确定自己的实际价格。但在寡头垄断市场中，各竞争厂商相互比较了解，各企业在长期的互相试探中可能形成一定的价格默契，任何一家企业都不会贸然改变价格，以避免可能产生的恶性竞争。

随行就市定价具有以下一些优点。首先，在成本接近、产品差异小和交易条件基本相同的情况下，采用这种定价方法可以保证各企业获得平均利润。其次，便于与同行竞争者和平相处，避免价格战和竞争者之间的报复，也有利于整个行业的稳定发展。最后，它既可为企业节约调研时间和费用，又避免了因价格突然变动而带来的风险，是一种较为稳妥的定价方法。

随行就市定价法应用非常普遍，当成本难以估算，或竞争对手的反应难以确定时，企业不妨采用随行就市定价法。

2. 排外定价法

这种方法与随行就市定价法正好相反，排外定价法是一种主动竞争的方法，一般为实力雄厚或独具产品特色的企业所采用，故也称竞争价格定价法。当一个行业随波逐流者增多，竞争趋于激烈时，行业中一些领头企业，就可能采取低价策略，以扩大销售量，获得规模效益。这种策略具有强烈的排他性，行业中一些弱小的竞争者常常被挤出去。定价步骤具体如下：

（1）将市场上竞争产品价格与企业估算价格进行比较，分为高于、低于与相同 3 个层次。

（2）将企业产品的性能、质量、成本、式样、产量等综合指标与竞争企业进行比较，分析造成价格差异的原因。

（3）根据以上综合指标确定本企业产品的特色、优势及市场定位，并在此基础上，按定价所要达到的目标，确定产品价格。

（4）跟踪竞争产品的价格变化，及时分析原因，相应调整本企业价格。

这种定价方法的运用，要求企业必须具备一定的实力，如果企业产品在各方面都不占优势，则竞争对手的价格就是本企业产品价格的上限；如果企业产品自身有很高的信誉，质量优于竞争者的产品，则应实行优质优价，所定价格可高于竞争对手的价格。

3. 密封投标定价法

这种定价方法主要用于投标交易方式中，当多家供应商竞争该企业的同一个采购项目时，企业经常采用招标的方式来选择供应商，主要是以预期竞争者的价格为基础来决定产品价格的一种方法。投标的“标”是指企业的报价，供应商对标的物的报价是决定竞标成功与否的关键。在市场营销活动中，投标竞争的过程往往就是价格竞争的过程，竞争的结果产生实际的成交价格。

在参加投标时，企业往往面对一种矛盾的选择，即价格报得过高自然会得到更多的利润，但是却减少了中标的可能性；反之，则可能由于急于中标而失去可能得到的利润。很多企业在投标前往往会拟定几套方案，计算出各方案的利润并根据对竞争者的了解预测出各方案可能中标的概率，然后计算各方案的期望利润，选择期望值最大的投标方案。

技能训练：调查一款汽车的定价方法。

学习任务二

学习目标：定价和调价策略。

任务导入：企业必须善于根据市场状况、产品特点、消费者心理和营销组合等因素，正确选择定价和调价策略，以保持价格的适应性。

制定价格不仅是一门科学，而且需要有一套策略和技巧，因为企业定价面对的是复杂多变的环境。定价方法着重于确定产品的基础价格，而定价策略则是企业为了实现预期的经营目标，根据企业的内部条件和外部环境，对某种商品或劳务，选择最优定价目标所采取的应变谋略和措施。其宗旨在于使产品的价格既能为消费者乐意接受，又能为企业带来较多的利润。

一、定价策略

（一）新产品定价策略

新产品上市能否站得住脚跟，并给企业带来预期效益，这不仅取决于适宜的产品策略，而且还取决于其他市场营销手段和策略的协调配合，其中新产品定价策略就是一种必不可少的营销策略。

新产品定价策略有以下三种可供选择：

1. 撇脂价格策略

这是一种高价格策略，即在新产品上市之初，把价格尽可能定得很高，以期在较短时间内获得最大利润，这种定价策略因类似于从牛奶中撇取奶油而得名，由此制定的价格称为撇脂价格。采用此策略的企业当商品一上市便高价厚利，这是因为新产品能对消费者产生新的吸引力。

（1）撇脂价格策略的优点。

①新产品初上市，竞争者还没有进入，利用消费者求新心理，可以较高价格刺激消费，以弥补高额的投资。

②高价格有利于限制竞争者的加入，为以后施行降价策略留有充分的余地，增强企业竞争力，同时也符合消费者对待价格由高到低的心理。

③可以避免因把价格定得太低而造成的失误，因为一旦定错了价，减价容易提价难。

④如果计划准备不充分或库存不足，此方法可起到减缓产品流通的作用。

（2）撇脂价格策略的缺点如下。

①在新产品尚未建立声誉时，过高的价格不利于企业进行市场开拓，会使消费者对此产品的感知和接受过程更缓慢。

②厚利易招致竞争，很容易引来竞争者，仿制品、替代品迅速出现，加剧本行业竞争的白热化。

③不适合大批量生产的情况。

④更容易受到经济萧条的打击。

（3）撇脂定价策略的适用条件。

①具有独特的技术，不易仿制，有专利保护的产品。

②高价格仍有较大的需求，购买者的需求缺乏弹性，即使把价格定得很高市场需求也不会大量减少。

③生产能力不太可能迅速扩大的新产品，尽管低产量会造成高成本，高价格又会减少一些需求，但由于采用高价格，比之采用低价格增加销售，仍然有较多收益。

④对新产品未来的需求或成本无法估计，定价低则风险大，因此，先以高价格投石问路。

⑤高价格可以使新产品一投入市场就树立高级、质优的形象，使人们产生这种产品是高档产品的印象。

2. 渗透价格策略

这是一种低价格策略，即在新产品投入市场时，以较低的价格吸引消费者，以便消费者接受，从而很快打开市场，就像倒入泥土的水一样，能从缝隙里很快渗透到底，从而获得最大的市场份额。这种策略同撇脂定价策略相反，是以较低的价格进入市场，具有鲜明的渗透性和排他性。因此，渗透定价策略又称“别进来”策略。

（1）渗透价格策略的优点。

①利用低价能使产品迅速渗入市场，扩大市场份额，产生规模经济效益。

②低价可以阻止竞争者进入，有利于控制市场，容易获得竞争的主动权。

③能为公司的未来赢得广泛的忠诚用户。

（2）渗透价格策略的缺点。

①新产品利润低，投资回收期较长，见效慢，风险大。

②如果产品的生命周期短，一旦渗透失利，企业就会一败涂地，那么结果将会是灾难性的。

③如果初始定价过低，那么一旦提价，要克服客户的心理障碍可能是很困难的。

（3）渗透价格策略的适用条件。

①商品的市场规模较大，存在着强大的竞争潜力。

②商品的需求价格弹性较大，市场需求对价格极为敏感，低价会刺激市场需求迅速增长，可以扩大市场份额。

③企业的生产成本和经营费用会随着生产经营经验的增加而下降。

④能尽快大批量生产，差异小、特点不突出、易仿制、技术简单的产品。

3. 满意价格策略

满意定价策略是一种介于撇脂定价和渗透定价之间的折中定价策略，采取比撇脂价格低，比渗透价格高的适中价格。因而比前两种策略的风险小，成功的可能性大，这种定价策略由于能使生产者和消费者都比较满意而得名，有时又称“君子价格”或“温和价格”。

这种价格策略的优点是价格比较稳定，风险小，一般目标利润可如期实现。缺点是比较保守，容易失去高额利润或高市场份额的机会，使企业不能灵活地适应瞬息万变的市场状况。这一策略适用于需求价格弹性较小的商品，包括重要的生产资料和生活必需品。

以上三种新产品定价策略各有利弊，并有其相应的适用环境。企业在具体运用时，采用哪种策略，应从企业的实际情况，如生产能力、市场需求特征、产品差异性、预期收益、消费者的购买能力和对价格的敏感程度等因素出发，综合分析，灵活运用。

（二）相关产品定价策略

相关产品是指在最终用途和消费购买行为等方面具有某种相互关联性的产品。生产经营多种产品的企业，可利用产品间的这种特性，综合考虑企业产品的定价。

1. 替代产品定价策略

替代产品是指功能和用途基本相同，消费过程中可以互相替代的产品。替代产品价格策略是指营销企业有意识地安排本企业消费替代性产品间的价格比，用以实现某种营销目标。

具有替代关系的产品，降低一种产品的价格，不仅会使该产品的销售量增加，而且会同时降低替代产品的销售量，企业可主动运用这一规律来实行组合价格策略。当产品是某一产品组合的一部分时，企业对定价方法进行调整，研究出一系列价格，会使整个产品组合的利润实现最大化。例如，企业为了把需求转移到某些产品上去，有时有意地抬高某种产品的价格，以牺牲某一品种，稳定和发展另一些品种，其目的是增加企业其他产品的销售量。

2. 互补产品定价策略

互补产品指两种（或两种以上）功能互相依赖、需要配套使用的商品，如汽车和配件。互补产品中，以价值大且使用寿命长的商品为主件；而价值小寿命短且需经常购买的商品为次件。互补产品价格策略即指利用价格对消费连带品市场需求的调节、诱导功能，运用一定的定价技巧，使营销目标的实现由一个“点”扩展到一个“面”。制造商经常为主要产品（汽车）制定较低的价格，而将购买频率高的次件产品（配件）以高价出售，以主件产品带动次件产品的销售，以此获得较多利润。

3. 分级定价策略

企业将系列产品按等级分为几组，形成相对应的几个价格档次，而不是提供统一价格的策略。其目的是便于消费者按质选择比较，满足不同类型消费者的需求，从而促进销售。例如，很多品牌的汽车在一定的技术性能下按配置和价格分成基本型、舒适性、豪华性等不同的级别，以便于满足不同的消费者需要。分级的关键是要符合目标市场的需要，级差不能过大或过小，否则起不到应有的效果。

4. 配套定价策略

配套定价策略即把有关的多种产品进行搭配后，一起出售，消费者可能并不打算购买所有的产品，但组合价格有较大的降幅，以此来推动消费者购买，如多件家具的组合、礼品组合和化妆品组合等。成套的定价，多种产品有赔有赚，但总体上保证企业盈利，而且使消费者感到比单价购买更便宜、更方便，从而促进销售。

（三）心理定价策略

这是一种根据消费者心理要求所使用的定价策略，企业针对消费者心理活动和变化的定价方法与技巧，来诱导消费者增加购买，扩大企业销售量。主要有以下六种常用的定价策略。

1. 整数定价策略

企业在定价时，有意将商品价格定为整数不带尾数的高价，以满足消费者崇尚名牌的心理，使消费者产生“一分钱一分货”的感觉。如化妆品的定价中，绝大部分消费者认为高价格购买高品质的化妆品，因此定价在 80 元左右一瓶的护肤霜改为定价 100 元一瓶，反而更畅销。这种策略主要适应于高档消费品或消费者不太了解的某些商品，整数价格反而会提高商品的“身价”，从而利于商品的销售。

2. 尾数定价策略

尾数定价策略正好与整数定价策略对立。即给产品定一个以零头数结尾的非整数价格，使消费者产生低价格的心理错觉，从而促进购买的一种价格策略。据心理学家分析，消费者通常认为整数价格，如 10 元、20 元、200 元等是概略价格，定价不准确，而认为非整数价格，如 9.96 元、19.95 元、198 元等，是经过精确核算的价格，容易产生安全和信任的感觉，从而满足了消费者求廉的心理。同时，消费者会觉得这种企业定价认真，一丝不苟，甚至使一些高价商品看起来也不太贵了。例如，一双袜子 3.98 元比 4 元更受欢迎。因为在消费者看来，3.98 元是经过精心核算的价格，是对消费者负责的一种表现。另外，消费者感觉上会认为一双袜子 3.98 元比 4 元要便宜得多，当然，尾数定价策略对那些名牌优质产品就不一定适宜。这种策略往往用于多次性购买的基本生活品、日用品或积压等待清仓商品。

3. 声望定价策略

声望定价策略是指企业利用消费者“价高质必优”的心理，在定价时，把在消费者中有声望的商店、企业的商品的价格定得比一般的商品高，即为声望定价策略。消费者识别名优产品时，价格档次通常被当作产品质量最直观的反映，因此，高价格与性能优良、独具特色的名牌产品比较协调，更易显示产品特色、增强产品吸引力，从而产生增进销售的积极效果。声望定价可以满足某些消费者的特殊欲望，如对身份、地位、财富以及自我形象等方面的虚荣心理，企业还可以通过高价格显示其产品的名贵品质，因此这种策略绝不是一般商品可采用的，而特别适用于一些传统的名优产品，具有历史地位的民族特色产品，以及知名度高、有较大市场影响且深受市场欢迎的驰名商标。

4. 招徕定价策略

一般来说，消费者都有以低于一般市价的价格买到同质商品的心理要求。企业抓住消费者的这一心理，特意将某几种商品的价格定得较低以吸引消费者，使消费者在采购低价品的同时，也选购了其他正常价格的商品。

采用这种策略，仅从几种“特价品”的销售来看，企业不赚钱，甚至亏本，但从企业总的经济效益来看，对企业还是有利的。

采用招徕定价策略时，必须注意以下几点：

（1）降价的商品应是消费者常用的。

（2）实行招徕定价的商品，经营的品种要多，以便使消费者有较多的选购机会。

（3）降价商品的降低幅度要大，一般应接近成本或者低于成本。这样才能引起消费者的注意和兴趣，才能激起消费者的购买动机。

（4）降价商品的数量要适当，数量太多则商店亏损太大，数量太少则会容易引起消费者的反感。

5. 分级定价策略

分级定价策略是指在定价时，把同类商品分为几个等级，不同等级的商品，其价格有所不同。这种定价策略能使消费者产生货真价实、按质论价的感觉，因而容易被消费者接受。采用这种定价策略，等级的划分要适当，级差不能太大或太小，否则起不到应有的分级效果。

6. 习惯定价策略

习惯定价策略是指某些产品在长期销售中，在市场上已形成一种习惯性的价格水平。这类产品差异很小，企业只能依照习惯来确定价格，不可随意变动价格，尤其是开发的新产品，只要基本功能用途没变，消费者往往只愿意按习惯价格购买产品。经营这类产品或服务的企业，重点在于成本控制，不能轻易改变价格，否则，一旦破坏消费者长期形成的消费习惯，就会使之产生不满情绪，导致购买的转移。若确实需要调整价格，则应预先作好宣传，使消费者充分了解调价原因，使之先从心理上接受，然后再行调价。

（四）折扣让利定价策略

这种策略是指企业利用各种折扣和折让吸引经销商和消费者，促使他们积极推销或购买本企业产品，从而达到扩大销售、提高市场占有率的目的，因而在现实中经常被企业所采用。常见的价格折扣主要有以下几种形式。

1. 现金折扣

现金折扣是指企业为了加速资金周转，减少坏账损失或收账费用，给现金付款或提前付款的消费者在价格方面给予一定优惠。这一方式可吸引较多消费者，鼓励买方提前付款，以尽快收回投资，加速资金周转，这种折扣有助于盘活资金，减少企业的利率和风险。如消费者在 30 天内必须付清全部货款，若提前 10 天付款，则给予 2%折扣；提前 20 天付款，给予 3%折扣，这实际是一种变相降价。

2. 数量折扣

数量折扣是指企业给那些大量购买某种产品的消费者的一种减价，以鼓励消费者购买更多的货物。购买数量愈大，折扣愈高，买方获利也越多，其目的是鼓励大量购买，或集中向本企业购买。

数量折扣分为累计数量折扣和非累计数量折扣。其目的在于吸引买主大量购买，以利于企业组织大批量销售，以节约流通费用。

（1）累计折扣。

这是指在一定时期内，同一消费者购买商品累计达到一定数量或金额所给予的价格折扣。采取这种策略，其优点在于鼓励消费者成为企业的长期消费者。可以鼓励消费者经常购买本企业的商品，稳定消费者，建立与消费者的长期关系；同时适宜推销过时、滞销或易腐易坏的商品。如消费者在一年中累计进货超过 1 000 件，每次购货时按基本价格结算收款，到年终，营销企业按全部价款的 5%返还给该客户。采用这种策略利于鼓励消费者集中向一个企业多次进货，从而使其成为企业的长期消费者。

（2）非累计折扣。

这是规定消费者每次购买达到一定的数量或一定金额所给予的价格折扣。采用这种策略，可以鼓励消费者大量购买，扩大销售，同时又可以减少交易的次数和时间，从而节省人力、物力等方面的费用，达到增加利润的目的。如根据每次交易的成交量，按不同的价格折扣销售，购买 100 件以上按基本价格的 95%收款，购买 500 件以上按 90%收款，购买 1 000 件以上按 80%收款。采用这种策略能刺激消费者大量购买，增加盈利，同时减少交易次数与时间，节约人力、物力等开支。

3. 职能折扣

职能折扣，又称贸易折扣或功能折扣，这是生产企业给予中间商或零售商的一种价格折扣，促使他们愿意执行某种市场营销功能（如推销、储存和服务）。折扣的大小因商业企业在商品流通中的不同功用而各异。如果给批发商的折扣较大，给零售商的折扣较小，使批发商乐于大批进货，并有可能进行批转业务。其主要目的是鼓励中间商大批量订货，扩大销售，与生产企业建立长期、稳定的合作关系，并对中间商经营企业有关产品的花费进行补偿，让中间商有一定的盈利。

4. 季节折扣

季节折扣是指企业对生产经营的季节性产品，为鼓励买主提早采购或在淡季采购而给予的一种价格折让，使企业的生产或销售在一年四季保持相对稳定。例如，旅馆、航空公司等在淡季营业下降时给旅客以季节折扣。这种定价策略可以有效地调节供需矛盾，减轻企业仓储压力，加速资金周转，它主要适用于一些季节性较强的商品。

5. 推广折扣

推广折扣是指生产企业为报答中间商在广告宣传、展销等推广方面所作的努力，在价格方面给予一定比例的优惠。例如，当中间商为企业产品提供刊登地方性广告、设置样品陈列窗等各种促销活动时，生产企业给予中间商一定数额的资助或补贴，以弥补零售商支付的广告费。

6. 以旧换新折让

对于一些进入产品成熟期的耐用品，部分企业采用以旧换新的让价策略，企业收进消费者交回本企业生产的旧商品，在新商品价格上给予消费者折让优惠，以刺激消费需求，促进产品的更新换代，扩大新一代产品的销售。例如二手车置换，一台新车的售价为10.58万元元，消费者的二手车折价5万元，那么消费者只需付5.58万元就可以得到新车。采用这种策略，可以提高消费者对本企业或某品牌的忠诚程度，有利于鼓励消费者积极购买新型同类产品，促进企业产品的更新换代能力。

折扣营销定价策略是通过减少一部分价格以争取消费者的策略。在现实生活中应用十分广泛，用折让手法定价就是利用降低价格或折扣等方式来争取消费者的一种销售方式。折扣让价定价策略的这些形式，贯穿着一个重要指导思想：薄利多销，薄利快销。

(五) 地区定价策略

由于商品的生产和销售往往是在不同地区进行的，所以不同地区的产品价格会因为运费、仓储、装卸等费用的出现与否而有所差异，企业应针对这种地区性的差异来灵活制定价格策略。这种价格形式在对外贸易中更为普遍，可供选择的策略有以下5种。

1. 产地定价

在国际市场上通用的FOB原产地定价，又称离岸价格，是指消费者按照在产地厂价购买某种产品，卖主只负责将产品运至某种运输工具上交货，卖方承担交货前的各种费用，买方则需要承担接货后的运输、保管和保险等费用，承受的风险相对较大。这种策略不仅简化了卖方的定价工作，也减轻了卖方的运输负担，但增加了远方买主的运费负担，不利于同远方及长期客户保持固定关系，有丧失回头客的可能，很容易失去远地消费者。

2. 统一交货定价

这种形式和前者正好相反，所谓统一交货定价，就是由卖方承担运费、保险费等费用，企业对于销售给不同地区消费者的某种产品，都按照相同的厂价加相同的运费（按平均运费计算）定价。也就是说，无论路途远近，都实行一种定价方式，因此，这种定价又叫邮资定价。这种策略有利于开拓市场，对巩固买卖双方的合作关系有益，很受远方买主的欢迎，但它只适用于运费占总价比重小的商品。

3. 分区定价

这种形式介于前两者之间。所谓分区定价，就是指卖方企业将销售市场划分为若干个大区域，不同的区域内实行不同的价格。区域间价格差异视各地区与产地距离远近而定。距离企业远的价格区域，价格定得较高；距离企业近的价格区域，价格定得较低，同一区域内实行同一价格。

4. 基点定价

企业选定某些城市作为基点，然后按一定的厂价加上从基点城市到消费者所在地的运费来定价，而不管货物实际上是从哪个城市起运的。有些公司为了提高灵活性，选定许多个基点城市，按照消费者最近的基点计算运费。

5. 运费免收定价

有些企业因为急于和某地区做生意，替买主负责全部或部分运费，企业采用运费免收价。这些卖主认为，如果生意扩大，其平均成本就会降低，因此足以抵偿这些费用开支。采用运费免收定价，可以使企业加深市场渗透，通过扩大销售量来抵补运费开支，并且能在竞争日益激烈的市场上占有一席之地。

二、价格调整策略

企业经营是指企业处在不断变化的环境之中，为了生存和发展，在采用一定方法并确定了定价策略后，企业仍需要根据环境条件的变化，对既定价格进行调整，有时候需要主动降价或提价，有时候又需要对竞争者的变价作出适当的反应。

（一）价格调整的原因

企业对原定价格进行调整可分为两种情形：一是调高价格；二是降低价格。对价格进行调整的必要性源于企业经营内外部环境的不断变化。

1. 提价的原因

虽然价格上涨会引起消费者、中间商和企业推销人员的不满，但是一次成功的提价活动，却会大大增加企业利润，所以企业只要有下述一种或几种情形同时出现时，就可以适当采用提价策略：

（1）成本增加。

在价格一定的情况下，成本上升将直接导致利润的下降。因此，在整个社会发生通货膨胀或生产产品的原材料成本大幅度上升的情况下，产品继续维持原价，会妨碍企业合理利润的获得，甚至会影响企业再生产的进行，这时企业往往通过提高产品价格来转嫁货币贬值带来的损失，调高价格则是保持利润水平的重要手段。

（2）需求压力。

在供给一定的情况下，企业有时也会碰到产品供不应求的情况，企业就可以通过提价来相对抑制部分需求。这样不但能够平衡供需，同时也可以为企业获取比较高的利润，为以后的发展创造一定的条件。

（3）造就优质优价的名牌效应。

有的企业涨价是为了使产品或服务与市场上同类产品或服务拉开差距，来显示产品的高品位。作为一种价格策略，可以利用提价营造名牌形象，充分利用消费者“一分价钱、一分货”的心理，使其产生高价优质的心理定势，创造优质效应，使消费者感到其产品的品位要比同类产品高，从而提高企业及产品的知名度和美誉度。

（4）配合竞争者的涨价行为。

尽管很多国家禁止价格同谋的行为，但是在寡头垄断市场中，由于竞争者数量有限，所以它们较容易达成价格默契。当市场上有一家厂商率先提价时，其他企业很可能会随后跟进，采取配合价格领袖的行为。

2. 降价的原因

降低价格是企业在经营过程中经常采用的营销手段，导致企业降价的原因可能来自于宏观环境的变化，也可能来自于行业及企业内部条件的变化，主要有以下几个方面。

（1）库存积压。

在企业的生产能力过剩形成了供大于求的市场局面情况下，若企业无法通过加强销售工作、产品改进措施来实现扩大销售，为了解决企业对资金的迫切需求，尽快回笼资金，企业经常会将积压的存货降价处理。

（2）扩大市场占有率。

在企业营销组合的其他各个方面保持较高质量的前提下，很多企业降低产品价格并不是出于自愿，往往是因为竞争对手率先降价而不得不跟进，以保持现有的市场份额。对于那些仍存在较大的生产经营潜力的企业，调低价格可以刺激需求，进而扩大产销量，降低成本水平，因此价格下调是一种较为理想的选择。

（3）成本优势。

在企业全面提高了经营管理水平的情况下，产品的单位成本和费用有所下降，为了利用这一优势扩大销售额及市场份额，企业会主动降低价格。对于某些产品而言，由于彼此的生产条件和生产成本不同，最低价格也会有差异。显然，成本最低者在价格竞争中拥有优势，所以，发挥成本优势的主要手段就是降低产品价格。

（4）宏观环境的影响。

宏观政治、法律与经济环境的变化也会导致企业的降价行为。有时政府为了保护消费者，控制某个行业的利润，会通过政策和法令限制这个行业的利润率，从而导致该行业中产品价格的下调。此外，宏观经济环境的变化也会直接导致产品降价，在经济紧缩的形势下，由于币值上升、价格总水平下调，企业的产品价格也会随之降低，以适应消费者的购买力水平。

（5）产品生命周期阶段变化的影响。

产品在整个生命周期过程中的不同阶段，由于产品生产和销售的成本不同，消费者对产品的接受程度不同，市场竞争状况也有很大不同。例如，相对于产品导入期时较高的价格，在其进入成长期后期和成熟期后，市场竞争不断加剧，生产成本也有所下降，下调价格可以吸引更多的消费者，大幅度增进销售，从而在价格和生产规模之间形成良性循环，为企业获取更多的市场份额奠定基础。

（二）分析消费者对调价的反应

企业的价格调整会直接影响购买者的利益，直接影响购买者的购买决策，而且衡量定价成功与否最重要的标志是消费者将如何理解价格调整行为，因此分析消费者对调价的反应，是企业在制定价格调整决策时应当关注的问题。

1. 消费者对企业的提价行为的反应

（1）各种商品价格都在上涨，这种产品价格的上涨很正常。

（2）提价意味着产品质量的改进。

（3）这种产品很畅销，产品供不应求，价格可能会继续上涨，不赶紧买就没有机会了。

（4）企业过于贪婪，在尽可能地谋取更多的利润。

2. 消费者对企业的降价行为的反应

（1）产品的质量有问题，

（2）这种产品老化了，商品式样不行了，很快会有替代产品出现。

（3）企业财务有困难，很可能会停产，难以经营下去，产品的售后服务可能受到影响。

（4）价格还会进一步下跌。

（5）产品成本降低了。

（三）分析竞争者对调价的反应

企业在设计定价策略时，要考虑竞争者的观点，并推断竞争者对企业的行动大概会如何反应。分析竞争者的反应，企业需要建立在对竞争市场及竞争者的长期了解上，在进行调价前，必须了解竞争者目前的财务状况，近年来的生产情况、销售情况、消费者的忠实程度和企业目标等。如果竞争者的目标是实现企业的长期最大利润，那么当本企业降价时，它们不会在价格上做过于激烈的反应，而往往会通过加强广告宣传，提高产品质量和服务水平等非价格手段来进行竞争。如果竞争者认定本企业的价格调整的目的是争夺市场份额，那么它必然会立即做出针锋相对的反应。一般而言，为了减少因无法确知竞争者对价格变化的反应而带来的风险，企业在主动调价之前应该考虑以下问题。

（1）本企业产品有何特点？本企业在行业中处于何种地位？

（2）主要竞争者是谁？竞争者会怎样理解本企业的价格调整？

（3）针对本企业的价格调整，竞争者会采取什么对策？这些对策是价格性的还是非价格性的？它们是否会联合作出反应？

（4）针对竞争者可能的反应，企业应该如何应对？有无可行的应对方案？

一般来说，在上述细致分析的基础上，企业方可确定价格调整的幅度和时机。

（四）企业对竞争者调价的反应

在市场经济条件下，企业在利用价格调整参与市场竞争的同时，还面临着竞争者价格调整的挑战。为了避免被竞争者打个措手不及，企业不仅应当密切注视竞争者的行为，而且在平时就应当计划好对竞争者价格变动需要及时做出的反应，以便在受到价格攻击时尽快做出决策。

1. 企业应变必须考虑的因素

（1）竞争者调价的目的是什么？

（2）竞争者调价是长期的还是短期的？

（3）竞争者调价对本企业的市场占有率、销售量、利润和声誉等方面有何影响？

（4）同行业的其他企业对竞争者调价行动会有何反应？

（5）企业有几种反应方案？竞争者对企业每一个可能的反应又会有何反应？

2. 企业应变的对策

在同质产品市场上，如果竞争者降价，企业必须随之降价，否则会因消费者转而购买竞争者的产品而失去大部分消费者；如果竞争者提价，本企业既可以跟进，也可以暂且观望，但只要有一个不提价的竞争者，这种提价行为就只能取消。

在异质产品市场上，企业对竞争者价格调整的反应有更多的自由。因为在这种市场上，消费者选择产品不仅考虑价格因素，同时还会考虑产品的质量、性能、服务和外观等多种因素，消费者对于较小价格差异并不在意。因此对于竞争者的涨价行为，企业可以根据具体情况采取跟进或观望措施，而对于竞争者的降价行为，则可以在以下几种行为中选择：

（1）不采取任何反应，维持原价不变。

（2）价格不变，但加强非价格竞争手段的投入。

（3）降低原来价格。

（4）跟随竞争者降低价格的同时，积极采取一些非价格竞争手段。

企业在对竞争者做出反应时，还要考虑本企业在行业中的定位。因为处于不同市场地位的企业在行业中所起的作用是不同的。

技能训练：调查一款汽车的降价原因，并分析其效果。

单元四

分销渠道策略

学习任务一

学习目标： 掌握分销渠道的含义。

任务导入： 厂家生产出来的产品怎样才能达到消费者手中？是通过分销渠道。分销渠道的含义是什么？它有什么功能和哪些类型？

一、分销渠道的概念与功能

消费者要买德国生产的进口汽车，不必去德国，到一家德国汽车品牌专卖店就能买到。由此可以看出，消费者可以不与生产厂家打交道就能得到所需要的商品，甚至不需要知道谁是真正的生产者，却可以享用产品所带来的利益。这一切之所以成为可能，就是因为有了较为发达的分销渠道。这种较为发达的分销渠道，把生产者与散布于世界各地的消费者联系在一起。

（一）分销渠道的概念

分销渠道是指产品或服务转移所经过的路径，由参与产品或服务转移活动以使产品或服务便于使用或消费的所有组织构成。分销渠道也称“销售通路”、“流通渠道”或“营销渠道”。生产制造商的产品或服务可以经过多条渠道到达消费者或用户手中，有的渠道经过的环节多一些，涉及较多的经营机构；有的渠道经过的环节少一些，涉及较少的经营机构。

分销渠道的起点是生产经营者，终点是消费者或用户。中介组织包括中间商和其他一些帮助转移所有权的组织，如银行、广告商、市场调研机构和物流企业等。

（二）分销渠道的功能

生产的功能是把自然原料按照人类的需要转换成具有某种效用或价值的产品组合；分销渠道的功能则是使产品从生产者转移到消费者的整个过程顺畅而高效。具体而言，分销渠道的主要功能有调研、促销、接洽、组配、谈判、物流、风险承担和融资等。

（1）调研是收集进行营销决策所必需的信息。

（2）促销是进行供应品的说服和与消费者进行沟通。

（3）接洽是寻找可能的购买者，并与之接触。

（4）组配是对供应品在分类、分等、装配与包装上进行组合和搭配，以符合购买者的需要。

（5）谈判是为转移供应品的所有权，在买卖者之间，就价格及有关条件进行协商的活动。

（6）物流是供应品的运输和储存。

（7）风险承担是指在供应品流通的过程中，市场风险在渠道成员之间的转换。

（8）融资是为渠道完成以上各种功能而进行的资金输入与输出。

二、分销渠道的结构

分销渠道结构是指分销渠道中所有渠道成员所组成的体系，也称分销渠道模式。分销渠道有下面几种基本结构。

（1）生产制造商—消费者。

（2）生产制造商—零售商—消费者。

（3）生产制造商—批发商—零售商—消费者。

（4）生产制造商—代理商—消费者。

（5）生产制造商—代理商—零售商—消费者。

（6）生产制造商—代理商—批发商—零售商—消费者。

第（1）种分销渠道结构，由生产制造商直接将产品出售给消费者，在生产制造商与消费者之间没有中间环节，是一种直销渠道。

第（2）～第（6）种分销渠道，在生产制造商与消费者或用户之间存在着不同的中间环节，生产制造商与消费者或用户之间的购销关系是由中间商的购销或代理活动实现的，是一种间接分销渠道。

三、分销渠道的类型

从不同的角度划分，可以分成不同类型的分销渠道。

（一）直接渠道与间接渠道

如果分销渠道按照产品在流通过程中是否经过中间商转卖来划分，可以分为直接渠道和间接渠道两种类型。生产商将其产品直接销售给最终消费者或用户，叫做直接渠道，即直销；其他状况（在流通过程中使用了中间商）则称为间接渠道。过去，直销在产业市场分销中占主导地位，如今已渗透到消费品市场。直销又可以分为电话直销、电视直销、广告直销、邮购直销、直接邮件直销和网络直销等多种类型。直销是伴随着新技术的应用以及媒体的分割而发展起来的。在我国，近年来直销取得了很大的发展，很多企业选择了这种分销渠道模式。

（二）长渠道与短渠道

按照分销渠道的长度划分，可以分为长渠道和短渠道。所谓分销渠道的长度，是指企业分销渠道中使用中间商的数目。而中间商是指同一产品的经销者和帮助转移商品所有权的机构。不同国家、不同地区和不同行业的分销渠道的长短均有很大差异。但是，可归纳为以下四种有代表性的分销渠道类型：

1. 零阶渠道

零阶渠道通常称直接分销渠道，是指生产商直接把商品卖给消费者或用户，不经过任何中间商转手的分销渠道。这种流通模式称作直销型。它在生产资料商品销售中应用比较广泛。在日用工业品流通中，有的生产商通过邮寄或人员向消费者推销；有些农副产品的生产者到农贸市场销售等，均属于这种模式。这种模式运用得当，可以加快商品流通，节省流通费用，增加生产商的收益。这是近几年“直销热”的原动力。但是，如果使用不当，生产商则要加大费用开支，延长流通时间，并独自承担较大的风险。

2. 一阶渠道

一阶渠道是指含有一个销售中介机构，即生产商把商品出售给一个中间商，再由该中间商转售给消费者或用户的流通模式。它在生产资料商品流通中，一般是指生产商把商品出售给一个批发商或委托给一个代理商，再由批发商或代理商转售给用户的流通模式。在日用消费品流通中，一般是指生产商把商品出售给零售商，再由零售商出售给消费者的流通模式。在商品流通实践中，一阶渠道的使用是很广泛的，大至汽车、家具、家用电器，小至服装、鞋帽、药品、食品和蔬菜等，品种繁多，应用广泛。由于一阶渠道含有一个销售中介机构，不仅使生产商减轻了销售活动的沉重负担，节省了推销费用，而且分散了生产商的风险，提高了销售效率，扩大了销售市场，增加了销售服务，从而也方便了广大用户。

3. 二阶渠道

二阶渠道是指含有两个销售中介机构，即在商品流通过程中有两个或两类中间商业机构的渠道模式。在消费者市场中，中介机构是指批发商和零售商；在生产者市场，则通常是指销售代理商和批发商。这种渠道模式在日用消费品流通中使用更为广泛。因为很多消费品，货源分散，销售面宽，与居民的日常生活密切相关，客观上也需要有多层次的分销网络。这样，既可以节省生产商的销售费用，又可以节约零售商的进货时间，从而有利于零售商扩大经营品种，更好地满足消费者日益复杂的多方面需求。

4. 三阶渠道

三阶渠道是指含有三个销售中介机构，即在商品流通过程中有三个或三类中间商业机构的渠道模式。肉类食品及包装类产品的生产商通常采用这种渠道分销其产品。这种渠道的特点是在生产商与批发商之间又增加了代理商这一中间机构。代理商在这种分销渠道模式中的存在，有利于为中小企业推销商品以及开展代购、代批、代储、代运、代销、代办信息传递、代办有关服务等代理业务。近年来，在我国国内商业中，贸易货栈、贸易信托公司和某些贸易中心等广泛开展的代营业务部分，就具有代理商的业务性质，在对外贸易中使用代理商和实行代理制，则更为普遍。

一般来讲，更多层次的分销渠道较少见。从生产商观点来看，随着渠道层次的增多，控制渠道所需解决的问题也会增多。

以上四种有代表性的渠道结构模式，前两种可称为短分销渠道，后两种可称为长分销渠道。

（三）宽渠道与窄渠道

如果按照分销渠道的宽度划分，可以分为宽渠道和窄渠道。所谓分销渠道的宽度，是指分销渠道的每个层次中使用同种类型中间商的数目，如批发商数量、零售商数量和代理商数量。宽的分销渠道，是指生产商通过许多批发商、零售商将某种产品在广泛的市场上销售；窄的分销渠道，是指生产商只利用较少的批发商或零售商，使其产品在有限的市场上销售。一般来说，渠道的宽度主要有三种类型：密集性分销、选择性分销和独家分销。

1. 密集性分销

密集性分销是指生产商通过尽可能多的批发商、零售商推销其产品。一般销售量大的生活日用品（如牙膏、洗衣粉、香皂等）和工业品中的通用机具，适合采用这种宽渠道模式。通常，密集性分销又可分为两类，即零售密集性分销和批发密集性分销。

2. 选择性分销

选择性分销是指生产商在某一地区仅通过几个精心挑选的、最合适的中间商推销其产品。这样，既可以使产品取得足够的市场覆盖面，又比密集性分销更易控制和节省成本。据美国某工业公司自己统计，在该公司原来的销售渠道中，有41%的零售经销商的销售额只占该公司销售总额的7%；后来，他们淘汰了这些效率不高的零售商；一年以后的销售实绩却比原来的销售总额增加了76%，公司的销售费用率也由原来的22.8%下降到11.5%。由此可见，生产商学会有选择地使用中间商，往往会使经济效益得到大幅度的提高。

3. 独家分销

独家分销，即生产商在某一地区仅通过一家中间商推销其产品。双方协商签订的独家分销合同规定：生产商在某个特定市场内，就不能再请其他中间商同时经销其产品；而这家中间商也不能再经销其他竞争者的同类产品。一般有特色的商品，如高档名牌妇女服装、名牌饮料、名牌汽车、名牌电脑、名牌电冰箱以及名牌农业机械、建筑机械等专用设备，常采用这种渠道策略。这样，既有利于提高有关的生产商、中间商和产品的声誉，也有利于进一步提高商业和技术服务质量，从而带给消费者更多的利益。

(四) 传统分销渠道与分销渠道系统

按照渠道成员之间的关系来划分，分销渠道可以分为传统分销渠道和分销渠道系统两种类型。

1. 传统分销渠道

传统分销渠道，是指一般的分销组织形态，渠道各成员之间是一种松散的合作关系，各自追求自己的利润最大化，最终使整个分销渠道效率低下。传统分销渠道模式，又称松散型的分销模式，渠道各成员之间的关系是临时的、偶然的和不稳定的。

传统分销渠道模式具有较大的灵活性，可以随时、任意地淘汰或选择分销渠道。但渠道成员各自追求自己利益最大化，不顾整体利益，结果会使整体分销效益下降，同时渠道成员之间缺乏信任感和忠诚度，自然也就缺乏合作的基础，难以形成长期和稳定的渠道成员关系。因此，选择传统分销渠道的企业越来越少。

比较适合选择传统分销渠道模式的企业有两种。一是小型企业，小型企业资金实力有限，产品类型与标准处于不稳定状态，不适合采取固定的分销系统形式。二是小规模生产，产品数量太少，不可能形成一个稳定的分销系统。因为大分销商不会与一个经营规模相差悬殊的企业形成紧密型关系，小分销商也常常寻找大生产商合作。

2. 分销渠道系统

分销渠道系统，是指渠道成员实施纵向或横向联合或利用多渠道达到同一目标市场，以取得规模经济效益。分销渠道系统主要有以下 3 种类型。

（1）垂直分销渠道系统。

垂直分销渠道系统，是由生产商、批发商和零售商组成的一种统一的联合体，每个成员把自己视为分销系统中的一分子，关注整个垂直系统的成功。垂直分销渠道模式包括三种形式，即所有权式（又称公司型）、契约式和管理式。

①公司式分销系统。

它是指一家公司通过建立自己的销售分公司、办事处或通过实施产供销一体化及横向战略而形成的分销系统。它是渠道关系中最紧密的一种，是生产商、经销商以产权为纽带，通过企业内部的管理组织及管理制度而建立起来的。这种渠道系统又分为两种：一种是大工业公司拥有和统一管理若干生产单位和商业机构，采取工商一体化经营方式。例如，美国火石轮胎和橡胶公司在利比里亚拥有橡胶种植园，在美国橡胶工业中心亚克朗、俄亥俄拥有轮胎工厂，其下属的批发机构和零售机构遍布全国。另一种是大零售公司拥有和统一管理若干批发机构、工厂等，采取商工一体化经营方式，综合经营零售、批发、加工生产等业务。

②管理式分销系统。

它是指由一个或少数几个实力强大、具有良好品牌声望的大企业依靠自身影响，通过强有力的管理将众多分销商聚集在一起而形成的分销系统。与前一种比较，它不以单一所有权为基础。那些拥有市场优势的品牌生产商往往可以得到中间商的通力合作，形成系统。

③契约式分销系统。

它是指生产商或分销商与各渠道之间通过法律契约来确定它们之间的分销权利与义务关系，形成一个独立的分销系统。它与公司式分销系统的最大区别是成员之间不形成产权关系，与管理式分销系统的最大区别是用契约来规范各方的行为，而不是用权利和实力。当前越来越多的生产商或服务性企业通过契约将自己的产品、服务或商号，快捷地扩散到世界各地。

在长期的营销实践中，涌现了多种形式的契约式分销系统，主要有以下几种：

第一种，以批发商为核心的自愿连锁分销网络。在实践中，许多批发商将独立的零售商组织起来，批发商不仅为其零售商提供各种货物，还在许多方面提供服务，如销售活动的标准化、共同店标、订货、共同采购、库存管理、配送货、融资、培训等。这些服务是后者所无法获得的。这种分销网络往往集中在日杂用品、五金配件等领域。

第二种，零售商自愿合作分销网络。在这一网络中，网络成员通过零售商合作社这一商业实体进行集中采购、共同开拓市场且共同策划广告。成员间最重要的合作是集中采购，可获得较大的价格折扣，所得利润按采购比例分配。相对以批发商为核心组织起来的销售网络，这种关系网络中成员间的联系程度要松散一些，合作事项也少。

第三种，特许经营分销网络。在西方，特许经营是发展最快、地位最重要的一种模式。它是指特许权授予人与被授予人之间通过协议授予受许人使用特许权授予人已经开发出的品牌、商品、经营技术与经营规模的权利。为此，受许人必须先付一笔首期特许权使用费，换得在一定区域内出售商品或服务的权利，并须遵守合同中关于经营活动的其他规定。这种分销网络有 3 种形式：生产商组织的零售商特许经营网络、生产商组织的批发商特许经营网络和服务公司组织的零售商特许经营网络。

垂直分销渠道模式具有广泛的适应性，美国有 64%的消费品采用此种系统。无论是大企业，还是小企业；无论是日用品，还是生产用品，都大量采用垂直分销渠道系统。

（2）水平分销渠道系统。

这种系统又称共生型分销渠道系统，它是指由两个或两个以上成员相互联合在一起，共同开发新的营销机会，其特点是两家或两家以上的公司横向联合共同形成新的机构，发挥各自优势，实现分销系统有效、快速地运行，实际上是一种横向的联合经营，其目的是通过联合，发挥资源的协同作用或规避风险。例如，可口可乐公司和雀巢咖啡公司合作，组建了一个新的公司。水平分销渠道系统比较适合实力相当而营销优势互补的企业。

（3）多渠道分销系统。

它是指生产商通过两条以上的渠道进行分销活动，也叫双重分销。生产商的每一条渠道都可以实现一定的销售额。渠道之间的竞争既可能使销售额共同增加，也可能发生冲突。在营销实践中，多渠道分销系统广泛存在，它主要有以下三种类型。

①集中型组合方式。

在单一产品市场组合多条分销渠道，这些渠道互相重叠，彼此竞争。如某公司对个人消费者和小公司的现货购买、小公司的大规模定制采取了无差异的人员推销、电话营销、网上分销三种渠道形式。

②选择型组合方式。

对产品市场进行细分，对不同的市场选择不同的分销渠道，这些渠道不互相重叠，也不彼此竞争。如某公司将市场分割为个人消费者的现货购买、小公司的大规模定制和大公司的独特解决方案三个子市场，分别采用网上分销、电话分销和推销员推销，各负其责，互不干扰。

③混合型组合方式。

综合运用集中型和选择型两种组合方式。一般情况下，选择型单一渠道用于某种优先权市场，选择集中型渠道用于较大规模的市场。如英国航空公司业务拓展的多条渠道组合：对于大型业务活动的客户服务由人员推销单一渠道去开拓；对于团体业务中的订票、度假规划经营，则采用旅行社、互联网、电话营销、旅游商店等多条渠道；对于个体旅游则采用的是互联网、电话营销、旅游商店等多条渠道的组合。

技能训练：举例说明汽车的分销渠道有哪些？

学习任务二

学习目标：掌握分销渠道策略。

任务导入：汽车企业把产品生产出来后，要销售到消费者手中，这中间必须通过一定的销售渠道。销售渠道选择得是否适当，不仅会涉及产品销售效率的高低，而且对企业的生产发展也将产生制约作用。因此，选择最佳的销售渠道，是企业搞好产品销售的一个重要保证。

一、影响渠道选择的主要因素

销售渠道的整个环节，是产品、市场、中间商、消费者及用户等多种要素的组合。企业在对自己生产的产品进行销售渠道决策时，必须对各种相关的影响因素进行认真的分析和研究，然后才能作出正确的决策。企业进行销售渠道决策的依据，主要包括产品因素、市场因素和企业自身因素等三个方面。

（一）产品因素

产品因素是指影响销售渠道选择的产品的单价、体积、重量、技术性、易毁与易腐、通用与专用等因素。

1. 产品单位价格

单位价格不同的产品，其选择销售渠道的长短也有所不同。如飞机、内燃机车等产品，单位价格十分昂贵，应尽量减少中间环节，采取“生产企业—用户”这种直接式销售渠道。单价低的产品，一般销售渠道宜选择长一些。如针、线、电池等日用品，通常可采用“生产企业—批发商—零售商—消费者”这种间接式销售渠道。

2. 产品体积与重量

产品的体积大小与轻重，其销售渠道的长短也应有所区别。体积大而重的产品，如成套设备、大型机床等，其运输和储备成本较高，一般应选择直接式销售渠道，以避免多次装运的不便性，减少流通费用；体积小而轻的产品，如果其他因素许可，其销售渠道长一些也是可取的。

3. 产品技术性

技术性强的产品，一般需要生产企业提供多方面的售前和售后服务，如精密机床、发电设备等。应用户的特殊需要而生产的，其市场面和使用范围均较通用性产品要小，可采取直接式销售渠道，如专用设备、矿石等，一般可由产需双方直接签署供销合同。

4. 产品的易毁与易腐

容易毁坏和变质腐烂的产品，如果生产地点与消费者或用户的距离较近，一般应采用直接式销售渠道，以便减少中间流通环节所耗费的时间，迅速把产品出售给消费者及用户。如果生产地点与消费者或用户的距离较远，就应该采用间接式销售渠道，委托中间商来完成出售给消费者或用户的任务。

5. 产品的通用性与专用性

具有标准化的通用性产品，由于市场面较宽，使用范围广，可按样品或产品目录出售，并通过中间商完成销售任务。非标准化的专用性产品，是为适应用户的特殊需要而生产的，市场面和使用范围相对较小，可采用直接式销售渠道。

6. 新产品

为使开发生产的新产品迅速投入市场，及时打开销路，通常需要企业采取强有力的促销措施。由于中间商和经销商对新产品不甚了解，缺少把握，同时促销费用也较高，经营利润很难预测，往往不敢轻易接受新产品。因此，新产品的销售一般需要先采用直接式销售渠道，待打开销路后，再根据需要以及中间商的意愿，选择更有效的其他销售渠道。

7. 产品的时效性

在一般情况下，新颖时髦的产品流行迅猛，过时也很快，如时装、服饰等。对这类产品，要采用最短的销售渠道进行销售，以便在流行期内快销、多销；否则时过境迁，产品便无人问津，就得降价处理，便宜销售，直接影响企业的经济效益。

（二）市场因素

选择商品销售渠道，就必须充分考虑到市场的诸多因素。市场因素是指市场面大小、消费者数量、购买习惯、市场竞争和市场需求特点等情况。

1. 市场面大小

企业生产的产品，面向的市场范围广阔，意味着现实的和潜在的消费者数不胜数。在这种情况下，如果仅凭企业直接向消费者推销产品，不但会耗费巨大的人力、物力，而且经营费用会很高，销售效率也很低，这就需要选择多层次中间商的销售渠道。如果产品面向的市场范围较小，则说明现实的和潜在的消费者较少，分布范围不大，这样可由生产企业直销或通过零售商店销售。

2. 购买数量

企业生产的产品在销售过程中，若消费者通常是零星购买，购买次数很多，而每次数量很少，那么，生产企业就采用线路较长的销售渠道。若消费者通常是批量购买，购买次数不多，如工业原材料，那么生产企业一般可不依赖零售商、批发商等中间环节，而直接把产品销售给用户。

3. 购买习惯

消费者购买习惯，也是企业进行销售渠道选择所必须考虑的因素。购买习惯包括消费者的购买时间、地点、方法和对销售服务的要求等不同情况。例如，对于日用生活消费品，消费者习惯就近购买，如果生产企业让批发商、零售商把产品转卖给消费者，消费者就能就近购买。

4. 市场竞争

企业在进行产品销售渠道决策时，还应考虑竞争对手所采用同类产品的销售渠道，以便在市场竞争中占据主动地位。一般情况下，生产企业应与竞争对手采取基本相同的销售渠道，进行市场竞争。但如果本企业的产品在质量、价格和性能等方面优于竞争对手时，应选择与竞争相一致的销售渠道，这样更利于赢得竞争的胜利。假若本企业产品在质量、价格、性能等方面不如竞争产品优越时，则可选择不同的销售渠道及不同的中间商，以避免与其直接对抗。

5. 市场需求弹性

市场需求弹性大小，对生产企业销售渠道的选择也有着相应的影响。市场需求弹性小的产品，生产企业一般多采用直接销售。在市场密度高和消费者集中的地区，即使需求弹性大，生产企业也可采用中间环节少的销售渠道。如果市场需求弹性大，市场密度不高和消费者不集中，生产企业则应选择由代理商、批发商或零售商进行产品销售。

（三）企业自身因素

产品销售渠道的选择决策，仅仅考虑产品和市场因素是不够的，还必须考虑到企业内部环境因素。企业的经营规模、市场信誉、资金能力、营销能力和销售服务能力等因素，对产品销售渠道也有一定的制约作用。

1. 企业的经营规模

企业的生产经营规模很大，生产经营的产品种类繁多，面向的市场范围广泛，如果采用单一的销售渠道就会显得力不从心，满足不了产品销售的需要，一般应采用间接销售渠道和多种销售渠道，以求取得更大的销售效率。当企业生产经营的产品种类不多、市场面有限时，选择的销售渠道种类就不宜太多。否则，不利于加强销售渠道的管理，不利于节省流通费用开支。

2. 企业的信誉及资金

资金雄厚、信誉很高的生产企业，可以灵活选择销售渠道，甚至可以建立自己的销售网点，而不需要任何中间商。反之，资金不足、信誉不高的生产企业，则应更多地借助中间商的帮助，来促进产品的销售。

3. 企业产品组合

企业产品组合的横面越广，即产品的不同种类越多，则直接销售给消费者的能力越强；而产品组合的深度越大，即同类产品的品种规格越齐全，则该市场范围的中间商越愿意接受其产品；但若产品组合的广度和深度小，则选择的销售渠道应有所接近。

4. 企业营销能力

企业产品的市场经营能力和水平，对销售渠道的选择也有相应的影响作用。如果企业经营销售管理水平很高，销售力量强大，市场推销能力能够满足本企业产品的销售需要，那么就可以采取直接向消费者出售产品的销售渠道，没有必要再借助中间商的力量。反之，企业的经营水平不高，自我销售能力有限，就必须借助中间商的力量，选择有中间商参与的间接销售渠道。

5. 企业销售服务

企业能提供良好的、较全面的销售服务，就能增强中间商和消费者对生产企业的信任，产品的市场销售就会通畅。如果经营能力较强，又能为消费者提供最佳的销售服务，一般可以采取直接式销售渠道；反之，则应采用中间商来推销产品。

6. 企业销售策略

企业的销售策略常常可影响产品销售渠道的选择。如果企业要加强对销售渠道的控制，以便控制产品的最终销售价格，就应选择中间环节较少的销售渠道，如果企业注重加强产品的广告促销，则中间商往往愿意为其分销产品；如果企业乐于为中间商提供完善的销售服务和融通资金便利，以及提供产品促销帮助，这样就能争取到大量中间商，从而影响到销售渠道的选择。

二、选择分销渠道的步骤

企业在设计其营销渠道时，必须在理想渠道与可用渠道之间进行选择。一般来讲，新企业在刚刚开始经营时，总是先采取在有限市场上进行销售的策略，以当地市场或某一地区的市场为销售对象，因其资本有限，只得采用现有中间商。而在区域性市场内，中间商的数目通常是很有限的，所以，到达市场的最佳方式也是可以预知的。问题是如何说服现有可用的中间商来销售其产品。

新企业一旦经营成功，就可能会向其他新市场扩展。企业可仍利用现有的中间商销售其产品，但可在不同地区使用各种不同的营销渠道。在较小市场上，企业可直接销售给零售商，而在较大的市场上，企业就必须通过经销商来销售产品。总之，生产者的渠道系统需要因时因地灵活变通。

渠道设计问题可从决策理论的角度加以探讨。一般来讲，要想设计一个有效的渠道系统，须经过如下步骤：确定渠道目标与限制，明确各种渠道方案，评估各种可能的渠道方案等。

（一）确定渠道目标与限制

有效的渠道设计，应以确定企业所要达到的市场为起点。从原则上讲，目标市场的选择并不是渠道设计的问题。然而，事实上，市场选择与渠道选择是相互依存的。有利的市场加有利的渠道，才可能使企业获得利润。渠道设计问题的中心环节，是确定达到目标市场的最佳途径。每一个生产者都必须在消费者、产品、中间商、竞争者、企业政策和环境等所形成的限制条件下，确定其渠道目标。

（二）明确各种渠道方案

在研究了渠道的目标与限制之后，渠道设计的下一步工作就是明确各种不同的渠道方案。渠道方案主要涉及以下四个基本因素：中间商的基本类型、每一分销层次所使用的中间商数目、各中间商的特定营销任务、生产者与中间商的交易条件以及相互责任。

（三）评估各种可能的渠道方案

每一个渠道方案都是企业产品送达最后消费者的可能路线。生产者要解决的问题就是从那些看起来似乎很合理但又相互排斥的方案中，选择最能满足企业长期目标的一种。因此，企业必须对各种渠道方案进行评估。评估渠道方案有经济性、控制性和适应性等三个标准。

1. 经济性

企业是追求利润而不是追求渠道的控制性与适应性，因此经济性是最重要的评价标准。假设某企业希望其产品在某一地区取得大批零售商的支持，现有两种方案可供选择：一是向该地区的营业处派出 10 名销售人员，除了付给他们基本工资外，还采取根据推销业绩付给佣金的鼓励措施；二是利用该地区制造商的销售代理商，该代理商已和零售店建立起密切的联系，并可派出 30 名推销员，推销员的报酬按佣金制支付。这两种方案可带来不同的销售收入和成本。判别一个方案好坏的标准，不应是其能否带来较高的销售额和较低的成本费用，而是能否取得最大利润。

这种经济分析，应从估计每个方案的销售开始，因为有些成本会随着销售水平的变化而变化。究竟使用企业推销人员取得的销售额大，还是使用制造商的销售代理商取得的销售额大？大多数营销人员都认为使用前者所收到的成效较高。因为前者推销人员只专心于推销本企业产品，在销售本企业产品方面接受过较专门的训练，比较积极肯干，他们的前途与企业发展紧密相连，也由于消费者比较喜欢与企业直接打交道，故使用本企业推销人员更容易取得交易成功。其实，这种认识是片面的。事实上，制造商的代理商也可以达到与使用本企业推销员相同的销售水平。这主要是由于以下几方面原因。

（1）生产者应考虑派出 10 名推销员和利用 30 名代理商的推销员，单是人数上的差异就很有可能使代理商取得较高的销售额。

（2）代理商的推销员也可能与企业推销员一样积极卖力，这要取决于本企业产品的推销和推销其他企业的产品在报酬上的差异。

(3) 消费者较喜欢与企业推销员打交道而不愿与代理商的推销员打交道确是事实，但这并不是绝对的、无条件的普遍现象，当产品及交易条件标准化时，消费者会觉得与谁打交道都无所谓，他们甚至更喜欢与经销多种产品的代理商打交道，而不愿与只卖一家企业产品的推销员打交道。

(4) 多年建立起来的广泛的交际关系，是代理商的一项重要资本，也正是其优于企业推销员的地方。因为企业推销员需要从头开始逐步建立这种关系。

从上述几个方面来看，代理商通常也能为制造商创造较高的销售额，至少在开始的前几年是这样。因此，要估计企业推销力量与代理商二者的销售潜量，还必须对具体情况进行具体分析，并注意征求该行业中经验丰富的管理人员及专家的意见。

企业还要估计各种方案实现某一销售额所需花费的成本。利用代理商所花费的固定成本比企业经营一个营业处所需固定成本低。但是，另一方面，利用代理商实现某一销售水平所需增加的成本比率要比利用企业推销员高，其原因是代理商的佣金率比企业推销员高。一般来讲，小企业以及在较小地区从事经营活动的大企业，最好利用代理商推销产品。如果不能假设两种渠道方案会达到相同的销售水平，则最好直接对投资收益率作简单估计。对代理商与企业推销员的经济分析，只能大致表明某一渠道在经济上是否优于另一渠道。这种评估范围必须加以扩大，同时考虑到各渠道方案的激励性、控制性与冲突性。

2. 控制性

使用代理商无疑会增加控制上的问题。代理商是一个独立的企业，所关心的是自己如何取得最大利润。代理商可能不愿与相邻地区同一委托人的代理商合作，它可能只注重访问那些与其推销产品有关的消费者，而忽略对委托人很重要的消费者。因此代理商的推销员可能不去了解与委托人产品相关的技术细节，也很难认真对待委托人的促销数据和相关资料。

3. 适应性标准

在评估各渠道选择方案时，还有一项需要考虑的标准，那就是企业是否具有适应环境变化的能力，即应变力如何。每个渠道方案都会因某些固定期间的承诺而失去弹性。当某一制造商决定利用销售代理商推销产品时，可能要签订5年的合同。在这段时间内，即使采用其他销售方式会更有效，但制造商也不得任意取消销售代理商。所以，一个涉及长期承诺的渠道方案，只有在经济性和控制性方面都很适宜的条件下才可予以考虑。

技能训练：调查某个品牌汽车的销售渠道策略。

单元五

促销策略

学习任务一

学习目标：掌握促销和推销的含义。

任务导入：汽车广告随处可见，其目的是促进汽车销售。那么促销的含义是什么？有什么作用？什么是促销组合？推销的含义是什么？

一、促销的含义

促销是指企业通过人员推销和非人员推销的方式，将有关企业和产品的信息传递给消费者，促使消费者了解、偏爱和购买本企业的产品，从而达到扩大销售目的的一种活动。现代市场营销理论认为，企业不仅要有适销对路的产品、合理的价格和便于消费者购买的营销渠道，而且还必须重视促销工作，它是当代企业经营成功的一个前提条件。促销包括以下几个方面的含义。

(一) 主要任务

促销的主要任务是沟通和传递信息。促销实质上是企业与消费者之间的信息沟通活动。通过这种沟通，企业把有关自身及所生产的产品、劳务的信息传达给消费者，使其充分了解企业及其产品、劳务的性质、特征、价格等，帮助其进行与消费有关的判断和选择，这是企业向消费者的信息传递。同时在促销过程中，作为买方的消费者，又把对企业及产品、劳务的认识和需求动向反馈到企业，引导企业根据市场需求进行生产，这是消费者向企业的信息传递。可见，促销的实质是生产者或经营者与消费者之间互相沟通信息的过程，这种沟通是卖方与买方之间的双向沟通。

(二) 最终目的

促销的最终目的是诱发购买行为。要达到这一目的，企业必须通过运用各种促销手段，吸引消费者对企业的形象或产品产生注意和兴趣，激发其购买欲望，促使其采取购买行为，实现产品和劳务的转移。

(三) 促销方式

促销的方式分为人员促销和非人员促销。人员促销是指推销人员通过与消费者面对面的口头洽谈说明，帮助、说服消费者产生购买的促销活动。在沟通过程中，人员促销在建立消费者对产品的偏好，增强信任感以及促成行为方面卓有成效。推销人员可以与消费者进行双向式的沟通，保持密切联系，可以对消费者的意见作出及时的反应，是一种传统的推广方式，也是一种最普遍、最基本的促销方法。它主要适合于在消费者数量少、比较集中的情况下实行，其针对性强，但影响面较窄，成本比较昂贵，而且优秀的推销人员并不是随处可觅的。非人员促销是指企业借助广告、公共关系和营业推广等媒介，传递企业或产品信息，促使消费者产生购买欲望和购买行为的一系列活动。非人员促销是一种间接的促销途径，它主要适合于消费者数量多、比较分散的情况，其针对性较差，但影响面较宽。企业在促销活动过程中，通常将人员促销和非人员促销两种方式结合运用。

二、促销的作用

（一）传递信息

这是促销最基本的作用。市场交换包括卖方和买方，要想使销售顺利进行，买卖双方就要互相沟通。一方面通过宣传将企业的形象及产品的性质、特点、作用等信息传递给消费者，以此来诱导消费者对产品或服务产生需求欲望，调动其购买的积极性；另一方面，通过信息反馈可及时了解消费者对产品的看法和意见，促使生产者、经营者改进产品和服务，更好地满足消费者的需求，迅速解决企业在营销活动中存在的问题，以适应市场需求，达到促进销售的目的。

（二）诱导需求

消费需求具有可诱导性。在市场上同类产品竞争激烈，但有时产品相互之间只有细微的差别，消费者往往不易觉察。企业通过人员促销、广告、公共关系和营业推广等促销活动，宣传本企业产品区别于其他竞争者产品的特点，就能使消费者认识到本企业产品给消费者带来的特殊利益，从而激发消费者产生购买本企业产品的欲望。而且适当的促销活动，可以使销售量得到某种程度的恢复，推动消费者重复购买。

（三）稳定销售

在同类产品竞争激烈的情况下，企业的市场份额往往呈现不稳定状态。通过促销活动，能够突出宣传企业的优势和产品特点，强调其带给购买者的独特利益，使消费者对企业的产品产生偏爱，提高企业在消费者心目中的地位和影响，扩大营销商品的知名度，使消费者增加购买企业商品的信心，即使在企业商品销售下降时，强有力的促销活动也往往能够重新激发消费者对这些商品的需求，使销售重新回升，稳定销售形势。

三、促销组合

促销组合是指企业根据产品特点和经营目标的要求，对各种促销方式进行的适当选择和综合运用。由于各种促销方式都有其优点和缺点，企业的促销组合，在选择采取哪一种或几种促销方式时，要确定合理的促销策略，即决定如何科学地组合运用人员推销、广告、营业推广和公共关系这 4 种促销手段，取长补短、相互协调，以较低的费用达到较好的效果，从而实现企业的促销目标，实现促销手段的最佳结合。

在某一个具体的促销活动中，人员促销和非人员促销往往同时存在，相互补充。不同的促销手段具有不同的特点，在传递沟通信息方面具有不同的优势，因此应有针对性地进行选择。一般来说，企业对工业品和消费品应采用不同的促销方式组合。企业在制定促销组合的时候应该充分考虑以下因素。

（一）促销目标

促销目标是企业进行促销活动所要达到的目的。它是根据企业的整体营销目标制定的，是企业整体战略目标的一个重要组成部分。企业在不同时期、不同市场环境下所执行的特定促销活动，都有其特定的促销目标。促销目标不同，促销组合也应有差异。

（二）产品类型

不同类型产品的消费者在信息的需求、购买方式等方面是不相同的，需要采用不同的促销方式和组合策略。一般情况下，从事价格昂贵、购买风险较大的耐用消费品或生产资料营销活动的企业，由于具有较集中的消费者、产品价值较大且技术含量较高，它们并不满足于一般广告所提供的信息，而希望能得到更为直接可靠的信息来源，在其促销活动中，企业更多采用的是人员促销。从事消费品经营的企业，如经营服装、化妆品等时尚性产品，以及消费者购买频繁的一般日用消费品的企业，由于具有广泛的消费者、产品价值比较小且技术含量较低，在促销组合中，广告的比重往往要大一些。随着竞争的加剧，无论是生活消费品还是生产消费品，公共关系和营业推广都将逐步成为重要的促销方式。

（三）产品生命周期

在产品生命周期的各个阶段，消费者对产品的了解和熟悉程度不同，因此企业的促销目标和重点也不一样，企业要适当地选择相应的促销方式和促销组合策略。在投入期，消费者对产品还不了解，该阶段促销的重点目标是尽快地让消费者了解认识新产品的性能和质量，其促销策略应采用各类形式的广告；在成长期，消费者已对产品有了较全面的了解和认识，促销的重点目标应是想方设法激发消费者的购买兴趣，其促销策略仍以广告为主，但重点在于宣传企业及产品品牌，树立产品特色；在成熟期，由于有大量的竞争者进入市场，为了在竞争中取胜，广告的内容应多侧重于强调产品的价值和给消费者或用户带来的利益，甚至使他们产生某种偏爱，同时，企业为提高市场占有率，应尽量运用人员推销及使用营业推广等方式来促进购买；在衰退期，企业要做的是尽快抛售库存，所以应该更多地使用营业推广，利用削价的方法。

（四）市场状况

制定促销组合要考虑目标市场的性质，不同的市场应该采取不同的促销组合。通常情况下，在地理范围狭小、买主比较集中且交易额大的目标市场上，可以考虑以人员推销为主，配合以广告策略进行组合，这样既能发挥人员推销的优势，又能节约广告费用；市场规模比较大、产品销售范围比较广泛的市场，适用电视、电台和报刊等媒体的广告宣传及公共关系为主并辅以其他促销方式。此外，企业还应考虑目标市场的其他特性，如消费者收入水平、风俗习惯和受教育程度等，结合自身的特点制定最佳促销策略。

（五）企业策略

企业有两种基本的促销策略：推动策略和拉引策略。推动策略是指将产品信息由推销人员从生产商传递到中间商再传递到最终消费者。推动策略一般适合于具有以下特征的产品：单位价值较高的产品，性能复杂、需要做示范的产品，根据用户需求特点设计的产品，流通环节较少、流通渠道较短的产品，市场比较集中的产品等。拉引策略是指企业通过广告等非人员的方式把产品信息传递给最终消费者，最终消费者首先增加需求，进而向零售商要求购买该产品；零售商则向批发商要求购买该产品；而最后，批发商会向企业要求购买该产品。这种策略更多的是针对最终消费者展开促销攻势。对单位价值较低的日常用品，流通环节较多以及流通渠道较长、市场范围较广且市场需求较大的产品，常采用拉引策略。

（六）促销预算

企业在考虑促销组合时，必须从企业自身能力出发，以能否支持某一促销方式的顺利进行为标准，因为每一种促销方法所需费用是不同的。一般来说，广告宣传的费用较高，人员推销次之，营业推广花费较小，公共关系的费用最少，但它们在不同时期的促销效果是不同的。企业在选择促销方式时，要根据企业的资金状况并结合其他因素，选择适宜的促销方法。

四、人员推销的含义和特点

（一）人员推销的含义

人员推销是企业的推销人员直接向消费者进行介绍、说服工作，促使消费者了解、偏爱本企业的产品，进而采取购买行为的一种促销手段。人员推销是推销人员帮助和说服购买者购买某种产品的过程。在这一活动中，推销人员要确认、激活和满足消费者的需求和欲望，并达到双方互惠互利的目标。这是一种最古老、最直接的促销手段，在现代企业市场营销活动中，人员推销依然起着十分重要的作用。

（二）人员推销的特点

同非人员推销相比，人员推销的最大特点是具有直接性，它作为不可取代的销售手段，有其独特的特点。

1. 机动灵活

推销人员在推销访问过程中可以直接展示商品，进行操作表演，帮助安装调试，亲眼观察到消费者的反应，并揣摩其购买心理变化，因而能立即根据消费者情绪及心理变化，有针对性地改进推销方式，提供销售前和销售后的服务，以适应各个消费者的行为和需要，最终促使交易达成。

2. 针对性强

广告所面对的范围广泛，其中有相当一部分根本不可能成为企业的消费者。人员推销在每次推销之前，可以选择有较大购买潜力的消费者，有针对性地进行推销，目标明确，因而，无效劳动较少，可以提高推销的成功率。

3. 亲和力强

作为人际沟通工具，推销人员通过同消费者面对面交流，消除疑惑，加强沟通。同时，双方在交流过程中可以建立起信任和友谊关系，因为推销人员都知道，满足消费者需要是保证销售达成的关键，所以，推销人员总是愿意在许多方面为消费者提供服务，帮助他们解决消费问题，这为长期交易打下了坚实的基础。

4. 反馈及时

推销人员在与消费者的直接接触中，能及时带回消费者的意见和建议，并迅速反馈给企业，以指导企业经营，促使企业随时调整营销策略，使产品更加符合消费者的需要，有利于企业提高决策能力。

5. 竞争性强

推销人员在一定的利益机制驱动之下很容易产生竞争，从而能促使销售实绩不断上升，会使这一工作做得更好。

6. 推销费用高

当市场广阔而又分散时，由于推销人员受人数和素质的限制，其活动范围有限，接触用户的面不如广告宣传传播广泛。同时，推销人员耗费时间多，支出费用大，管理也较困难。

五、人员推销的任务和形式

（一）人员推销的任务

1. 传递信息

与现实的和潜在的消费者保持联系，及时把企业有关产品及其他相关信息传递给消费者，以促进产品销售，并了解他们的需求，沟通产销信息，成为企业与消费者联系的桥梁，同时，收集和反馈有关竞争产品的信息。

2. 开拓市场

推销人员不仅要了解和熟悉现有消费者的需求动向，而且要尽力寻找新的目标市场，发现潜在消费者，从事市场开拓工作。

3. 销售产品

推销人员通过与消费者的直接接触，运用推销艺术，分析解答消费者的疑虑，说服消费者购买，从而达成交易。

4. 提供服务

推销人员不仅要把产品销售给消费者，还需代表公司提供其他服务，如业务咨询、技术维修和融资安排等，帮助消费者解决实际问题，满足消费者实际需要。

5. 搜集信息

推销人员可利用直接接触市场和消费者的便利，进行市场调查和情报的搜集工作，并且形成调查报告，为企业开拓市场和制定营销决策提供依据。

（二）人员推销的基本形式

随着商品经济的发展，市场营销活动的广泛进行，人员推销的形式日益丰富，大多数企业经常采用的形式主要有以下几种。

1. 上门推销

由推销员携带样品、说明书和订货单等，上门走访消费者，推销商品，这是最古老的推销形式，被大多数企业和公众广泛认可和接受。

2. 柜台推销

企业在一定地点开设固定营业场所，由营业人员接待进入商店的消费者，销售商品。

如批发商和零售商的营业员，以及服务性企业的服务员，他们在和消费者当面接触和交谈中，介绍商品，回答问题，洽谈成交，这种形式非常普遍。汽车销售顾问在销售大厅对顾客的顾问式销售，就属于这种推销方式。

3. 会议推销

会议推销即企业利用各种形式的会议，介绍和宣传商品，开展推销活动的一种形式。如洽谈会、订货会、展销会、供货会等都属于会议推销的一种形式。这种推销形式具有群体性、接触面广、推销集中且成交额大的特点。在推销会上，往往许多企业同时参加推销活动，同行之间接触广泛，影响面大，各自都有明确的目标，只要商品对路，价格合理，就容易达成大批量的交易。

六、人员推销的过程

不同的推销方式可能会有不同的推销工作程序。通常情况下，人员推销包括以下 7 个相互关联又具有一定独立性的工作程序。

（一）寻找消费者

推销工作的第一步，也是最基础性和关键性的一步，就是找出产品的潜在消费者，哪些消费者能够成为自己的目标消费者？这取决于推销人员的识别能力。识别有误，会使销售的成功率下降，推销人员要善于挖掘与识别不同的潜在消费者，并采取相应的应对措施，提高人员推销的成功率，所以寻找并识别目标消费者应当是推销人员的基本功。

（二）前期调查

推销人员在找到潜在消费者后，要进一步针对对方的具体情况搜集有关资料，如目标消费者的需求类型、经济实力、谈判方式和购买方式等，这有助于推销人员制定面谈计划并开展积极主动的推销活动。

（三）接近消费者

接近消费者是指推销人员直接与目标消费者发生接触，以便成功地转入推销面谈。推销人员在接近消费者的过程中，应注重礼仪，稳重自信，把握消费心理，引导、启发和刺激消费者的注意和兴趣。

（四）介绍和示范

在对目标消费者已有充分了解的基础上，推销人员应当根据所掌握的情况，有针对性地介绍目标消费者可能感兴趣的方面。这个阶段是整个推销活动的关键环节，必要时，应主动地进行一些产品的使用示范，以增强目标消费者对产品的信心，提高销售的成功概率。

（五）排除异议

推销不可能是一帆风顺的，在大多数情况下，消费者对推销人员的销售都会提出一些质疑，甚至给予拒绝。推销人员只有善于排除这样的障碍，才能顺利地完成销售任务。排除障碍的有效办法是把握产生异议的原因，对症下药。

（六）达成交易

达成交易是消费者接受推销人员的建议并作出购买决定和行动的过程。此时，推销人员应当注意不要疏漏各种交易所必需的程序，应当使交易双方的利益得到保护。

(七) 跟踪服务

达成交易并不意味着整个推销活动的结束，推销人员还必须为消费者提供各种售后服务，如安装、维修、退换货和定期访问等，从而消除消费者的后顾之忧，树立信誉，以促使消费者产生对企业有利的后续购买行为和吸引新的消费者。因此，跟踪服务既是人员推销的最后一个环节，也是新一轮工作的起点。

知识拓展　推销人员的管理

(一) 推销人员的素质要求

人员推销的关键在于推销人员。推销人员素质和能力的高低直接关系推销绩效，以及企业的优良形象，因为推销人员不仅是企业的代表，也是购买者的顾问，即推销人员肩负着企业和购买者之间沟通的任务，这就要求推销人员具备较高的业务水平。一个合格的推销人员，应具备以下素质。

1. 对企业和产品的高度热忱和扎实的工作作风

推销人员既是企业的代表，有着为企业推销产品的职责；同时又是消费者的顾问，有着为消费者的购买活动当好参谋的义务。因此，推销人员既要想企业之所想，急企业之所急，又要想消费者之所想，急消费者之所急。从消费者的利益出发，推销人员应具有“用户第一”、“消费者至上”与“消费者是上帝”的思想，全心全意地为消费者提供周到的服务。“双赢”才有利于企业今后的发展。

2. 丰富的业务知识

推销人员必须具备各方面的知识和才能，从而能够引导和说服消费者购买。一般来说，推销人员必须具备以下方面的知识。

(1) 企业知识。

掌握企业的历史渊源、发展状况、在同行业中的地位及在社会中的声誉、企业的经营方针、企业的销售策略、产品种类及服务项目、企业的定价策略、交货方式和付款条件等。

(2) 商品知识。

了解本企业商品的性能、用途、价格、维修及管理程序等，以及竞争者的产品情况，这样可以保证在和购买者进行洽谈时，将更加灵活和有针对性。

(3) 消费者知识。

掌握消费者的心理，了解谁是采购的决策者、购买习惯、购买条件、购买方式、可能的购买时机等有关的情况。

(4) 市场营销知识。

掌握市场营销的基本知识和技能，从而可以在市场上灵活地开展销售活动。

(5) 政治法律文化知识。

推销人员应认真学习并努力掌握当代社会的政治、经济、法律和文化等知识，以便使自己的销售行为更符合市场的要求。

3. 较强的实际工作能力

合格的推销人员应具有业务推销能力、处理人际关系的能力、为消费者服务的能力以及较强的应变能力。因此，推销人员要善于接近消费者，了解消费者的需要、喜好和习惯等。要选定适当的推销消费者和推销时间，对不同性格的消费者，要采取不同的推销方式，解除其种种顾虑，营造融洽的气氛，保持良好的礼貌和风度。

4. 个性素质

推销工作的特殊性决定了对推销人员的性格有特殊要求。合格的推销人员应该感情外露、热情奔放、活动能力强、行为举止端庄、外表修饰得体、平易近人、机智灵敏、善于接近各种类型的消费者和处理各种类型的事件，面对成功和失败，不骄不躁，能始终保持旺盛的精神状态。

(二) 推销人员的选择

推销人员的素质如何，是关系企业能否有效地开展市场营销活动的关键。因此，企业应十分重视推销人员的选拔与培训。企业对合格的推销人员应有明确的要求。一般来讲，理想的推销人员应具备的基本条件有：强烈的事业心、坚韧不拔的精神、丰富的专业知识和心理素质、良好的气质、熟练的技巧及语言表达能力、很强的逻辑判断能力和应变能力等。

选拔推销人员可以有两种途径：一是从企业内部选拔，企业内部人员对企业情况和产品情况比较熟悉，可以节省培训时间，有一定优势；二是从企业外部选拔，即在社会范围内选择作风正派、业务能力较强的人员，补充企业的销售队伍。其选聘的基本程序通常是由应聘人员先填写能表明本人基本情况的应聘表，据此判定其是否符合应聘的基本条件。符合企业选拔基本条件的即可接受面试和笔试，经过严格的考试之后，择优录用。

(三) 推销人员的培训

选聘推销人员只是销售队伍建设的第一步，接下来的重要任务就是对推销人员进行培训。培训内容要根据企业市场营销策略的特点和学员的实际情况来确定。一般来说，培训包括以下几个方面内容。

(1) 了解企业的情况，包括历史、目标、组织、财务及主要产品及销售量情况。

(2) 熟悉产品的情况，包括产品的制造过程、产品质量、性能、型号及各种用途。

(3) 掌握消费者的情况，如消费者的需要、购买目的、购买习惯等。

(4) 了解竞争者的情况。"知彼知己"，才能在向消费者推销产品时扬长避短，充分展示企业和产品的竞争优势。

(5) 掌握销售技能，如聆听技能、表达技能、调研技能、时间管理技能、消费者服务技能、组织技能、交易技能等。

(四) 推销人员的激励

为了调动推销人员的积极性，扩大产品的销路，企业需要从各个方面着手制定激励措施，使推销人员感到个人的价值，从而发挥最大的价值。

用于激励推销人员的方法有很多，概括起来分为两类：一类是精神激励，是指对做出优异成绩的推销人员给予表扬，授予荣誉称号等激励推销人员努力工作的措施；另一类是物质激励，是指企业以实际的物质报酬来调动推销人员的工作积极性，具体方式有以下几种。

1. 薪金制

企业每月按固定的工资标准支付推销人员一定的薪金和从事推销所必需的费用

津贴等。这种方法的优点是企业容易掌握推销人员的推销费用，在最大程度上控制推销人员的工作，并使推销人员在收入方面有所保障，能够产生安全感，从而能大胆地开展推销工作。其主要缺点是这种报酬形式使成绩和所得脱节，不利于调动推销人员的积极性，企业要花较多的精力对每个推销人员进行控制、评价和奖罚。这种形式适用于不直接取得订货的推销人员，如产品宣传员和主要从事技术服务的销售工程师。

2. 直接佣金制

企业按推销额或利润的一定比例向推销人员支付报酬。这种形式刺激性强，使收入水平和销售情况相吻合，有利于调动推销人员的积极性，在企业不负责推销费用的情况下，有利于节省费用。但这种方法重刺激轻管理，推销人员往往忽视同收入无关的活动，不愿去做那些非直接销售的工作，如服务工作、情报工作和编写销售报告等。

3. 混合制

企业把薪金制和佣金制相结合，可较好地综合它们的优点而又避免各自的缺点，这种方法既能调动推销人员的积极性，又能对推销人员的工作加以有效的控制与监督，促使推销人员去完成必要的促销任务，保证推销人员的个人利益。特别在经济萧条时，企业既能降低推销费用，又能使推销人员具有一定的稳定收入。

技能训练：分析推销在汽车营销中的适用条件。

学习任务二

学习目标：熟悉广告、公共关系和营业推广等促销手段。

任务导入：促销手段除了人员推销外，还有广告、公共关系和营业推广等。

一、广告的含义及作用

广告是企业促销组合中的一个十分重要的组成部分，随着商品经济的迅速发展，市场竞争的日趋激烈，以及传播手段的飞速进步，生产者和经营者越来越需要借助广告来进行产品宣传。广告作为一种经济现象，无处不有，无时不在，具有不可忽视的沟通产销的媒介作用。

（一）广告的含义

一般提到广告，都是指经济广告或商业广告，是指商品经营者或服务提供者承担费用，通过一定媒介和形式直接或间接地介绍企业所推销的产品或者所提供服务的商业活动。它通常以盈利为目的。从广告定义可见，广告是由广告主、广告信息、广告媒体和广告费用等四个要素构成的。

1. 广告主

广告主即广告的主体，是将信息传递给大众的当事人，包括各类企业、组织或个人。

2. 广告信息

广告的主要内容是传播商品或劳务方面的经济信息，包括产品的性能、质量、功效、价格、品牌等。

3. 广告媒体

广告媒体是指传播广告信息的中介物，即广告主与广告对象之间的信息传播是通过特定的媒体来进行的。

4. 广告费用

广告活动的费用，指对租用任何一种广告媒体都要支付一定的费用。

广告上述四要素缺一不可，否则就构不成一个商业广告。

(二) 广告的作用

广告是企业产品促销的重要手段之一，广告对企业促销产品有如下作用：

1. 传递信息、沟通供需

广告最基本的作用是借助于各种传播媒介向市场提供有关产品的信息，使消费者在任何时间、任何地点都能获取商品和劳务的信息。

2. 激发需求、促进销售

通过广告的启发和诱导，吸引消费者的注意力，使其对产品发生兴趣，甚至是偏爱，从而激发消费者的购买欲望，变无需求为有需求，变潜在需求为现实需求，从而扩大购买。

3. 树立产品形象、提高企业知名度

市场中商品繁多，消费者选择性较强，企业通过广告可以使产品家喻户晓，在消费者心中树立起企业形象和产品形象，赢得消费者的青睐，以巩固和扩大市场占有率。

4. 介绍商品、引导消费

随着现代科技的迅猛发展，新产品层出不穷，消费者不易认识和分辨，企业可以通过各种宣传媒介把新产品的知识和现代生活观念灌输给消费者，使消费者能及时、方便、准确地购买适合自己需要的商品。

5. 传播文化、丰富生活

从某种程度来讲，广告是一种艺术，一个好的广告也是一件精美的艺术作品。广告作为一种文化活动，丰富了人们的物质生活和精神生活，它不仅真实地向人们介绍了商品，满足了人们物质的需要，同时还给人们以精神上的享受，陶冶了情操，起到了传播文化、丰富生活与促进精神文明建设的作用。

二、广告媒体的选择

(一) 广告媒体的类型

广告媒体是广告信息的载体和传播技术手段，广告信息是在广告公司的制作加工之后，通过媒介发送给广大消费者的，因而广告媒体在广告市场上起着重要的作用。可以说，没有广告媒体，广告的传播信息功能就终止了，广告的目的也就无法得以实现。早期的媒体有叫卖声、鼓声、酒幌子和招牌。现代广告媒体举不胜举，一般可以分为以下几类：

1. 印刷媒体

印刷媒体是指在广告的制作、宣传中利用印刷技术的媒体，如报纸、杂志、信函、传单、说明书及其他各种印刷品。

2. 电子媒体

电子媒体是利用电子技术进行广告宣传的媒体，如广播、电视、电影和网络等，这一类媒体在近年来的发展变化尤其突出。

3. 户外媒体

户外媒体是在户外公共场所，使用广告牌、霓虹灯、气球、灯箱、邮筒、电话亭等公共设施进行广告宣传的媒体，如招贴、路牌广告和灯箱广告等。

4. 交通媒体

交通媒体利用汽车、火车、轮船等交通设施进行广告宣传，因其目标较大，容易引起受众的注意，被誉为城市中“流动的美术”。

5. 实物媒体

实物媒体包括产品样品、模型、包装装潢、礼品和标识徽章等。

6. 其他媒体

其他媒体包括烟雾、空中飞机、飞艇、热气球、街道、服装、岩石、海滩、海底等，也都曾被用作广告媒体。

（二）几种主要的广告媒体的特点

在以上各类媒体中，报纸、杂志、广播、电视是公认的四大广告媒体，也是我国当前主要的广告载体。

1. 报纸

报纸不仅是新闻传播的主要工具，而且是目前世界各国选用的主要广告媒体。报纸作为一种广告媒体，最早出现在17世纪中期，时至今日，虽然受到广播、电视的挑战，但它仍然是传播信息的主要工具，是主要的广告传播媒体。报纸广告的优点是制作简单，方便灵活，费用低廉，宣传覆盖面广。报纸作为广告媒体也有一定的缺陷，即时效性短，只能当日阅读，过后则往往无人问津；内容复杂，广告版面小，表现形式单调；阅读仓促，难以形象地表现产品外观与特征。

2. 杂志

杂志作为广告媒体，其优越性是专业领域分布广泛，各种杂志本身特征明显，每一种杂志都有特定的读者群，因而广告的对象明确，宣传针对性强、效果好，而且保存时间长，信息利用充分，另外，杂志广告制作精良，画面生动鲜艳，能逼真地表现出商品的特性，有极大的吸引力。杂志广告的局限性是读者面较窄、传播范围小。专业杂志只适应于专业性的广告，出版周期长，时效差，制作比较复杂，成本费用高。

3. 广播

广播是传播信息最迅速、覆盖面最广的一种媒体。通过电台向消费者介绍产品特点及选购方法，是听觉广告。其优点是语言和音响效果的传播不受时空限制，传播速度快，传播的对象也很广泛，空间范围大，可以在最短时间内把信息传到千家万户，灵活性极强。广播可以多次重复，加深人们的印象。其局限性是只依靠声音传递信息有声无形，印象不深，盲目性较大，选择性较差，无法查阅研究，很难保存。

4. 电视

电视集图像、色彩、声音和活动于一身，是现代生活中不可缺少的信息交流工具，是现代化广告媒体。其具有覆盖面广，收视率高，画面形象生动，表现手法丰富，感染力强，宣传效果好，促销作用明显的特点。其局限性是制作、播出费用较高，中小企业难以承受，电视信息不易保留，一晃即逝，目标观众不易选择，针对性差。

（三）广告媒体选择的影响因素

广告媒体种类很多，各有优缺点，除了要分析各种广告媒体的特点外，还要研究如何正确地选择广告媒体，才能把商品或服务信息及时、有效地传递给消费者。企业在合理选择广告媒体时需要考虑以下因素。

1. 广告媒体的传播范围

这是指广告媒体所能传播到的区域范围及视听人数，不同的媒体传播的范围有大有小，能接近的人口有多有少，由于广告的最终目的是为了销售，所以企业在选择广告媒体时，应把产品销售的地理范围与广告媒体所能传播到的范围统一起来。如果是面向全国市场的产品，本企业又有巨大的资本能力及扩产潜力，就可以选择有全国影响的电视、广播、报刊等媒体做广告；只是在局部地区销售的产品，则宜选择地区性报刊、广播电台和电视台作为广告媒体。

2. 消费者接触媒体的习惯与接受能力

对不同的广告媒体，消费者接触的习惯和偏好不同，企业应选择目标消费者经常接触的媒体，以便最有效地把信息传递给目标消费者，引导他们产生兴趣。如体育用品的目标消费群有观看体育类节目的习惯，媒体就可以选择体育频道或体育类报刊、杂志；妇女用品广告，刊登在妇女杂志上效果较好；面向学龄前儿童的广告，最好的媒体是电视。此外，还必须根据消费者的接受能力来选择广告媒体，才能保证广告信息被准确传达。如在文盲率较高的地区，报纸、电视机普及率不高，在电视上尤其报刊上做广告也是不适宜的；交通条件不便的地区，可能只有广播是比较好的传播媒体。

3. 商品的性能和特点

商品本身的性质、特点是选择广告媒体的重要根据。不同的商品其性能、特点各不相同。一般而言，生产资料技术性强、结构用途复杂的商品，较多地采用报纸、专业杂志、产品说明书、信函等印刷媒体，可对企业产品作详细的说明介绍；对于一般的日用消费品、高档耐用消费品则宜采用广播或电视媒体，能形象逼真地介绍商品的功能、特点与外观，能诱发消费者的购买欲望。如在电视里做服装、鞋帽广告，感兴趣的人就会多，广告效果就比较好，具有感染力和说服力。

4. 广告媒体的成本

各媒体的费用差别是很大的，广告活动应考虑企业的经济负担能力。一般而言，电视、电影媒体的广告费用最高，广播、报刊次之，路牌、橱窗与招贴的广告费用则相对较低。企业应在分析各广告媒体特点的基础上选择使用，使之发挥最大的效力。

三、广告设计的原则

广告设计是营销人员根据企业所要传递的商品、服务信息，结合企业营销的内外部环境，运用广告艺术手段来塑造形象、传递信息的创作活动。在广告的实际设计过程中，要把各个方面巧妙地结合起来，把选定的广告主题生动具体、引人注目地表现出来，必须遵循以下原则。

（一）真实性

广告的生命在于真实，广告必须以事实为依据，只有实事求是地向消费者介绍产品的特点和使用价值，才有助于建立企业、商品的信誉，维护消费者的利益，这是广告法的核心内容。因此，企业及产品广告要真实、健康，切不可采取欺骗的手段，不宜使用含糊不清、模棱两可的言词，以免使广告内容与实际情况不相符合，损害消费者的利益。

（二）思想性

广告不仅是一种促销活动，而且还是传播意识形态的工具。广告的语言编写和图画的绘制，必须符合国家的方针、政策与法律法令，反映我国的时代特色和道德风貌。因此，广告设计在强调经济效益的同时，要注意内容的思想健康，要把形式美和内容美统一起来，以利于精神文明的建设。

（三）创新性

新颖和独特性对于广告有特殊意义。广告的活力在于创新，因为广告是通过运用美术、摄影、歌曲、音乐、诗词、戏剧、舞蹈、书法、绘画、文艺等丰富多彩的艺术形式，来生动活泼地表现它的主题。广告要给人以较高的艺术享受，要使消费者得到启发、受到感染，其形式就应不断创新，从而达到既能指导消费者，又能丰富和更新人们的精神生活的目的。

（四）简洁性

产品广告不是说明书，它受播放时间和刊登篇幅的限制，因此要简单明了、通俗易懂，为大众着想，站在大众立场上去思考和行动，以社会上大多数或目标市场的大多数人的接受度来评价广告的优与劣。如果内容庞杂，就会喧宾夺主，降低广告效果。因此，广告的文字、图画及其他部分要把选定的主题协调、和谐地用最通俗和最鲜明的方式表达出来，力争简洁醒目。

（五）针对性

广告的目的之一是刺激消费需求，因此广告的内容和形式要富有针对性，设计时必须针对不同消费者心理特征，采取不同的表现手法，做合乎科学、理性的介绍、证实和说明，以增强说服力。

除了以上几点，还应特别注意，广告内容要符合国家的政策、法令，如不得违反国家《广告法》，不得有歧视性语言，不得有政治性错误等。

四、广告设计的基本内容

广告设计的基本内容主要包括主题设计、文稿设计、图画设计和技术设计四个部分。

（一）主题设计

广告主题必须明确。广告主题应当唯一、突出，设计应围绕一定的目的展开，尽管一个企业或产品的不同广告作品可以拥有多个主题，但每一则广告的主题却只能是唯一的，它不可能包括广告内容的所有信息，但必须传递最主要、最富特色或优势的信息。一个别致、新颖、独特且醒目的广告主题，有助于唤起消费者的兴趣，引起消费者的注意，如果主题含糊不清，那么就难以使消费者产生共鸣及购买欲望。

（二）文稿设计

广告文稿是表现广告主题和内容的文字材料，在广告的实际制作中，它常与广告主题一起被统称为广告文案。广告文稿是传递广告信息的主要部分，一般由 3 方面的要素构成，即广告标题、口号和正文。广告标题即广告的题目，一个好的广告必须有引人注意的标题。一个别致、新颖、独特及醒目的广告标题，能够唤起消费者的兴趣，引起消费者的注意，起到画龙点睛的作用。因此，企业应在广告标题上不断创新，推出多种多样的广告标题策略。广告口号，又称广告语，是反映商品基本特征或企业形象的一种相对固定的宣传语句，广告口号是广告文稿的重要内容，好的广告口号不仅能够传递信息，甚至会因脍炙人口而在大众中广为流传，成为企业或产品的特定标志。广告正文是广告的主要部分和精髓。其主要功能是把标题提示的内容进一步具体化，能说明产品的基本功能、特征，直接向受众传达信息，以期引起他们购买商品的欲望。在结构上，广告正文一般包括开头、主体及结尾 3 个部分，在表达题材上，正文经常采用陈述式、对话式、论述式、幽默式和文艺式等。企业究竟选择什么样的广告正文，要依据企业性质、营销目标、产品和媒体特点来决定，而不能随心所欲、任意选择。

（三）图画设计

广告图画是广告艺术化的突出反映，指运用线条、色彩组成图案对广告主题进行表达。一个好的广告，往往有一个好的广告画面。优美的广告画面，不仅具有强烈的经营意图和思想，而且具有色彩配合、画面分割和视觉规律等艺术享受。企业只有根据广告的主题、正文进行广告画面创新，才能达到预期的广告促销效果。广告画面创新策略很多，通常可供选择的有对比式画面、写实式画面、夸张式画面、寓意式画面、比喻式画面、卡通式画面、悬念式画面、连续式画面等，无论哪一种广告，图画的作用都是不言而喻的。图画的主要作用，一是吸引受众注意，强化受众记忆；二是显露广告的主题和内容；三是愉悦受众精神，美化社会环境。

（四）技术设计

技术设计是广告设计中的最后一道环节，也是由广告设计向广告制作的过渡。不同的广告形式，技术设计的重点也不一样。就平面广告而言，技术设计的重点应体现在版面布局上，即要确定广告面积的大小，广告各部分的位置、形状等。而广播广告由于其听觉效果非常强，技术设计的基本内容主要指音响与文字的和谐搭配，包括广告歌词的谱曲、背景音乐的选择及播音或对话语气的界定等。在电视广告中，技术设计偏重于场景的布置、人物的造型、音乐的穿插等。总的来讲，技术设计就是将广告设计中的所有元素进行最佳组合，使广告效果尽可能地理想化。

五、广告效果的测定

广告效果，通常是指广告信息通过广告媒体传播后所产生的社会影响和效应。这种影响和效应主要包括两个方面，一是对企业产品促销的效应，称为销售效果；二是企业与社会公众的有效沟通效应，称为传播效果。测定这两种广告效果有助于企业更有效地制定广告策略，降低广告费用，提高广告效益。

（一）销售效果的测定

广告促销效果的大小，以广告活动实施前后商品销售量的增减为衡量标准，监测广告对产品销售量的影响。常用的指标有以下几种：

1. 销售增长率

销售增长率是指广告实施后销售额相对广告实施前所增长的比率，它在一定程度上反映了广告对促进产品销售所发挥的作用。但是由于销售增长的因素比较复杂，单以销售增长率来评价广告促销效果不一定准确，所以通常是将销售额的增长情况同广告费的投入情况相比较，以求更确切地反映广告的促销效果。

2. 广告增销率

广告增销率是指一定时期销售额的增长幅度与同期广告费投入的增长幅度的比率，以反映广告费增长对销售带来的直接影响。

3. 广告占销率

广告占销率是指一定时期内企业广告费的支出占该企业同期销售额的比例。这也是一种通过广告费和销售额的比较来反映广告效果的方法。广告占销率越小，表明广告的促销效果越好。

4. 单位广告费收益

单位广告费收益是以平均每元广告费支出所带来的促销收益来评价广告的一种方法。这个指标不仅可用于考察这个时期的广告费的效益，也可用于不同媒体或不同地区的广告效果的分析比较，有利于企业作进一步的广告决策。

（二）广告沟通效果的测定

主要是测定消费者对广告信息的接收、注意、兴趣和记忆等心理反应的程度。一般可以通过以下指标来分析：

1. 接收率

接收率一般是指接收该媒体广告信息的人数占目标市场总人数的比率。接收率是对广告受众接收广告的情况所进行的定量测试，以此来评价广告传播的广度和深度。

2. 注意率

注意率说明了广告被接收的最大范围，了解视听者的认知程度，反应了广告的接收广度。

3. 阅读率

阅读率是指通过报纸、杂志阅读广告的人数和报刊发行量的比率。阅读率越高，对广告的认识率就越高，广告效果就越好。在一定程度上说明了广告被接收的深度，但由于大多数人可能只是粗略地阅读广告，所以阅读率基本上只能算是一个接收广度的指标。

4. 知名率

这是指在被调查的对象中，有多少百分比的人了解企业及其产品。知名率的考察往往是通过广告前后的对比进行的。若广告后企业的知名度大为提高，则说明企业的广告效果十分理想。

5. 好感率

这是指在看过广告的人当中，有多少百分比的人对企业及其商品产生了好感。广告活动是一种经济活动，它是以大量的广告费用为代价的，因此任何一位企业主都不可能漠视其广告的效果，虽然广告效果的评价属于事后评价，但它却可以在总结前期活动的基础上，有效地指导下一步的广告计划和广告策略。

六、公共关系的含义

公共关系是指一个组织通过信息传播手段，为改善与社会公众的联系状况，为与社会各界公众建立良好的关系，为树立良好的组织形象而进行的一系列活动。

企业公共关系是近年来发展起来的一门独特的组织管理技术，它有利于树立企业的良好形象，以赢得企业内外相关公众的理解、信任、支持与合作，有利于企业创造良好的市场营销环境。

与广告和营业推广一样，公共关系也是一种重要的促销方式，包含以下具体内容：

（1）公共关系是与企业相关的社会公众的相互关系。这些社会公众主要包括：供应商、中间商、消费者、竞争者、金融机构、保险机构、政府部门和新闻传媒等。企业每时每刻都与这些公众发生经济联系和社会联系。

（2）公共关系的核心是建立良好的企业形象。企业所开展的一切公关活动都是围绕建立良好的企业形象来进行的。企业形象一般是指社会公众对企业的综合评价，表明企业在社会公众心目中的印象和价值。良好的企业形象，可促使企业在其竞争中占据有利地位。

（3）公共关系的最终目的是促进商品的销售和提高市场的占有率。企业的营销目的是满足消费者需求，因此，企业应主动地研究消费者的相关信息，生产适销对路的产品，只有这样才能促进商品的销售。

七、公共关系的特点

公共关系是一种隐性的促销方式。它是以长期目标为主的间接性促销手段，其主要特点有以下几个方面：

（一）长期性

公共关系的总体目标是树立企业的良好形象，而企业形象的建立是通过企业内部的经营管理、人员素质、企业信誉、产品质量和服务质量等各方面完整地呈现在公众面前的。这些工作的完成需要企业长期不断的努力，通过各种公关策略的运用，得到社会公众的理解、支持，从而能长时间地促进销售，占领市场。

（二）沟通双向性

即一方面将企业各方面的信息传播给社会公众，使其了解企业及企业的产品，另一方面又运用各种手段和技术收集信息，为不断健全、完善企业形象与产品形象提供依据。

（三）可信度高

许多人认为新闻媒体报道比较客观，受众收看、收听和阅读的概率和兴趣较大，比企业广告更加可信。

（四）间接促销

公共关系强调企业通过积极参与各种社会活动，宣传企业营销宗旨、联络感情与扩大知名度，从而加深社会各界对企业的了解和信任，达到促进销售的目的。

（五）影响的多元性

一个企业周围的公众是多元的，主要有 6 种，即消费者（用户）、供应商、社区、媒介、政府和企业内部职工等。

(六) 成本低廉

公共关系主要是利用信息沟通的原理和方法进行活动，它比广告成本少得多。如企业提供一个有趣的或有意义的活动，传媒就会争相报道，企业可以不用付费，并且能产生较大的轰动效应。从投入和产出之比来看，公共关系是所有促销方式中成本最低的。

八、公共关系的活动方式

公共关系活动是一门综合性的艺术，实现公关目标，就必须善于运用各种公关活动方式。企业常用的公关活动方式有以下几种。

(一) 通过新闻媒介传播企业信息

这是企业公共关系最重要的活动方式。企业可通过新闻报道、记者招待会、人物专访和记事特写等形式，利用各种新闻媒介对企业的新产品、新措施与新动态进行宣传，并邀请记者参观企业，还可撰写各种与企业有关的新闻稿件。新闻宣传不需要支付费用，这不仅可以节约广告费用，而且由于新闻媒介的权威性和广泛性，使得它比广告更为有效。

(二) 加强与企业外部公众的联系

企业应通过同社会各方面（政府机构、社会团体以及供应商、经销商）的广泛交往来扩大企业的影响，改善企业的经营环境。通过同这些机构建立公开的信息联系，来争取它们的理解和支持，并通过它们的宣传，加强企业及其商品的信誉和形象，可以向它们赠送企业产品或服务项目的介绍和说明、企业月报、季报和年报资料等。

(三) 企业自我宣传

企业还可以利用各种能自我控制的方式进行企业的形象宣传。如在公开的场合进行演讲；派出公共关系人员对目标市场及各有关方面的公众进行游说；印刷和散发各种宣传资料，如企业介绍、商品目录、纪念册等，有条件的企业还可创办和发行一些企业刊物，持续不断地对企业形象进行宣传，以逐步扩大企业的影响。

(四) 借助公关广告

通过公关广告介绍宣传企业，树立企业整体形象。公关广告的目的是提高企业的知名度和美誉度，公关广告的形式和内容可概括为 3 种类型：

(1) 致意性广告，即向公众表示节日庆祝，感谢或道歉等。

(2) 倡导性广告，即企业通过广告向社会倡导某种活动或提倡某种新观念。

(3) 解释性广告，即就某方面情况向公众介绍、宣传或解释，如建立与消费者的联系制度，为消费者排忧解难。

(五) 举行专题活动

通过举行各种专题活动，扩大企业的影响。这方面的活动包括：举办各种庆祝活动，如厂庆、开工典礼、开业典礼等；开展各种竞赛活动，如知识竞赛、技能竞赛等；举办技术培训班或专题技术讨论会等，从而扩大企业的影响力。

(六) 参与各种公益活动

通过参与各种公益活动和社会福利活动，协调企业与社会公众的关系，树立良好形象。这方面的活动包括：安全生产和环境保护、赞助文体等社会公益事业和为社会慈善捐助等。

九、营业推广的含义和特点

（一）营业推广的含义

营业推广，也叫销售促进，它是指企业在特定的目标市场中，为刺激消费者的需求，吸引消费者购买而采取的特种促销手段。简言之，这是一种直接刺激以求短期内达到效果的促销方法，其着眼点在于解决较为具体的促销问题。它与广告、公共关系、人员促销不同，后三者一般是常规的、持续的，而营业推广则是非常规性的，是一种辅助促销手段，一般用于暂时的和额外的促销工作，其短期效益比较明显。营业推广手法多样，根据不同对象、不同产品可相应采取如赠送样品、陈列、演出、展示和有奖销售等不同措施。

（二）营业推广的特点

营业推广的形式多种多样，一般都具有以下特点：

1. 见效迅速

营业推广的许多形式，对消费者或用户具有相当的吸引力，特别是对那些想买便宜商品的消费者，它告诉消费者这是不会再有的机会，使消费者有一种机不可失的紧迫感，因此营业推广能够很快见到成效。

2. 自降价值

营业推广的有些做法给消费者的印象是急于求成。如果频繁使用或使用不当，会引起消费者的怀疑和反感，误认为企业急于推销的产品在质量、价格等方面存在问题，从而有损产品或企业的形象，降低产品的身价和地位。企业在采用营业推广方式时，应当研究这种副作用的可能性，避免频繁使用，并注意选择合适的时机，防止出现负面影响。

3. 非正规性和非经常性

营业推广是促销组合中其他促销方式的补充措施，任何企业都不能仅靠营业推广生存，它只具有暂时而特殊的促销作用，因此是非正规性和非经常性的促销活动。

十、营业推广的方式

营业推广是刺激和鼓励成交的手段。它包括对用户的营业推广、对中间商的营业推广和推销人员的营业推广。对用户营业推广是针对最终用户，这种形式通常为生产厂家或中间商所采用，主要是刺激消费者购买。对中间商的营业推广是生产厂家针对中间商所采用的促销手段，目的在于取得中间商合作与支持购买、销售企业产品，增强中间商的品牌忠诚度。对推销人员的营业推广是鼓励推销人员推销企业产品，刺激他们去寻找更多的潜在的消费者，努力提高推销业绩。

（一）对消费者的营业推广

营业推广的手段是多种多样的，企业在某些时期为了一定的需要而对消费者或用户开展一些营业推广活动，特别是厂商和零售商以及某些服务业更热衷于直接针对消费者开展推广活动。其推广的方式主要有以下几种。

1. 赠送样品

企业将一部分产品免费赠予目标市场的消费者，使其试尝、试用或试穿，样品可直接赠送，也可随销售其他商品时附送或凭企业广告上的附条领取。这种方式对新产品的介绍和推广最为有效。通过向消费者免费赠送样品来获取信息，了解使用效果，也是扩大销售量的做法。能让消费者真实感觉到新产品的特性所在。赠送的时机也要恰当，应与广告宣传同步，但这种促销方式所花的代价很大，对于一些使用周期长、易碎、体积庞大、笨重的商品和已经建立品牌地位的商品以及与竞争产品相比无明显优越性的商品不适宜采用。

2. 发放优惠券

企业向目标市场的部分消费者发放一种优惠券，消费者持优惠券到指定商店购买商品，可享受折价优惠，这种方式通常用在市场上已有一定影响的，且是一次性使用的，周期较短、需要经常购买的商品。优惠券可分别采取直接赠送或广告附赠的方法发放，是最能引起消费者兴趣的营业推广手段。但厂商要取得零售商的配合，需对零售商因减价而造成的损失给予必要的补偿。

3. 有奖销售

企业对购买某些商品的消费者设立特殊的奖励。如凭该商品中的某种标志（如瓶盖）可免费或以很低的价格获取此类商品或得到其他好处；也可按购买商品的一定数量（如10个以上），赠送一件消费者所需要的礼品。奖励的对象可以是全部购买者，也可用抽签或摇奖的方式奖励一部分购买者。这种方式的刺激性很强，常用来推销一些品牌成熟的日用消费品。

4. 产品陈列和现场示范

在零售现场占据某一醒目地位进行橱窗陈列、货架陈列与流动陈列，同时在销售现场用示范表演的方法，把产品的性能、用途和优越性逐一介绍给消费者，增加消费者对产品的了解，从而有效地打消消费者的某些疑虑，使他们接受企业的产品以刺激其购买。这种方法大多被应用于食品、化妆品和家用电器等的销售，特别适宜于推广一些新产品。

5. 产品展销

通过参与和举办各种形式的商品展销，将一些能显示企业优势和特征的产品集中陈列，边展边销，由于展销可使消费者在同时同地看到大量的优质商品，有充分挑选的余地，所以对消费者吸引力很强。展销可以以一个企业为单位举行，也可由众多生产同类产品的企业联合举行。若能对某些展销活动赋予一定的主题，并同广告宣传活动配合起来，则促销效果会更佳。常见的展销形式有为适应消费者季节购买的特点而举办的季节性商品展销、以名优产品为龙头的名优产品展销、为新产品打开销路的新产品展销等。

6. 附赠赠品

消费者在购买某一指定商品后，可以免费或以低价购得小赠品，附赠赠品既可以从竞争者那里吸引更多的消费者使用本企业产品；也可以防止竞争者涉足本企业产品的市场。针对一些儿童、妇女用品，赠送小礼品是一种常见的营业推广措施，它能有效地刺激销售，给消费者留下深刻印象。

7. 赠品印花

当消费者购买某一产品时，企业给予一定数量的交易印花，购买者将印花积到一定数额时，可到指定地点换取赠品。企业通过这种赠品印花的方式来招徕生意，扩大销售。赠品印花的实施，可刺激消费者大量购买本企业的产品，扩大企业的市场占有率。

8. 折价券和消费卡

折价券（或优惠券）就是给持有人一个保证，即持有人在购买某种商品时可凭此券免付一定金额的钱。折价券可以邮寄，附加在其他商品中，或在广告中附送，多被厂商采用。消费卡多被零售业、服务业采用，持卡人凭卡消费可以享受一定的折扣。消费卡既可以免费有目的地发放，也可以收取一定的费用售出。这种形式可以培养固定的消费者。

9. 特价包装

特价包装就是向消费者提供低于正常价格出售商品的一种方法，其做法是生产厂家把原来的正常价格和现订的优惠价格同时标明在商品的包装或商品标签上，消费者购买商品时，可以按优惠价格付款。特价包装这种促销手法对刺激短期销售十分有效，已被许多厂商所利用。如 5 包洗衣粉包装在一起，标价只相当于原来 4 包的价格。

10. 消费信贷

这是通过赊销、分期付款等方式向消费者推销产品，消费者不用支付现金或只支付部分现金即可先期取得商品使用权。对商品房、汽车等大件特殊商品，消费信贷有明显的促销作用，消费信贷的形式有分期付款、信用卡等。

11. 竞赛、游戏

这是通过生产厂家或零售商组织消费者参与有关活动，让消费者有某种机会去赢得一些奖品，作为他们参与活动的回报。赢得的奖励有现金、实物和免费旅游等。这种方法可以扩大企业和产品的知名度，引起消费者的兴趣。

12. 特价销售

为度过某些销售淡季或迎接某些特定节日，厂商或零售商往往会开展一些优惠酬宾、折扣让利等活动，这是一种向消费者提供低于常规价格的商品销售方法，用以刺激消费者购买，是企业较常用的方法之一。企业应根据实际需要灵活设定商品的销售价格、销售时间和品种数量等。这种方式不能经常使用，否则会给消费者带来清仓处理的感觉，不利于企业的长远发展。

13. 产品保证

产品保证是一种重要的促销工具，特别是消费者对产品质量非常敏感时，生产厂家向消费者作出产品质量保证，如发放信誉卡、保证质量若干年、购买后一段时间退换货等，可以增加消费者对此项产品的信心，但企业需要仔细估计可能产生的销售价值及其潜在成本。

（二）对中间商的营业推广

对于中间商企业，通常可采用以下一些营业推广的手段：

1. 展览会和交易会

同对消费者的营业推广一样，制造商也可以通过举办或参加各种商品交易会或展览会的方式来向中间商展示其产品，并进行操作示范表演。这种推广手段可以使展览会举办单位和展出产品的厂家更好地联系老消费者，发展、招徕新消费者。由于这类交易会或博览会能集中大量优质产品，并能形成对促销有利的现场环境效应，对中间商有很大的吸引力，所以也是一种对中间商进行营业推广的好形式。展览会中的营业推广如果配以广告和公关措施，则会取得更好的促销效果。

2. 批发折扣

企业为争取批发商或零售商更多购进自己的产品，在某一时期内可按批发商购买企业产品的数量给予一定的折扣，以鼓励购货者大量购买商品。批发折扣可吸引中间商增加对本企业产品的进货量，尤其是促使他们购进原先不愿经营的新产品。中间商可以利用这种购买折扣，得到立即实现的利润，以及广告或价格上的补偿，从而可以提高中间商销售产品的积极性。此外，还包括生产厂家对中间商赠送样品、纪念品，以此增进和稳定相互关系；发放刊物，以交流经验；开座谈会，从此帮助中间商改善经营管理、提高效率等。

3. 经销津贴

企业为促进中间商增购本企业产品，鼓励其对购进产品开展促销活动，并帮助企业推销产品，可支付给中间商一定的推广津贴，以鼓励和酬谢中间商在推销本企业产品方面所作的努力。推广津贴对于激励中间商的推销热情是很有效的。经销津贴，主要包括新产品津贴、清货津贴、广告津贴和降价津贴等。

4. 销售竞赛

企业如果在同一个市场上通过多家中间商来销售本企业的产品，就可以发起由这些中间商所参加的销售竞赛活动。根据各个中间商销售本企业产品的实际业绩，分别给优胜者以不同的奖励，如现金奖、实物奖，或是给予较大的批发回扣。这种竞赛活动可鼓励中间商超额完成其推销任务，从而使企业产品的销售量大增。

5. 代销

大部分企业生产的产品均可采用代销方式。其中对新产品、进行市场渗透的产品和企业滞销的产品开展代销业务对企业利益最大。代销基本形式有两种形式，一是企业寻找合适的代理商，达成交易后，企业付给代理商一定手续费或租金；二是企业委托经销商开展本企业产品销售的代理业务，商品销售之后，企业按商定比例留给经销商一定的手续费。

(三) 对推销人员的营业推广

针对本企业推销人员展开营业推广，其目的是鼓励推销人员积极开展推销活动。

1. 红利提成

红利提成的做法主要有两种：一是推销人员的固定工资不变，在固定薪资之外，从企业的销售利润中提取一定比例的金额，作为对推销人员的努力工作所给予的现金奖励。二是推销人员没有固定工资，每达成一笔交易，推销人员按销售利润的多少提取一定比例的金额，其提成比例按递增关系，销售利润越大，提取的百分比率越大。

2. 销售竞赛

销售竞赛目的在于刺激推销人员在一定时期内增加销售量，销售竞赛的内容主要包括推销数额、推销费用、市场渗透和推销服务等。企业明确规定奖励的级别、比例与奖金的数额，成绩优异、优胜者可以获得一定的现金、实物、称号、度假、进修深造、晋升和精神奖励等，以激发推销人员的工作热情。

3. 教育与培训

教育与培训是指向推销人员提供免费的业务培训和技术指导。

十一、营业推广方案的制定

企业市场营销人员不仅要选择适当的营业推广方式，而且还要制定具体的推广方案，其内容主要包括以下几个方面。

(一) 推广规模

企业在制定营业推广方案时，首先要决定营业推广的规模。营业推广活动要获得成功，一定规模的奖励是必要的，但如果超过一定限度，营业推广规模的扩大不一定会带来效益的递增，这要考虑成本与效益的关系。所以，企业确定营业推广的规模必须结合目标市场的实际情况来确定。

(二) 推广对象

营业推广的对象，既可以是目标市场中的全部，也可以是其中的一部分，一般来说，企业应选择现实的或可能的长期用户作为推广对象。

(三) 推广途径

不同方法的到达率、成本和影响水平不同，其费用也不同，必须选择既能节约推广费用，又能收到预期效果的营业推广方式来实现其推广目标。

(四) 推广期限

营业推广活动持续时间的长短要适当，不应过短或过长。过短会造成许多消费者未能及时接受营业推广的好处；过长将会使消费者产生对某种产品的不良印象，认为是变相减价或对产品质量产生怀疑，反而不能激发购买的积极性，导致推广费用大而效益小。

(五) 推广时机

企业应制定年度促销计划，规划全年应该在什么时候举行营业推广活动，通常要考虑产品的生命周期、消费者的收入状况、竞争状况、促销方式、各部门之间的协调配合等情况。

(六) 推广预算

这是制定推广方案应考虑的重要因素，预算是为了比较推广的成本与效益。促销成本是由管理成本（印刷费、邮寄费和活动经费）加上激励成本（优惠或减价成本，包括回收成本）乘以交易中售出的预期单位数量所得之和。企业应根据财力、物力与人力的条件，产品销售特点和市场动态特点来编制营业推广预算。预估营业推广的费用支出，可以有以下两种方法：一是先确定营业推广的方式，然后再预算其总费用；二是在一定时期的促销总预算中拨出一定比例用于营业推广。后一种方法较为常用。

技能训练：通过调查搜集资料，举例说明广告、公共关系和营业推广在汽车促销中的应用。

模块四　汽车营销实务

单元一

汽车营销方式

学习任务一

学习目标：熟悉汽车产品批发和零售的形式，了解经纪人和代理人的基本含义。

任务导入：同学们都知道，一般的商品销售都有批发和零售，可能还听说过经纪和代理，但是汽车产品的批发和零售同其他商品有什么区别呢？经纪人和代理人的区别是什么？

一、汽车产品的批发形式

现代市场营销将汽车中间商分为两种类型：一是批发商，二是零售商。批发商指那些以进一步转卖为目的，成批买卖货物的商业组织和个人。

就批发商而言，它们通常有三种类型：

（一）商人批发商

商人批发商指独立经营，对所经营商品取得商品所有权的批发商，是批发商的主要类型。商人批发商又有仅以批发为业务的完全服务型批发商和批零兼营的有限服务型批发商两种。

（二）经纪人和代理商

经纪人和代理商指没有取得商品所有权，只是在买卖双方间撮合交易，获取佣金和代理费的中间商人。他们一般较专业化，即通过经纪人和代理商促成交易和市场开拓。这是西方国家市场营销的一种惯用而重要的手段，是十分普遍的现象。

（三）汽车制造商分销部（分公司）和办事处

分销部（分公司）一般有商品储备，其形式类同商人批发商，不同的是它直属于制造企业，没有独立性；办事处一般没有存货，是企业驻外地的业务代办机构。企业设立分销部（分公司）和办事处，有利于在当地开展市场营销活动。

目前，我国汽车产品的批发商，主要包括有限服务型批发商和企业的销售分公司（经理部）。此外，我国的经纪人和代理商制正在推行之中。

二、汽车产品的零售形式

汽车产品的零售形式主要有整车和零配件零售形式。

（一）整车零售形式

从世界范围来看，汽车整车的零售大体有三种形式：

1. 销售公司销售

一般由用户（购买者）向汽车销售点（企业或中间商的经销网点）了解信息、订购和交易。该销售方式适合汽车生产资料市场、集团消费、单位购买等情况。

2. 登门拜访销售

这是世界各汽车公司普遍采用的零售形式。据研究，日本的汽车销售通常都不是在汽车贸易公司（或网点）的店堂里，而是在用户家里做成的。销售商首先不是考虑做成一笔生意能赚多少，而是考虑如何方便用户买车、用车和维修保养。每一责任区的推销员与区内的居民都建立较好的关系，对本区各个家庭的收入及其变化状况、家庭成员喜好均了如指掌，并把信息归类入档。推销员一旦发现哪个用户有购车意图，便立即有针对性地把用户想要的车型送到用户家里，向其详细介绍汽车性能及使用方法，任其挑选，并可以试开。用户对于这样周到的服务深感满意，这种愉快的接触往往弥补了双方在价格上的差异，促使愉快成交。

该销售方式在专用汽车市场上较为普遍，在汽车消费市场的新车型上市时运用也适合。

法国雪铁龙公司推销员，每天早晨8：30—9：30集中开会，汇报昨天工作，准备拜访新客户的材料，消除已售出的车号，追加新订出去的新车以及商讨有关问题。然后，经理根据各个推销员拜访用户的情况，分配推销员今天开什么车出去，直到第二天早晨8：30再来汇报。推销员的工作是根据经理分配的用户卡来进行的，工作目标十分明确。一个推销员一般一年要销新车180辆，旧车20辆，共计200辆左右。

3. 展厅销售

这是我国目前汽车销售采用的最普遍的汽车销售形式。该种销售形式将公司的各种型号和式样的汽车放在展厅里，让顾客光临展厅犹如参观一个小型汽车展览会。这种销售形式特别受顾客喜爱。

（二）汽车配件的零售形式

相对整车而言，汽车配件的零售形式要丰富得多。

1. 从零售店经营的产品品种、数目分类

（1）专业店，也叫专卖店。这种配件销售店专门经营某一个汽车公司或某一种车型的汽车配件，国外多数汽车公司的配件都实行专卖。专卖店一般属于汽车公司或同汽车公司具有合同关系的经销站、代理商。

（2）混合店。这种配件销售店，一般直接从各生产厂家或汽车公司进货，经营品种涉及各个汽车厂家各种车型的配件。

（3）超级市场。这种市场不仅规模大、品种全、价格合理、知名度高，而且还从事批发业务，辐射力很强，往往形成以其为中心的经营网络。

从零售店的经营权看，一般零售店都是独立的，但有一类叫做“连锁店”。这类汽车配件经销店一般同汽车配件主渠道——汽车配件公司连锁，由汽车配件公司对其进行规划、管理、技术指导，提供信息，并优惠供应配件。连锁店可以挂汽车配件公司牌子，但必须从汽车配件公司进货。

2. 从零售店的集中程度分类

(1) 分散零售。这类汽车配件零售店一般分散在社会各个地方，某区域可能只此一家汽车配件经销店。

(2) 汽车配件一条街。这在我国许多城市都存在，一般位于较有影响的配件批发商附近，或在汽车贸易公司、汽车企业销售机构附近的地区。

从零售店的综合程度来看，多数零售店只是经营汽车或摩托车配件以及相关的五金工业品，但也有综合性很强的大型零售店，有些类似于超级市场。这类大型店不仅经营各类汽车配件，还向客户提供加油、娱乐等服务。

此外，还有代购代销、快件服务、邮购、调剂余缺等多种汽车配件零售形式。

知识拓展 经纪人与代理商

随着我国汽车市场逐步与国际市场接轨，汽车销售代理商和经纪人的行业必将会有飞速的发展。

(一) 经纪人与代理商的内涵

在我国社会主义市场经济建设过程中，经纪活动和代理活动越来越多。概括地讲，经纪人活动是在市场经济条件下，介绍买卖双方进行商品交易的一种活动；代理活动是代表被代理人（法人或自然人）所从事的活动。两者都是一种中间人业务活动，是遵循市场经济规律和国家法制的商业性服务活动，都属于第三产业的范畴。

所以，经纪人是从事经纪活动的主体（具有民事责任能力的个人或法人），即是受买方或卖方委托撮合交易而获取佣金的中间商。在我国，俗称“掮客”。代理人是从事代理活动的主体。

经纪人、代理商的主要特征是：

(1) 受托性。经纪人和代理商所从事的活动都是接受委托人（法人或自然人）受托的活动，是一种服务性活动。接受委托的方式，既可以是委托人找上门来要求经纪人或代理商接受委托，也可以是经纪人或代理商主动找委托人请求受托业务。后一种方式，在当今市场竞争日渐激烈的情况下变得更为普及。

(2) 中间性。虽然说经纪人和代理商是中间商人，但他们本身并不占有商品，不具备商品生产者或者自主经销商（即商业者）的身份。

(3) 有偿性。就是说经纪活动和代理活动不是一种义务活动，经纪人和代理商是要获得报酬的，这种报酬的专业名词叫佣金。佣金是他们的唯一报酬来源，也是经纪活动及经纪业务、代理活动及代理业繁荣的强大驱动因素。

(4) 经纪人是民事法律关系的主体，是以自己的名义从事活动；而代理商自己不是民事法律关系的主体，其代理行为不能违背委托人的意愿和授权范围，在授权范围内是不承担法律责任的，在商业活动中以委托人名义进行。在这一点上，经纪人与代理商是有区别的。在现实生活中，经纪人和代理商所从事的商业性活动，一般不仅仅限于经纪活动、代理活动、中介活动、咨询活动等，甚至还利用自己的资金从事买卖活动，即从事正当的买卖活动。只是在从事这类活动时，他们的身份已不再是原身份，而是变化了的角色。在商业性活动中身份不同的人，其权利、义务及法律责任是不一样的，经纪人、代理商及其他的委托人都必须认识清楚。

新中国成立后，代理商尤其是经纪人曾一度被作为投机倒把对象受到批判，如同违法行为而遭取缔。随着改革开放的深入和社会主义市场经济的发展，如今经纪人和代理商从“地下”走到了“地上”，出现在经济活动舞台上，成为一种新的专门职业。

现代经纪人和代理商在新中国出现的时间还很短，正处于发育阶段，还存在不少有待解决问题，但经纪活动和代理活动并没有因此而停止，正在向着规范化方向发展。

（二）经纪人和代理商的权利与义务

一般来说，经纪人或代理商在同委托人签订合同后，双方的权利与义务关系就开始了，而且双方的权利与义务是相对的。即一方的权利也应当是另一方的义务，一方的义务也应当是另一方的权利。一方面，权利的实现有赖于义务的履行；另一方面，权利的大小也与义务的多少相联系。因此，全面细致地规定双方的权利与义务，是经纪活动和代理活动实行法治的核心内容。

经纪人和代理商的权利通常包括：

（1）有请求给付佣金的权利。经纪人或代理商按合同成功地完成经纪活动或代理活动后，便有权要求委托人按合同规定给付佣金。

（2）有请求支付开展经纪活动或代理活动必需经费的权利。经纪人或代理商在开展经纪活动或代理活动过程中，必须要有一些开支，如差旅费、邮电费等，这部分开支称为经纪成本或代理成本。一般地说，这些成本的支付与经纪人或代理商活动的成功与否无关。但成本支付方式与佣金支付方式有关，如以包干形式，将佣金与成本合在一起，则委托人就没有另外给付成本的义务了。

经纪人或代理商的义务通常包括：

（1）积极热情，以娴熟的服务技能勤勉地工作，在委托人授权范围内与第三者实施法律行为，完成委托事项。

（2）诚信忠实，其行为必须为善意的。包括不隐瞒和谎报实情，不另谋佣金以外的好处，不受买方行贿，不与第三方串通损害委托人的利益。

（3）保守秘密及履行委托人要求的其他合理义务。

（三）佣金

佣金是经纪人或代理商为委托人提供经纪服务或代理服务后获得的劳动报酬，是经纪人或代理商劳动报酬的唯一来源，也是此类活动再进行和再发展的源泉。可见，佣金对经纪人或代理商来讲具有重要的意义。

现实生活中，有许多人，甚至包括舆论宣传和某些经济政策，都不能够将佣金同“回扣”、“提成费”、“好处费”、“酬金”、“红包”、“馈赠”、“交际费”、“劳务费”等区别开来，常常把它们相提并论，混为一谈。其实，佣金是一种劳动报酬，正如薪水是劳动报酬一样，本不应该有争议。既然经纪人是合法的，那么其报酬——佣金自然也应是合法的。

关于佣金的计算，现实生活中大致有以下四种：

（1）按百分比提成。这是一种应用最广泛的方法。当采用此种方法时，佣金的多少取决于合同中约定的佣金提成率与约定的某个指标值（如成交额）两者的乘积。此外，佣金百分率有时也可以随着成交额递增而递增，或者随着成交额递减而递减。

（2）按件或按“笔”来提取佣金。即经纪人或代理商的佣金是按每经纪或代理一件或做成一笔生意来计算，而不计算每笔生意业务量的多少。

（3）按总额承包的方法提取佣金。委托人将商品价款同经纪人或代理商的佣金以及经纪或代理活动的成本合一起，确定一个总额承包给经纪人或代理商。

（4）采取长期挂名按月收取佣金。此方式比较适合那些时间长、业务经常化的经纪活动或代理活动。这种作法在经纪人中颇为多见。

(四) 经纪人或代理商的选择

为了保证委托给经纪人或代理商的业务能够取得尽可能大的成功，委托人首先必须认真地选择适合自己委托业务的最佳经纪人或代理商。对一般汽车企业而言，请代理商更为多见一些。

1. 是否需要委托代理商

代理商可以对企业的销售业务带来好处，企业可从中获得一定的利益，但同时，企业又必须向代理商支付佣金。企业决定是否雇请代理商的依据就是企业通过委托代理商后所获利益必须大于支付给代理商的费用。

一般来讲，委托代理商具有许多好处，如：

（1）代理商一般是业务的专家，因而委托代理，企业可以获得许多专业帮助，如了解市场特点、市场行情等。

（2）代理商一般具有广泛的交往和销售渠道，可以在较为广阔的范围内销售汽车商品，可与更多的潜在买主磋商，从而找到更多更好的买主。

因此，一般来讲，企业委托代理业务所获收益都会超过支付给代理商的佣金。但这并不是说所有的委托代理都一定会给委托人带来更多的收益。有些业务由委托人自己亲自处理可能比委托他人代理更能获利。故委托人必须对自己的业务在委托他人代理前做好成本效益分析，以确定是否真正需要代理商。若需要，一般选择长期代理为宜。

2. 代理商的选择方法

委托人在把自己的业务委托给某一代理商之前，必须对该代理商的基本情况有一个概括的了解。选择时也应重点从以下几个方面进行：

（1）代理商的身份及其经营范围是否合法。

（2）代理商的优势。不同的代理商，尽管其服务领域是相同的，但每个代理商拥有的用户群、渠道能力、当地影响力、顾客反映、经济实力、经营规模是不同的。

（3）合作态度和工作作风。合作态度与诚意是影响代理商和委托人合作好坏的重要因素。工作作风是影响代理商业务发展和企业形象的主要因素。

（4）令委托人满意的业务记录，如代理商的销售额，当地市场占有率的发展趋势等。

在进行了上述有关调查之后，委托人才能做出合理选择。选定后，企业应同代理商签订合同，明确双方的权利和义务，并对代理商进行指导、管理、考核、监督和服务。

技能训练： 搜集汽车经纪人和代理人的有关业务案例，说明汽车经纪人和代理人的区别。

学习任务二

学习目标： 了解汽车销售渠道的种类，掌握汽车4S店的经营业务特征。

任务导入： 同学们都知道，要购买家用汽车，消费者一般都是到汽车4S店去购买，那么汽车4S店的含义是什么？汽车4S店的特征和作用是什么？汽车4S店是唯一的汽车销售渠道吗？

一、品牌专卖制

品牌专卖制主要指的就是“4S”店。渠道模式可表述为厂商+专卖店+最终用户。通过提供舒适的购车环境、专业健全的售后服务，纯正的原厂件，使客户从购车到用车的全过程得到良好的服务。这种售前、售中、售后全程式服务，建立了一条由汽车生产厂家到用户的封闭的直通销售与服务渠道，形成了以厂家为核心及技术支持的销售与服务系统。在专卖店里，透明的管理模式拉近了管理层与员工之间的距离，培养了团队合作的精神。也正是凭着这种与众不同的凝聚力，来体现汽车品牌的形象魅力，从而赢得客户的信赖。

尽管4S店在欧美正逐渐走向衰退，但在中国却方兴未艾，这里面也是有着中国特色的。特别是硬件方面非常过硬，中国4S汽车品牌专卖店的规模和档次在全世界也可算是首屈一指的，就连世界上最发达的美国4S店也无法与中国4S汽车品牌专卖店的硬件设施相比；不过在软件建设方面就差多了（这也正和我们目前汽车营销中重销售轻服务的潮流相符），在经销商的素质、打造和维护经销商自身品牌、建立成熟的销售流程、以顾客为本提供可能的便利设施等方面还差得很远，亟待经销商的重视。

（一）汽车4S店的含义

改革开放以来，世界知名汽车制造企业大量到我国投资，开办合资企业，生产了许多合资品牌的汽车，我国的汽车销售和服务市场格局也发生了翻天覆地的变化。随着国外先进汽车产品和技术的引入，同时也带来了先进的汽车销售和服务模式，各种品牌汽车4S店如雨后春笋般出现，并逐渐成为我国汽车销售和服务行业的主要力量。

汽车4S店是1998年以后才逐步由欧洲传入中国的舶来品。由于它与各个厂家之间建立了紧密的产销关系，具有购物环境优美、品牌意识强等优势，一度被国内诸多厂家效仿，目前是我国汽车销售和服务的主要模式。

汽车4S店是集汽车销售、维修、备件供应和信息服务为一体的汽车品牌销售店。汽车4S店是一种以“四位一体”为核心的汽车特许经营模式，包括整车销售（Sale）、零配件（Spare part）、售后服务（Service）、信息反馈（Survey）等。

特许经营已成为我国汽车销售和服务企业的一种主要经营形式。特许经营起源于美国，现在这种经营形式已运用于世界各国许多行业。在我国，最初是几个国际知名汽车公司将这一经营方式用于汽车的销售和服务机构，形成汽车产品的4S店，当今，我国几乎所有的汽车销售和服务企业都采用了4S店的经营方式。

（二）汽车4S店的特征

（1）专一品牌汽车的用户（服务对象）。

（2）专一的技术、设备和工艺。

（3）用专一的生产厂家提供的配件。

（4）专一的客户接待与生产环境（体现品牌特色）。

（5）承担免费的或部分免费的专一车辆的首次维护作业。

（6）承担专一车辆的质量担保事宜。

（7）承担专一车辆的一切正常维护与服务。

（8）建立全面、专一的客户车辆档案，与生产厂家联网、互通信息。

（9）接受生产厂家的政策、监督和指导。

（10）对生产厂家具有责任约束。

（三）汽车4S店的优势

1. 信誉度方面

汽车4S店有一系列的客户投诉、意见、索赔的管理程序，给车主留下良好的印象，而普通的汽车销售和维修店由于人员素质、管理等问题，经常是出了问题找不到负责的，相互推诿，互相埋怨，给车主留下非常恶劣的形象。以前汽车4S店不经营汽车用品，车主无法选择，只有去零售改装店，现在汽车4S店有这方面业务，车主便肯定不会舍近求远了，汽车4S店是他们的第一选择。

2. 专业方面

由于汽车4S店只针对一个厂家的系列车型，并且有厂家的系列培训和技术支持，所以对车的性能、技术参数、使用和维修都非常的专业，做到了“专而精”。而汽车用品经销商接触的车型多，而对每一种车型都不是非常的精通，只能做到“杂而博”，在一些技术方面有时是只知其一，不知其二。所以在改装一些需要技术支持和售后服务的产品时，汽车4S店具有很大的优势。

3. 售后服务保障方面

以前的汽车销售企业以卖车为主业，但随着市场竞争的日益剧烈，汽车4S店越来越注重服务品牌的建立，而且汽车4S店的后盾是汽车生产厂家，所以在售后服务方面可以得到保障。

4. 人性化方面

汽车4S店能让车主真正感受到“上帝”的感觉，累了有休息室，渴了有水喝，无聊可以看杂志、书刊、报纸或者上网，如果急着用车还有备用车供你使用，整个流程有专门的服务人员为你打理，不用自己操心就能完成整个业务。

（四）汽车4S店的义务

4S店作为汽车特许经销商，应承担以下义务：

（1）必须维护特许人的商标形象。在使用特许人的经营制度、秘诀以及与其相关的标记、商标、司标和标牌时，应当积极维护特许人的品牌声誉和商标形象，不得有降低特许人商标形象和损害统一经营制度的行为。

（2）在参加特许经营系统统一运营时，只能销售特许人的合同产品；只能将合同产品销售给直接用户，不得批发；必须按特许人要求的价格出售；必须从特许人处取得货源；不得跨越特许区域销售；不得自行转让特许经营权。

（3）履行与特许经营业务相关的事项，如：随时和特许人保持联系，接受特许人的指导和监督；按特许人的要求，购入特许人的商品，积极配合特许人的统一促销工作；负责店面装潢的保持和定期维修。

（4）应当承担相关的费用，如：加盟金、年金、加盟店包装费等。

（五）汽车4S店经营现状

1. 汽车4S店完全是汽车厂家的附庸，基本没有言语权

汽车4S店唯厂家马首是瞻，一切经营活动都在为生产厂家服务，为把汽车及配套商品快速而有效地从生产厂商手中流通到消费者手中而努力，为维护生产厂家的信誉和扩大销售规模而勤劳工作。在当前的市场形式下，汽车经销商没有实力像电器经销商一样与厂家平等对话，处于绝对的弱势地位。

2. 没有自身的品牌形象

作为厂家的汽车4S店，其建筑形式以及专卖店内外所有的CI形象均需严格按厂家的要求进行装饰和布置，经销商自身的品牌形象则无处体现，厂家也不允许其体现，仅集团式的汽车经销商具有一定的品牌形象。

3. 完全靠汽车品牌吃饭

汽车4S店的经营状况的好坏，90%依赖于所经营的品牌，品牌好就赚钱，品牌不好就不赚钱。同时同一品牌的不同的汽车4S店的经销商还得依赖本店经营者与厂家的关系，关系好厂家给予的相关资源就多，利润的空间也越大。

4. 经营成本过高，利润低

以一家面积达2 000平方米的标准汽车4S店来计算：

（1）经营成本。

专卖店建设费用（钢架结构落地玻璃）约300万元（一般按15年折旧）；购买厂家相关设备及物料费用约200万（设备按10年折旧）；每月的流动资金约200万；加上员工工资（按70人）每月18万元、土地租金（按每平方60元计）12万元、广告费用，另外还有隐性的公关成本等，每个汽车4S店的每月的经营费用约50万元。

（2）利润。

每月销售毛利：100台×2 500元/台＝25万元；维修毛利：1 500台/月维修量×500元/台（客单价）×45%（毛利率）＝33.75万元；两者合计：58.75万元。因此一个汽车4S店现在每月能有8万元的利润。

5. 专业的人才队伍素质不高，团队不稳定

因为前两年汽车市场的异常火爆，大量的资本进驻汽车行业，导致汽车专卖店、汽车大卖场大大饱和，互相之间过度竞争，互相挖墙脚，导致人才流动较频繁，汽车营销团队不稳定。

6. 专卖店的经营重销量，轻售后和美容加装

一方面由于车市需求的不稳定引起的价格“失真”误导了很多企业以销售为中心来开展企业的各项经营活动；另一个方面是厂家注重销量而且推出与完成销量直接相关的返利激励政策，从而使企业重销量而轻服务。

7. 汽车4S店自身可控制的经营因素有限，难以体现差异化经营

汽车厂家出于自身品牌利益的原因，对汽车4S店的经营管理模式、业务流程、岗位

的设置等都有标准的规定和要求，对产品价格、促销政策、销售区域、零配件和工时的价格均硬性确定，强硬控制。即便是广告的表现形式，厂家也会指手画脚，使得汽车4S店的经营十分僵化，使当前的汽车4S店的经营弹性范围狭隘，经营模式和服务同质化。

(六) 汽车4S店的设立条件

汽车4S店除了设立企业必需的注册资本、工商行政部门审批等条件外，还必须按照汽车特许经营的契约要求，具备如下特许人（汽车制造厂家）提出的要求：

（1）完成制定的商品车销售任务。

（2）完成制定的配件任务。

（3）完成质保期内的车辆索赔任务。

（4）反馈车辆信息，为厂家提供改进建议。

（5）保证一定比例的客户满意度。

（6）作为厂家和客户沟通的桥梁，为客户服务，完成汽车制造厂家的各项计划。

（7）利用第三方公司，对下属汽车4S店进行检查、整改。

（8）售后服务必须按厂家规定使用专用工具。

（9）定期按照特许人要求安排人员参加培训，合格后方能上岗。

（10）使用特许人规定的服务系统，记录客户信息，并且上传给特许人。

（11）利用特许人授权的特殊系统，完成售后车辆的防盗等系统解锁工作。

（12）按照特许人制定的标准建立标准展厅。

（13）按照特许人制定的标准服务核心流程进行工作。

（14）企业行为要合乎国家和行业规定。

(七) 如何申请建立4S店

1. 4S店的申请程序

（1）申请者将公司的概况及联系方式传真至汽车生产厂销售总部。

（2）汽车生产厂销售总部向申请者发放申请表格式。

（3）填写申请表的特别注意事项：各申请单位根据自身情况按实际填写；申请者必须按申请表的要求提供最近三年的资产负债表、损益表、税务中报表交税收据单，以便汽车生产厂清楚地了解申请企业的财务状况及投资能力。

（4）汽车生产厂销售总部对申请单位的书面申请材料进行初选，对符合汽车生产厂销售总部的条件的，进行实地考察。

（5）经过评价会后，汽车生产厂销售总部通知最后人选。

（6）最后人选参加汽车生产厂销售总部面试，合格者签订建店协议。

2. 申报条件

（1）对汽车销售及服务事业充满信心，愿长期与汽车生产厂共同发展，认同汽车生产厂的经营理念及销售模式。

（2）拥有良好的经营团队。

（3）企业运作良好，有资金实力（运转资金1 200万～1 500万元）和能力投资建立4S店。

（4）拥有4 000～6 000平方米的建4S店的场地。

(5) 建立新的4S店(公司)的投资计划清晰、合理。

3. 关于4S店的说明

(1) 专营专修:只能销售服务汽车生产厂产品。

(2) 汽车生产厂对4S店的支持:协助申报汽车经销权,确定区域特许销售权,确定区域特许维修权限,对4S店建店投资的适当支援等。

(3) 投资。由经营者100%出资建设4S店。投资回报(4S店的收益)以销售业务及维修服务为主要的两个方面,投资回收的速度取决于经营者自身所做出的努力。开设4S店至少拥有注册资金500万元。

(4) 建店场所。申请者应本着既方便用户,又考虑到成本的双重原则去挑选位于主干道两侧,易于发现,便于进出的场地来建4S店(即汽车商圈条件好)。所选场地必须产权明晰,符合城市规划及环保要求。一旦申请成功,能立即展开报建施工。申请者可签订租赁或购买协议,但汽车生产厂要求申请者在与汽车生产厂签订正式意向书前不要进行任何实质性的投资。

(5) 4S店布局。按汽车生产厂要求的标准进行建设。

二、代理制

(一) 总代理制

总代理制是指由汽车制造厂家授权的全部销售该公司汽车的总经销商。总代理一般与汽车制造企业具有密切的关系,可能是股权关系,可能是隶属关系,也可能是合作关系。总代理制的渠道模式可表述为厂商+总代理+区域代理+(下级代理商)+最终用户,进口汽车主要采用这种模式,如奔驰、宝马、劳斯莱斯等。

(二) 区域代理制

渠道模式可表述为厂商+区域总代理+下级代理商+最终用户。这种模式与IT渠道的区域代理制基本一致,这是汽车渠道最早采用的模式,由于存在对经销商的控制力差的问题,目前使用这种模式的厂商已较少。

三、特许经销模式

渠道模式可表述为厂商+特许经销商+最终用户。实际上,汽车4S店都是特许经销商,是增加了其他功能的特许经销商。

特许经营中涉及以下三个要素:

(一) 特许人与受许人是相互独立的

在汽车销售和服务过程中,某一国际或国内品牌的汽车生产厂家是特许人,专门从事汽车销售和服务的汽车4S店是受许人,两者在各自从事的经济活动中,是相互独立的经济主体。

(二) 在特许契约的约束下,双方互有权利和义务

汽车生产厂家根据双方合作契约的内容,有提供合格汽车产品和技术及服务支持的义务,同时拥有品牌管理和收取汽车产品价款的权利;汽车4S店有按照汽车厂家统一的定价原则、销售和服务等方面的要求从事汽车销售和服务的义务,也享有在一定的区域内独

家从事双方约定的品牌汽车产品的销售、保修服务、质量索赔等权利。

（三）受许人要对其业务进行投资

汽车 4S 店在汽车销售和服务的过程中，需要根据经营目标和拥有资本的多少，确定投资规模，自行组织经营活动，自行进行销售和服务活动所需资金的筹集、使用和管理。

一般说来，特许经营可分为两种类型：商品商标型特许经营和经营模式特许经营。汽车销售和服务企业主要是经营模式特许经营。汽车 4S 店是投资型特许经营模式。这种经营模式需要的资金数额更高，投资型受许人首要关心的是获得投资回报。

从消费者和整个经济的角度考虑，特许经营也有一些特点。对于消费者来说，特许经营可以使特许人优秀的经营方法和技术被广泛应用，提高为消费者服务的水平；各个特许的汽车 4S 店在特许人指导下的标准化经营，也使消费者无论在哪里都能感受到实行特许经营的汽车 4S 店与普通汽车维修企业存在有很大的不同，并在市场竞争中具有突出的优势。

四、汽车大卖场、汽车超市

例如，北京亚运村汽车交易市场、成都红牌楼汽车交易市场、深圳东益华鹏汽车交易市场等，这两种形式均是在相对集中的场所经营多个厂家、多个品牌的车辆。严格说来，汽车大卖场和汽车超市是两种不同的经营模式。汽车大卖场是汽车集市贸易，是由市场经营与管理者提供场地，通过收取租金的方式向各汽车经销商提供经营场地，汽车经销商进场经营各自的车辆，是一家开办、多家经营的模式；而汽车超市则是由一家开办、一家经营、一家管理。超市内聚集多家厂商、多个品牌汽车，统一经营、统一定价、统一结算。这两种模式的共同点是能够整合市场资源，提供多样化的汽车产品，促进销售。

五、其他方式

互联网时代，通过网络销售已经越来越受到消费者重视，公司网站已经成了影响汽车销售的一个重要渠道。还有租店式经营模式，主要指一些小规模的经销商（一般是做二、三级代理）租借一些汽车市场的摊位或者某个店面开展面对直接客户销售汽车的一种模式。这种模式对于经销商来说投资规模比较小，风险较小，比较灵活，但是相对的单车获利空间也比较小。

总之，销售渠道业已成为沟通买卖双方最为关键的中心，也将会有越来越多的企业发现，在产品、价格甚至广告的同质化趋势日益加剧的今天，单凭产品的独立优势赢得竞争已非常困难，销售渠道已成为当今企业所关注的重心，如何运作好销售渠道，发挥其作用正日渐成为厂家们克敌制胜的法宝。

但是，中国的汽车流通市场起步较晚，在汽车的销售渠道上还有种种不规范现象，如价格混乱，服务不健全，有走私车、非法组装车、非法拼装车流入市场等，严重侵害了消费者的利益，扰乱了市场秩序。为了健全和促进汽车销售市场的发展，2005 年 2 月国家商业部、国家发改委以及国家工商总局联合下发了《汽车品牌销售管理实施办法》，要求国产汽车和进口汽车都必须采取授权经营的方式销售，并规定了相应的管理办法和要求。《办法》的出台明确了国内汽车销售的模式将以授权经营为核心，在此框架下，特许经销商（目前都采取 4S 销售店形式）将成为国内唯一的合法经销模式，对经销多种品牌的汽车超市、挂靠经营的汽车销售点都具有一定的约束，增大了多品牌经营和分散经营的难度。

技能训练：调查一个汽车4S店的组织结构、业务岗位种类及对人员的能力要求，分析自己目前的素质和能力适合哪个岗位。

单元二

家用汽车需求分析

学习任务

学习目标：掌握家用汽车需求分析的方法。

任务导入：家用汽车是汽车普及的关键，是我国汽车营销的重点，同学们知道怎样分析家用汽车的需求吗?

一、家用汽车需求特点

家用汽车的用户在确定欲购车型时，一般都考虑三条基本原则：一是满足使用要求；二是考虑经济性；三是保证安全性。销售人员可以从如下具体的十几个方面分析消费者的购买心理，把握消费者的需求特点，有针对性地为用户提供汽车导购服务。

（一）用途

购买汽车的人都有明确的目的性，如办公型、旅游型、炫耀型、上下班交通工具型、专业运输型、一般运动型等。目的不同，所选车型当然应该不一样。不考虑自己实际使用目的的购车行为只能是自添烦恼。如子弹头车豪华气派，内部空间较大，作为公务用车比较合适，但若作为家庭用车则几乎没有必要。

（二）经济实力

购车属于消费行为，而消费应考虑自己的经济实力。由于汽车价格不菲，特别是大马力、高档次、进口车固然是好，但在经济实力不是太强的情况下，只要能够满足使用要求，即使档次低一些，甚至二手车都没关系。要知道，最理智的购买行为并不是买到了最好的汽车，而是买到了性能价格比最高的车。有人总认为进口车质量要比国产车好，其实也不尽然。虽然进口车在总体上来说质量比较稳定，但价格却也要高出许多，从性能价格比的角度来说不一定合算。根据国家规定，汽车使用15年后都要强制报废。所以，比国产车多花几万、十几万元购买一辆进口车，仅每年的折旧费一项就多付出1万元左右，不一定是明智的选择。另外，如果打算在几年之后将现车出售，那么流行款式就能多回收一些购车款。

（三）道路状况

每一款汽车都有自己相对固定的使用环境。如果经常需要在山路或土路上行驶，最好购买一辆全轮驱动型越野车，而且轮胎花纹应大一些。如果打算购买轿车，但它在日后行驶于崎岖路面的可能性较大，那么其离地间隙就应大一些，以免发动机油底壳及差速器受损。如果客户身处闹市，而且平时一般不会将自己的汽车开到没有像样路面的荒郊野外去，那就应该选择一辆经济型的轿车，而且最好采用子午线型轮胎，因为子午线胎与斜交胎相比，耐磨性可提高50%～100%，滚动阻力可降低20%～30%，可以节油6%～8%。

（四）汽车动力性及发动机类型

在相同类型、相同品质的汽车中，一般发动机排气量越大，动力性越好；排气量越小，动力性越差。不过，在不同品质的同类型、同排气量汽车中，有时动力性也有较大差异，当然其价格也各不相同。从发动机类型看，目前有汽油、柴油、电动、天然气等不同类型，指导客户选购时需考虑汽车的初期购买成本及燃料使用方便性、经济性等各方面因素。

（五）质量保障

由于汽车质量直接涉及使用寿命及维修费用，因而最受消费者的关心。如果你的客户打算购买一辆新车，“零公里”车（所谓“零公里”，是指一辆驶下生产线之后只有极少量行驶记录就到达用户手中的汽车。国际汽车工业协会规定：行驶记录不超过50英里，即80.45公里的汽车才算新车）是最佳选择。这样，只要在使用过程中按照磨合期的要求驾驶，就可避免汽车的异常损伤，为以后的正常使用奠定坚实基础。

（六）安全性

“生命诚可贵”。作为一名汽车用户，选购时决不会仅仅考虑经济性问题，安全才是第一位的。目前安全性能良好的汽车，在设计时就充分考虑到了抵御来自前后左右各个方向的冲撞，可以保证驾乘者在一般车祸情况下的生命安全。发动机配置方式、安全玻璃、防撞保险杠、安全带、安全气囊、ABS制动系统、开阔的前视野、较少的后视死角及性能优良的车门锁、防盗装置等安全装备，都是需要考虑的内容。

（七）维修保障体系

对于个人来说，汽车绝对属于大件消费品。由于它在长期使用中需重复维修，因而厂家是否拥有完善的维修体系对你来说是相当重要的。所以，购买汽车时客户都会选择那些已经形成规模的国家重点汽车生产厂家出产的汽车或国外大汽车公司的产品，因为它们拥有遍布各地的维修网点，而且备件充分、价格合理。

（八）操纵性能

变速器有手动式和自动式两种。前者结构简单、维修方便，而且传动时功率损失少，有利于高速驰骋，缺点是操作较费力且不灵活；后者操作简单灵活，可明显减轻驾驶员的劳动强度，在经常容易出现塞车现象的大城市中使用，可有效避免经常换挡的辛苦，缺点是维修麻烦且费用较高，而且在汽车的整个运行过程中油耗增加15%左右（低速行驶时尤为明显）。

动力转向助力方向盘常常是大型汽车、女性或体力不佳驾车者的首选目标，不然的话，在大范围转动了几次方向盘之后，驾驶员可能就已气喘吁吁了。

（九）排放标准

汽油发动机轿车目前都是电喷式发动机，且排放标准都在欧Ⅲ标准以上。随着环保要求的日益严格，排放不达标准的汽车将不能获得上路行驶资格。

（十）汽车重量

就一般规律而言，自重轻的汽车燃油经济性要好一些。统计表明，小型车自重每增加40千克，燃料消耗增多1%。不过，选择汽车时也不能只以经济性一项指标作为依据。自重轻的汽车在紧急制动、转弯时会有不同程度地发飘感。另外，自重轻的汽车也体现不出汽车稳重、高雅、气派的贵族风范。

（十一）汽车颜色的选择

车身颜色与外形一样具有重要作用。黑色给人庄重、严肃、富有之感；红色代表火热的生命力，给人勃勃向上的心跳感觉；白色清新靓丽、卓尔不群，给人安然洁净之感；绿色具有田园诗画般的风情，给人健康、生机勃勃的感觉；黄色具有轻盈、高注目性的特点，给人柔和、希望之感；蓝色显示着汽车的博大、尊贵和风度，是名贵汽车的常用颜色；桃红色具有积极的动感，最能体现车主个性，风光无限而又不落俗套。就世界范围而言，白色、黑色、蓝色是目前三种最常用的颜色，其中黑色为首选色，白色是过去20年中最流行的颜色。

近几年我国的家用汽车流行亮银色。亮银色汽车既体现时尚、大气，又耐脏，还配以金属漆，防划的效果也不错。

汽车销售人员在指导顾客选择汽车颜色时，注意提示以下几个方面的协调问题：

1. 汽车颜色应与用车环境协调

由于不同地区的阳光照射强弱有别，导致人们对色彩有不同的偏爱。例如，北方的冬季气候寒冷，人们一般多选暖色基调，而且色彩也应相对重些，如红色、黄色等；而南方的夏季气候炎热，人们一般多选冷色基调来降低感觉气温，而且色彩也相对浅些，如白色等。在沙漠或长期积雪的地区，宜选绿色，以便给人以清新、愉快的感觉；在广阔的大草原上，宜选用醒目的红色、白色、黄色等。

另外，由于习俗、信仰的差异，不同民族对色彩的偏爱也有所差别。比如中国人喜爱红色，日本人喜爱白色，北欧流行蓝、绿色，意大利人喜好黄色，而荷兰人则对橙黄色情有独钟。

2. 汽车颜色应与车型相协调

微、轻型轿车由于本身不引人注目，应选用亮度较高、比较活跃的色彩。中、高档轿车宜选用亮度较低、色彩较沉稳的色调，以显示其豪华气派的本色。旅行车多采用国际流行色，以给人华贵、舒适、洒脱、大方的美感。车内色彩不宜五花八门，宜选用比较柔和的乳白、米黄或浅蓝色等，其中内壁色彩应比顶棚色彩适当重些，以减轻对驾乘者的压抑感。

3. 汽车颜色应与车主的气质、个性和心理需求协调

中老年成功人士由于开展业务的需要，车体颜色应体现其华贵、庄重的气质，一般选择黑色或白色。青年人充满青春活力，既要求汽车能够体现自身的华贵、快捷，又要求体

现驾车人活跃、鲜明的个性特点，所以车身颜色以轻色调为主。时尚女性爱美求新，可以选购颜色独特（如色彩斑斓型）的汽车。

4. 汽车颜色应与交通安全相协调

理论研究与实践调查均已表明，车身颜色与交通安全密切相关。正确选择车身颜色对于减少甚至避免交通事故具有非常重要的作用。

由于辨认明亮色比辨认灰暗色容易1～3倍，给对方来车以比实际距离要近得多的感觉，因此明亮色可大大提高行车安全性。这也是目前亮银色和白色在家用车中很流行的原因之一。

5. 汽车颜色应与保养维修的协调

汽车在大自然中通行、停放，自然免不了脏污甚至损伤，因此选择车身颜色时应考虑到日后保养维修的方便性。虽然白色车身的辨认安全度最高，但使用中容易玷污，为保持其明亮和高的辨认度，必须经常擦拭，因而平时保养汽车的劳动强度明显加大，容易令人生厌。黑色或深蓝色的油漆则因漆面较柔软，使用中容易受损伤，增加了维修工作量及开支。色彩斑斓的“变色龙”型车身一旦被刮伤，修补费用可是一笔相当大的开支。

经过以上各方面的综合比较，销售人员可以指导客户将车型的选择范围缩小到一两种型号，再通过热情和真诚的服务，必定能使顾客很快作出购车决策。

二、顾客购买家用汽车的心理分析

在指导客户基本确定欲购车型后，就应考虑其具体挑选问题了，所以有必要进行顾客购买家用汽车的心理分析。

（一）选择商家

顾客购车的第一步当然是选择商家。顾客为保证所购爱车不出问题，自然选择经营规模较大、经营品种较全、信誉最好、售后服务完善的商家去购买，所以要分析本公司在社会的影响程度和消费者的认可度。经营规模大和信誉好的汽车销售公司给消费者的信任感要比其他公司高，也拥有更多的潜在顾客。所以，加强公司的管理，改善经营管理水平，提高营销能力，提高服务水平，是提高市场占有率的重要基础条件。

（二）外观查验

车的外观是给人的第一印象，其重要性不言而喻。顾客在挑选时一般都对车身、车门、车窗、油漆、悬挂及底盘等各部件进行全面观察，方法一般是在几部一起陈列的新车中进行比较。

远观整车是否左右对称，用手轻按车身一角后，可观察减震器和悬挂的工作效果。悬挂较软的车，行驶中上下振跳幅度小但左右摇摆大；悬挂较硬的车，则上下振跳幅度大但左右摇摆小。如果你的客户经常在质量不佳的路面上行驶，最好指导客户能选购一辆悬挂硬些的汽车，以免急转弯时发生意外。

车身表面及油漆质量可从车的侧面迎着阳光观察，如有凹凸不平、擦伤划伤、修理痕迹等，都可通过仔细查看发现。

从外观上来看，车门应与边框的间隙均匀一致，从开启来看，门锁、车门应轻松、灵活地开启，门轴的转动不应有杂音；从关闭来看，用力不应太大，声音应较为沉闷但不尖厉。

底盘的观察也是必不可少的一项内容，可将汽车开上修车用的地沟或用举升器举起，以便从下部查看有无运输、试车过程中的碰磕现象及修复痕迹。

灯光信号、后视镜、风挡玻璃、雨刷等应齐全完整。

（三）车内感受

车内是驾乘人员在整个行车过程中的活动空间，内部设施是否赏心悦目，驾驶操作是否灵活可靠，乘坐感觉是否安逸舒适，应是购车者予以关心的问题。

车门玻璃应密封良好、升降自如。各种灯光、信号、仪表、喇叭应齐全有效。坐椅表面应清洁完好，无任何破损划伤现象；座位若可以调整，则还需有足够的支撑力。方向盘表面手感要好，用手晃动时上下不应有间隙，左右自由行程不应过大。踩踏离合器踏板时，应有轻快自如的感觉。油门踏板不应有犯卡、沉重、不回位等现象，脚放在油门踏板上时，脚腕应自然舒适。车厢内饰件应柔和平滑。进出车门及坐进坐椅时应方便舒适。后视镜观察效果良好。前、后视野开阔。各操作手柄设计合理、使用方便。行李箱设计合理、开关灵活。空调器升降温迅速、噪声较低。发动机水箱补液罐、清洗液罐、动力转向液罐、润滑油、制动液、电解液面高度正常。蓄电池固定可靠，用手扳动时无任何松动现象。

（四）试驾效果

通过启动发动机、各种速度条件下的试车、制动等检查汽车的操作方便性及安全可靠性。

启动发动机，发动机运转应轻快、连续、平稳，无杂音异响。轻加油门，感受发动机的加速响应是否连续，性能良好的发动机在连续加速后怠速应仍然稳定。

在场地内低速试开数十米，操作上应缓加油、轻抬离合器，此时起步应平稳，换挡不犯卡（更不应出现挂不上挡、摘不下挡、齿轮响等现象）。空挡滑行性能应良好（车速 20 千米/小时，平路滑行 60～80 米）。轻打方向盘以感觉转向效果是否令人满意，前轮碰到路面的凸起物时应无强烈震动，左、右转向至极限时车轮不干涩、无异响。

在高质量路面上高速（80～120 千米/小时）行驶，考察汽车的高速稳定性、抓地感，感觉有无车轮打摆、方向发飘等不正常现象。通过蛇形行驶评定汽车的操纵性。通过在不同速度（40、60、80 千米/小时）时的紧急制动，测试制动距离及制动时的方向稳定性。感受来自于发动机、风、路面的噪声大小。

（五）服务保障

在汽车的综合指标能够令客户满意的前提下，客户可能就准备交款提车了。不过，在此之前销售人员还应仔细向客户交代产品说明书、附件、随车工具等涉及使用保障及质量保证卡、产品合格证、保修卡等涉及服务保障方面的内容，同时对常用配件保障及价格情况、维修服务站布局及维修作业的时间、质量、价格、收费情况等向客户介绍。

（六）购买时机的确定

作为消费者，在实施自己的购买行为时无疑希望能少花钱、多办事，购买汽车也不例外。选择适当的时机购买汽车，确实有可能省下一笔钱。

在一年当中，最佳购买时间为冬季。各汽车厂家在春、夏、秋季投放市场的汽车品种、数量较少，车价自然也就偏高。临近年末的冬季来临之后，各厂家为完成全年生产任务，往往向市场投放较多的汽车，车价自然也会有所下降。从经销商的角度来看，由于有些厂家实行根据销售量实施奖励的举措，所以在年底以超低价格销售汽车也是划算的，可以使自己的销售量能跃上一个台阶。同样道理，在每个月份，最佳购车时间为月末。经销商为完成月销售计划，在价格谈判时作出一定让步也是可能的。

所以，掌握了消费者以上这些购车心理和习惯后，汽车销售人员可从满足顾客需求出发，推荐顾客利益最大化的车型，进而提高汽车销售的成功率。

三、汽车价格对购买决策的影响

（一）汽车价格的构成

汽车价值决定汽车价格，汽车价格是汽车价值的货币表现。但在现实汽车市场营销中，由于受汽车市场供应等因素的影响，汽车价格表现得异常活跃，价格时常同价值的运动表现不一致：有时价格高于价值，有时价格低于价值。在价格形态上，汽车价值转化为汽车价格由四个要素构成：汽车生产成本、汽车流通费用、国家税金、汽车企业利润等。

1. 汽车生产成本

它是汽车价值的重要组成部分，是汽车价格形成的基础，也是制定汽车价格的重要依据。

2. 汽车流通费用

它是发生在汽车从汽车生产企业向最终消费者移动的各个环节之中的，并与汽车移动的时间、距离相关的费用，因此它是正确制定同种汽车差价的基础。

3. 国家税金

它是汽车价格的构成因素。国家通过法令规定汽车的税率，并进行征收。税率的高低直接影响汽车的价格。汽车价格中包含的税金有：国家对汽车生产和销售企业开征的增值税、所得税、营业税、消费税等和对汽车购买者征收的车辆购置税。由于汽车销售价格中包含17%的增值税，而增值税的税金不构成车辆购置税的纳税基数，因此，计算车辆购置税时应从汽车销售价中剔除增值税部分。

4. 汽车企业利润

它是汽车生产者和汽车经销者为社会创造和占有的价值的表现形态，是汽车价格的构成因素，是企业扩大再生产的重要资金来源。

从汽车市场营销角度来看，汽车价格组成为：

汽车销售价格＝汽车生产成本＋汽车生产企业的利税＋
汽车流通费用＋汽车销售企业的利税

（二）汽车需求价格弹性分析

汽车需求价格弹性是汽车需求量的变化与该汽车价格变化的比值，表明需求量变动随价格变动之间的关系，用E表示需求价格弹性，即：

需求价格弹性＝汽车需求量的增（减）数值/汽车价格的降（涨）价数值

由于需求与价格的变动有方向问题，因而有正负之分，但实际运用时，为了比较需求价格弹性的大小，一般取其绝对值。

当$E<1$，表明需求量变化的幅度小于价格变化的幅度，也就是说需求量与价格的高

低关系不大，价格的上涨或下降对需求量的影响不大，这视为缺乏弹性；

当 $E>1$，表明需求量变化的幅度大于价格变化的幅度，也就是说需求量与价格的高低关系密切，价格的上涨或下降会对需求量产生很大影响，这视为富有弹性；

当 $E=1$，表明需求量变化的幅度随价格变化而等量变化，这视为单位弹性；

当 $E=0$，表明需求量变化与价格变化无关，即价格的变化对需求量不产生影响，完全不相关，这视为完全无弹性。

在现实经济生活中，缺乏弹性和富有弹性的情况较为多见。

影响汽车需求弹性的因素有：

(1) 产品本身的性质，主要是指产品属于生活必需品还是奢侈品。一般说来，生活必需品弹性较小，奢侈品弹性较大。汽车在现阶段的中国不属于生活必需品，由于价格和使用成本较高等因素，汽车可以看做是奢侈品，因此其需求量受价格的影响较大，需求弹性大。

(2) 产品的可替代性。如果某种产品有许多相近的替代品，这种产品的需求弹性就大，反之就小。例如生活用品中的洗衣粉和洗涤剂之间有较强的替代性，当洗衣粉的价格上涨，人们就会转向使用其替代产品洗涤剂，使得洗衣粉的需求量明显下降。汽车的替代品含义同一般商品的替代品含义是有差别的，汽车的替代品可以理解为不同品牌、不同车型、不同生产国别等之间的相互具有很大替代性的产品。替代品多的产品，其需求价格弹性就大。

(3) 产品在消费者支出中所占的比例。在消费者支出中所占比例小的商品，需求弹性就小，反之，需求弹性就大。

(4) 产品需求的时间性。对产品需求时间急迫的，弹性较小，反之，弹性较大。

(5) 文化价值的取向或偏向。产品越符合或越接近消费者核心价值观，则消费者越愿意消费，其需求弹性就小。

汽车产品价格与需求之间存在着密切关系。不同于普通商品的是汽车产品领域广阔，不同的车型、不同的用途、不同的档次的车其需求价格弹性各不相同。高档、豪华、名牌轿车，如宝马、奔驰其需求价格弹性可能就小，消费者不会因为宝马的价格上涨百分之几就转而购买其他品牌的汽车。购买豪华轿车的用户其看中的主要是品牌，以及自身的身份与地位的需要，而对价格的变化并不敏感，因此，需求价格弹性不大；但对于中低档的家庭用车，价格是消费者主要的考虑因素，价格的变化会影响消费者对车辆选型的重新考虑，较多的替代车型也会影响消费者的选择，因此，中低档轿车的需求价格弹性较大。

一般来说，当测定某一款车型的需求弹性较大时，采取低价策略可以吸引更多顾客，取得较大利润，但必须注意竞争者的反应；当测定某一款车型的需求弹性较小时，汽车生产企业可适当提高价格来增加利润，但应考虑与同行业协作者的关系以及国家价格政策和法律的规定。

技能训练：

1. 调查一款汽车的价格变化情况，分析销售量随汽车价格的变化而变化的情况。
2. 假如你是消费者，哪些因素会影响你对汽车的购买决策？

单元三

汽车销售促进

学习任务

学习目标：掌握汽车销售促进的方法。

任务导入：汽车的不断降价是近年来我国汽车市场的汽车销售现象，其目的是促进销售，但汽车销售促进只有降价这唯一的方法吗？哪种销售促进方法更适合汽车产品？

汽车销售促进是汽车营销活动的一个关键因素。汽车销售促进包括各种短期性的刺激工具，用以刺激汽车消费者和贸易商较迅速或较大量地购买某一品牌的汽车产品或服务。汽车销售促进在汽车业中应用广泛，是刺激销售增长，尤其是销售短期增长的有效工具。

一、汽车销售促进的目标

汽车销售促进的具体目标要根据汽车目标市场的类型变化而变化，具体包括：

（1）对消费者来说，汽车销售促进的目标包括鼓励消费者购买汽车和促使其重复购买；争取未使用者购买；吸引竞争者品牌的使用者购买。

（2）对经销商来说，汽车销售促进的目标包括吸引经销商经营新的汽车品牌，鼓励他们购买非流行的汽车产品；抵消竞争性的促销影响，建立经销商的品牌忠诚度和获得进入新的经销网点的机会，促使经销商参与制造商的促销活动。

（3）对促销人员来说，汽车销售促进的目标包括鼓励他们支持一种新的汽车产品并激励他们寻找更多的潜在消费者。

二、选择汽车销售促进的工具

选择汽车销售促进的工具时，要综合考虑汽车市场营销环境、目标市场的特征、竞争者状况、销售促进的对象与目标、每一种工具的成本效益预测等因素，还要注意将汽车销售促进同其他促销组合的工具（如广告、公共关系、人员促销等）互补配合。

（一）用于消费者市场的工具

1. 汽车消费贷款

由于汽车价格一般比较高，普通消费用户对一次性付款较难接受，因此世界各汽车公司都有汽车消费贷款或分期付款业务。日本丰田公司有 2/3 的新车销售都是由汽车生产企业提供分期付款的金融借贷服务来完成的。

汽车消费贷款是银行对在其特约经销商处购买汽车的消费者发放的人民币担保贷款。汽车消费贷款通过"首期付款"的方式，把价格"降"下来，实现了较低消费层次的现实购买力，并以余款延期交纳的方式，解决了购销双方资金和资源的双重闲置问题。1998 年 10 月，中国人民银行批准四大国有商业银行——中国工商银行、中国农业银行、中国银行、中国建设银行开办个人汽车消费贷款，其中建设银行和工商银行率先推出了这项业务。

特约经销商是在汽车生产厂家推荐的基础上，由银行各级分行根据经销商的资金实力、市场占有率和信誉进行初选，然后报到总行，经总行确认后，与各分行签订《汽车消费贷款合作协议书》的汽车经销商。

如今，除了四大国有商业银行外，其他商业银行也开展了汽车消费信贷业务，并对汽车品牌不再有限制，对进口汽车也减少了更多的限制。

近几年，几家合资品牌汽车集团都成立了自己的金融公司，通过提供汽车消费贷款，促进了汽车的销售。

2. 汽车租赁销售

汽车租赁销售是指承租方向出租方定期交纳一定的租金，以获得汽车使用权的一种消费方式。汽车专业租赁公司，是继出租用车市场后又一大主体市场，是汽车企业长期、稳定的用户之一。租赁销售是刺激潜在需求向现实需求转化的有效手段。

租赁销售促进了汽车销售，使汽车工业获得了自我发展的资金来源，为汽车生产企业技术更新提供了资金保证。租赁销售促使经销商不断改进服务，大大提高了用户满意度。

3. 汽车置换业务

汽车置换业务包括汽车以旧换新、二手汽车更新跟踪服务、二手汽车再销售等项目的一系列业务组合。

4. 汽车销售附赠品或服务

购买汽车，附赠用品或服务，如购车免费赠送内饰、贴膜、安装倒车雷达、GPS 导航仪、延长保修里程、增加免费保养次数等。有的汽车商还通过抽奖赠送彩电、手机等奖品，从而促进汽车销售。

5. 免费试车

邀请潜在消费者免费试开汽车来刺激其购买兴趣。免费试车为消费者提供亲身体验，有利于进一步加强消费者的购买欲望，最终达成交易。

6. 销售点陈列和商品示范

在汽车展厅通过布置统一标准的室内装饰画、广告陈列架等有关汽车的陈列，向消费者进行展示。例如，上海大众帕萨特轿车上市时，上汽销售总公司为所有特许经销商提供统一的装饰画，带有浓烈的现代感，符合大多数潜在消费者的审美观念。

7. 使用奖励

企业为了促进汽车销售，对使用该企业汽车产品的优秀用户给予精神和物质上的奖励。一汽大众对哈尔滨地区 30～40 万公里无重大修理的汽车驾驶员给予在德国参观学习的重奖。东风汽车公司对使用本企业汽车达到数万公里，且从未出过事故的驾驶员给予物质奖励，举行庆功表彰大会等。

（二）用于经销商交易的工具

1. 价格折扣

对经销商的购车给予低于定价的直接折扣，如鼓励其购买一般情况下不愿购买的汽车型号，增加其进货的数量；如果经销商提前付款，还可以给予一定的现金折扣等，从而刺激其销售的积极性。

2. 折让

汽车生产企业的折让用以作为经销商宣传其产品特点的补偿。广告折让用以补偿为该产品做广告宣传的经销商；陈列折让用以补偿对该产品进行特别陈列的经销商。例如：一汽大众对其产品的专营公司免费提供广告宣传资料，以成本价提供捷达工作用车，优先培训等。

3. 免费商品

对销售特定车型的汽车或销售达到一定数量的经销商，厂家额外赠送一定数量的汽车产品，也可赠送促销资金，如现金或礼品等。

（三）用于人员促销的工具

1. 利用贸易展览会和集会，组织年度汽车展览会

在大型汽车展览会上租用摊位，展示概念车、新车的优点和性能。1998 年上海大众为新型桑塔纳“时代超人”在全国 16 个大中城市举行大型促销展示活动，顺利完成了该车的市场导入。而每年在北京、上海、广州等地举办的汽车展览会，更是云集了国内外各大汽车企业，成为展示汽车风采的舞台。

2. 销售竞赛

汽车生产企业出资赞助经销商和促销人员的年度竞赛，对完成销售目标的中间商给予一定的奖励，刺激他们增加销量。

3. 纪念品广告

促销人员向潜在消费者赠送标有产品信息但价格不贵的物品，换取消费者的姓名及地址。这些物品及宣传资料通常由汽车生产企业提供。

三、汽车销售促进方案的制定

制定汽车销售促进方案可以按以下过程来进行：

（一）确定汽车促销所提供优惠的大小

一般来说，优惠越高，产生的销售反应越明显，但是销售反应的增加要小于优惠的增加。同时，促销优惠的作用还受到需求弹性的影响。

（二）确定汽车促销的对象

汽车促销的优惠只向符合特定条件的个人或团体提供，如促销资金对某些区域的消费者、公司的家属等不予提供。

（三）确定汽车促销持续的时间

一般，理想的促销持续时间为每季度使用 3 周左右，其时间长度即是平均购买周期的长度。当然，合理的汽车促销周期长度还要根据不同类型的汽车产品来确定，以发挥交易

优待的最佳效力。

（四）选择汽车促销时机

应当制定出全年的汽车促销活动的日程安排，有计划、有准备地进行，以配合汽车产品的生产、销售和分销。有时需要安排临时的汽车促销活动，这就需要短期内的组织协作。

迄今为止，促销仍是厂商和经销商在产品销售中最常用的工具。尽管营销的本质是在充分了解客户需求的基础上，生产满足消费者需求的产品，营销的重点在于满足需求，而不是推销商品。但是，在现实的激烈的竞争环境中，新产品的更新越来越快，产品的生命周期越来越短，市场瞬息万变，如何让消费者认同和接受，需要的仍是通过有效的促销来实现产品向商品的转换。

四、汽车展销会

在汽车营销商务活动中，组织和参加展销会是其中的一项。目前我国每年举行的规模较大的汽车展览会有：北京汽车展览会、长春汽车展览会、沈阳汽车展览会、上海汽车展览会和广州汽车展览会等。汽车展览会已经越来越成为国内外各家汽车企业促进销售的最大平台。

组织和参加汽车展销会有如下具体作用：

（1）通过汽车展销会，可以沟通产销关系、联络感情，建立合作关系。

（2）通过汽车展销会，可以落实第二年的订货合同、计划。对于生产单位是落实产品销路，便于安排生产计划；对于营销单位是落实销售货源，便于安排营销计划。

（3）通过汽车展销会，可以沟通各种信息，包括汽车市场行情、产销动态、产品发展和改进动态、销售网络变化动态、兄弟单位管理经验等。

（4）通过汽车展销会，广交朋友，建立各种营销合作关系，促进销售业务的开展。

（5）通过汽车展销会，汽车企业展示新车型、展示企业实力、提升企业声誉以促进销售。

技能训练：设计一个汽车促销方案。

单元四

汽车销售实务

学习任务一

学习目标： 掌握汽车销售业务中的顾客接待业务。

任务导入： 在汽车4S店，销售人员接触客户是促成汽车交易的首要环节，怎样才能处理好接待顾客的业务呢？

销售流程的接待步骤是给顾客建立一个第一印象。通常情况下，顾客对购买汽车的过程都有一个先入为主的负面想法，因此，专业人员周到礼貌的接待将会消除顾客消极的思想情绪，并为顾客未来购买带来愉快满意的经历。

销售接待工作的关键集中在四个方面：第一是让顾客首先感到这个公司的迎客氛围，通过展厅的布置、标语的安排、人员的礼貌和热情等方面，向顾客传达这样一个信息：公司欢迎顾客的惠顾。第二是给顾客一个深刻的印象，让顾客留意和回味这个公司具有专业化、高品质服务的水平；第三是增加顾客对产品和服务的信心；第四是销售人员运用与顾客沟通的技巧来获得良好的第一印象。

一、电话接听礼仪

销售人员必须在电话铃响三声内接听电话。接听时应用左手接听电话，并且热情、清晰而又精神饱满地说："您好，这里是××汽车4S店"。在接听移动电话时应说："您好，我是×××，××汽车4S店销售顾问"。同顾客进行电话沟通时，应边听边记。电话挂断后，将接听内容和顾客信息进行归纳并填写《顾客来电登记表》。

销售人员应按如下要求接听电话：

（1）重复电话主要内容，再做确认。

（2）感谢顾客来电。在感谢顾客给专营店来电和说"再见"之前，询问顾客还有什么其他的要求。

（3）如接听固定电话，则再次明确告知专营店的名称和你的姓名，并感谢顾客来电。要等对方挂断电话后再挂电话。

（4）以礼貌和帮助的态度来弄清顾客的需求，如果是电话找人，则提示他稍等，迅速将电话转给他要找的人。或者告诉顾客他的电话将被转接，并告知他转接电话人的姓名，或者向被转接者说明顾客的需求，以节省顾客的时间，使其不必再重复所说的话。

（5）如果被访者正忙，就询问顾客是否愿意等一下，但不能让顾客等待的时间超过10秒钟，一旦超过了10秒钟，应及时将电话转回来向顾客说明，并询问他是否可以再等一等。因为，超过10秒钟的等待，容易让顾客产生烦躁难耐的心情。

（6）如果被访者不在，应询问顾客怎么给他回电话。若被访者在附近则用手遮住话筒，再请被访者前来接听。

（7）如果顾客来电是询问相关事宜，则回答顾客询问前先问："请问先生（小姐）贵姓?"必要时重述来电者问题以示尊重，并做确认。若一时无法回答顾客询问的问题，则请顾客稍等，向同事问清答案后再回答，或请同事代为回答。

（8）顾客咨询车的价格、配置等相关技术问题时，一定要非常流利、专业地给予回答。电话报价时，应遵循你所代理品牌的汽车公司所规定的报价，其他费用明细也应报得非常准确。

（9）如顾客电话是咨询售后服务的，回答应尽可能准确、明确，帮助顾客解决问题，一时解决不了的，应让顾客留下联系电话，并马上交给售后服务部负责跟进。同时，销售人员应在《来电顾客登记表》上注明相关内容。如果顾客来电的目的是咨询二手车的相关事宜，则转请负责二手车的人员按照有关"二手车销售"的内容来进行回答。

（10）应主动邀请顾客来专营店参观、看车或参加试乘试驾，并尽可能地留下顾客姓氏和联系方式，但不要强求。挂电话前，要再一次感谢顾客来电。

二、接待上门的顾客

（一）迎接顾客的方式

销售人员应随时注意有进入展厅的顾客。顾客一进门口，展厅销售人员要面带微笑、双眼注视顾客、稍稍鞠躬，并说"欢迎光临"。若是二人以上同行，则不可忽视对其他人的照顾。顾客经过任何工作人员旁边时，工作人员即使忙于其他工作，也应面带微笑点头致意。销售人员要马上微笑前迎，并说："先生（小姐）您好，来看车吗?"一边递上名片一边自我介绍说："我是×××，您先看着，如果有事我就在您的附近，随叫随到。"接着你应离开顾客。

若顾客不需要销售人员陪同，那就让顾客轻松自在地活动，但你仍应随时注意观察顾客的动态，比如，顾客在看什么、顾客关心什么、顾客在意什么，以便及时地调整自己的销售方案；若发现顾客有疑问时或需要服务的迹象时，要立即上前服务，最好将顾客引入到洽谈区坐下。

若同时有两、三批人来看车，要及时请求支援，不可以让任何人受到冷落。若有儿童随行，则接待人员或其他销售人员应负责招待。若儿童愿意到儿童游乐区玩耍，则引导他们前往，并保证儿童的安全。

（二）顾客看车时的应对

销售人员要观察顾客围着汽车看什么，是看车头，还是看驾驶座旁的仪表盘。只有了解顾客所关心、所重视的东西，才能在脑子里准备好应对策略。顾客都喜欢货比三家，也许他来这里之前，已经去过其他的店了。他这个时候进来，可能只是进行一些细节上的比较。销售人员观察到这种现象之后，就可以有的放矢地准备营销策略了。

销售人员观察顾客的行为，了解顾客喜欢什么、关心什么，这不仅可以很快地直接进入主题，而且顾客会认为你十分专业，从而赢得顾客的信任。对于一般顾客来讲，汽车被认为是一个很复杂的产品，由很多部件构成，涉及很多的专业知识。他买车只是为了使用，可能对保养、维修常识一窍不通。此时他与你接触后发现你是这方面的专家，从心理上讲，顾客就信服你一大半了，他认为你对他是有用的，以后的服务交给你是可以放心的。“我在你这儿买的车，我就找你”，很多顾客都是这样的心理状态。

现在的问题是，往往在销售人员这儿买的东西，销售人员却不负责。因为销售人员不懂专业、不懂维修、不懂技术，顾客的维修保养事务还得去找售后服务，这中间又隔了一层，使顾客的购买欲望大打折扣。所以，销售人员的专业化对于赢得顾客是非常关键的。

在接待顾客的过程中，针对不同的情况，要不同对待。

（1）不是本店的保有顾客来店寻求帮助时，销售人员要表示出关心，请顾客坐下，递上茶水等饮料，问清车况、事发地点及可能发生故障的原因，并且马上通知相关的服务人员前来处理，让顾客感觉到你真心诚意地愿意帮助他。

（2）当确认顾客来店的目的不是买车而是要求和专营店的某人谈话时，先请顾客在顾客休息区坐下，然后马上通知被访者会客。奉上茶水并说：“先生（小姐）请用茶，请稍等一下，×××马上就来。”一直陪同顾客，直至证实他可以得到适当的帮助为止。如被访者不在，可以说：“×××刚好外出，请您先坐一下，我们马上帮您联络。”请顾客在顾客休息区坐下后，马上联络被访者。同时奉上茶水说：“先生（小姐）请用茶，我们已经在帮您联络他了。”询问顾客的需求，并且根据情况主动关心并提供服务。若无法联系到被访者，且其他销售人员也无法为其服务，则请客人留下姓名、电话及来访目的之后，再请被访者尽快和他联系，或写下被访人的移动电话号码，请顾客直接与被访人联系。此时应感谢顾客的光临，请求谅解，并表示今后如有需要，将再提供帮助。

（3）当确认顾客来店的目的是想看看某款车，并且只是想自己一个人看看时，首先感谢顾客的光临，递上你的名片以便提供进一步的帮助。让顾客自己随意浏览参观，销售人员行注目礼，随时准备与顾客交流。适当时递上茶水，并说：“先生（小姐）请用茶。”尽可能让顾客留下联系资料，但不可强求。

（4）当确认顾客来店是想看看某款车并需要帮助时，问清楚顾客需要解决什么问题，并重复一遍顾客所说内容，请顾客确认你对他来访目的的理解是否正确。适当时机递上茶水，并说：“先生（小姐）请用茶。”别忘了向顾客递上你的名片。如果顾客有疑问时可进行解答，如果顾客愿意继续往下交谈，在已获得顾客意向程度的基础上，可以借此机会再向他提一些问题，以便能更好地了解他的购买动机。

（5）当确认顾客来店是看中某款车型，而且购买意向较强，但展厅暂时没有摆放时，应向顾客说明原因，如需要提前预订、销售很好、新车正在运输途中等，恰好表达该车型很畅销的信息，也可以说明公司可以为决定购买的顾客提供紧急调车等特殊服务。也可以根据销售人员掌握的新车采购计划，和顾客另行约定看车时间。如果顾客对未展示的车辆表现得不是非常急迫，销售人员可以给顾客介绍其他款型的车辆。

无论来访的顾客是否表示出购车意向，在顾客离开展厅时，销售人员都要确认是否递交了自己的名片，并送顾客到门外，并说：“有需要帮助的时候请来电，欢迎下次光临，请慢走。”目送顾客离去。回到展厅后，及时整理、分析并将有关资料记录到《来店顾客信息表》中。

三、汽车销售接待礼仪

汽车产品的销售不同于其他的产品，更讲求专业的商务礼仪，要求销售人员的外部形象、行为和语言等与所销售的汽车产品相得益彰。

礼仪是仪容、举止、表情、服饰、谈吐、待人接物等方面约定俗成的行为规范。礼仪的原则有敬人的原则、自律的原则与适度的原则。礼仪的特征是规范性、可操作性、民族性和时代性。

在汽车销售过程中，销售礼仪是销售过程中很重要的一部分，它不仅关系到汽车的销售量，并直接影响到销售人员的形象建立、经销商的形象建立，乃至于所代理的汽车品牌形象的建立。销售礼仪贯穿在销售过程中的各个环节，每个小细节都将影响顾客对销售人员的印象。

礼仪往往通过人的身体语言表现出来。通过人的肢体、器官的动作和表情来表现思想感情的符号，叫身体语言。

（一）身体语言的作用

身体语言是一种非文字语言，包括人的体态姿势、动作和表情。人们在交往中不用口头语言，而只用一个眼神、一个表情、一个微小的手势和体态等，就可以传递出非常丰富的内心世界。

身体语言由眼神、面部表情、身体姿态和动作、手势、身体距离、身体接触等构成。身体语言的表达效果比起有声的口头语言有时会更丰富、更生动，更容易表达出真实、诚恳的心态；身体语言所发出的信息比起口头语言具有含蓄、模糊的特点，给人以朦胧的感官享受。身体语言的作用是美妙的，其作用如下：

1. 交流情感

一个人用一个眼神、一个动作所表达的意思，对方已心领神会；对方用一个眼神、一个动作，所表达的意思，另一个人也已心领神会。

2. 提示与指令

一个业务人员当着对方收拾公文包，这是在提示对方：“我要出去办事了”。又如，你去找经理，而经理正在与客人谈事情，经理会给你一个手势，他是在指令你：“你等会儿再来，我正在和客人谈重要事情”。

3. 联想作用

身体语言所发出的信息，由于有其含蓄性和朦胧感，因而在许多情况下要进行猜测和联想。例如，上面讲的业务员当着对方收拾公文包，对方会对你想干什么进行猜测和联想。顾客除了从身体语言所发出的信息理解出业务人员真实的意思外，还可能会联想出许多其他想法：他是在催我走；不愿和我交谈了；下次还会不会约我再谈，等等。

（二）身体语言解读

1. 眼睛和目光

眼睛被人们称为心灵的窗户。这是因为心灵深处的奥秘都会自觉不自觉地从眼神中流露出来。一双炯炯有神的眼睛，给人以感情充沛、生气勃发的感觉。目光呆滞麻木，则使人产生疲惫厌倦的印象。目光接触是最有效力的身体语言技巧之一。在与顾客交谈时要适当运用目光接触，因为它可以让顾客了解销售人员正在饶有兴趣地、聚精会神地听他说话，也愿意接受他的看法。目光接触可以使我们不仅能听到顾客所说的话，还可以了解他的感受。在运用中，把目光的焦点柔和地落在顾客的脸上。比如，顾客走近你，不管你在做什么，你要立即目不转睛地看着他的脸，同他进行目光接触。当谈话继续时，应该不时地移开目光，避免给人一种印象，认为你正盯着他。不论是初次见面的人，还是熟人，见面时首先要把眼睛睁大，以闪烁着光芒的目光与他接触，面带微笑，显示出喜悦、热情。

如果对方长时间回避你的目光而左顾右盼，是对方不感兴趣的表示，则交谈应当尽快结束。

关于眼睛和目光，由于运用的细节不同，所表达的意思也有很大差别。例如，睁大眼睛，表示吃惊；瞪大眼睛，表示气愤；偷看相觑，表示窘迫；目光乜斜，表示鄙夷。目光也可能表达过度，如用锐利的目光盯着对方，使人不敢正视，令人感到紧张和不安。另外还有，如果当顾客走近你，而你却低着头伏案工作，不与顾客进行目光接触，顾客理解为你不愿意和他打交道。

2. 微笑

人的“喜、怒、哀、乐”都能在脸部表露出来。面部表情是人的内心情感在脸部的表现，你的面部表情能让你周围的人知道你是在高兴还是难过等。在人际交往中，“微笑”有着非常重要的作用。微笑是处理好人际关系的一种重要手段，面对不同场合、不同情况，如果你能用微笑来接纳对方，以诚相待，可以反映出你良好的职业素质和修养。微笑是调节融洽的交往氛围的有效手段，微笑所表现出的温馨、亲切的情感，能有效地缩短双方的距离，给对方留下美好的心理感受，从而形成融洽的交往氛围。微笑是化解矛盾的有效手段，微笑具有一种魅力，它可以使强硬者变温柔，使困难变容易，使对立变和解，是化解矛盾的有效手段。

但微笑如果不得当，也能引起相反的结果。如微笑表达过度时会使人感到生硬、虚伪，笑不由衷。当对方痛苦之时，你不能幸灾乐祸地向他笑。微笑表达不充分时会使人感到过于冷淡，如当顾客走近你，你面部毫无表情，没有一丝笑容；当顾客走近你，你在笑，但笑得非常勉强、非常不自然，是那种“皮笑肉不笑”的笑。

3. 腰部以上的身体姿态

销售人员为表现出非常热心地倾听顾客的谈话，并且对此很感兴趣，应该做到：点头，面对顾客，向前倾身。

（1）点头。

销售人员不需要用语言表明自己正在注意倾听别人讲话的最好方式之一就是点头。当一位顾客正向你不停地讲解某件事的一些细节时，你不插话，但你又希望让他知道你正在听他讲话，这个时候点头特别有效。但点头行为不恰当也会产生负面影响。偶尔点头表明你正在倾听，但持续不断地点头表露了不耐烦的情绪。点头频率加快是在催促顾客“赶快说完”。谈话间歇阶段你仍在点头，表明你根本没有留意周围发生的一切。机械性点头，毫无表情地点头这些都是不恰当的表现。

(2) 面对顾客。

销售人员把整个身子转向顾客，就是向顾客传递了这样一个信息：他得到了销售人员全部的、毫无分散的注意力。

(3) 向前倾身。

在与顾客交谈过程中，如果销售人员不想结束谈话，就要轻轻向前倾身，从而让顾客了解你对他所说的话很感兴趣。当顾客正在表达强烈感情时，销售人员一定要向前倾身，这等于在说："我确实非常乐意听你讲的，我对你非常理解。"

(三) 正确运用身体语言

尽管身体语言有着口头语言所无法替代的作用，但它毕竟是无声的，在传递信息的功能上，口头语言要比身体语言更优越、更重要，二者必须完美结合才能声情并茂，全面、准确地表达思想感情。

尽管身体语言的功能是巨大的，但在运用中必须恰到好处，做到多方面协调配合。比如，为使微笑发自内心、自然大方、显示出亲切的效果，必须要由眼神、眉毛、嘴巴、表情等方面协调动作来完成。

尽管身体语言是一种美，可以起到很大的感染作用，但它毕竟是外在的、表象的，不可由于刻意追求这种外在美而忽略了心灵美这个基础。只有真、善、美的心灵与优美的举止相结合，才能相辅相成，相得益彰，形成一个完美的自我。

良好的身体语言表达能力不是天生就有的，是后天所得，同时也是无止境的。只要积极主动地参加一些形体训练，在工作实践中不断学习、积累有关身体语言表现技巧，不断矫正自身的不良习惯，就能逐步达到运用自如的程度。

在汽车销售活动中，对销售人员身体语言运用的基本要求是：

1. 站立的姿势

总的要求是：正面看"头正、肩平、身直"；侧面看"含颌、挺胸、收腹、直腿"。对于男性，要体现男性的刚健、潇洒、英武、强壮的风采，要力求给人一种"劲"的壮美感；双手相握、叠放于腹前，或者相握于身后；双脚可以叉开，与肩同宽。对于女性，要表现女性轻盈、妩媚、典雅、娴静的韵味，要努力给人以一种"静"的优美感；双手相握或叠放于腹前，双脚可以稍许叉开。

2. 坐立的姿势

对于男性，在请顾客坐下后，销售人员一般从椅子的左侧入座，坐在椅面的前 1/3，挺直端正，不要前倾或后仰，双手舒展或轻握于膝盖上，双脚平行，间隔一个拳头的距离，大腿与小腿呈直角。如坐在深而软的沙发上，应坐在沙发前端，不要仰靠沙发，以免鼻毛外露。对于男性，忌讳跷二郎腿、随意脱鞋，把脚放到自己的桌椅上或架到别人桌椅上。

对于女性，一般容易出现的问题是坐姿不规范，坐时双脚应交叉或并拢，双手轻放于膝盖上，嘴微闭，面带微笑。

3. 行走的姿势

对于男性，应抬头挺胸、步履稳健、坚定自信，避免走八字步。

对于女性，应背部挺直，双脚平行前进，步履轻柔自然，避免做作。

4. 视线

销售人员在与顾客沟通时，两眼的视线落在对方的鼻间，偶尔也可以注视对方的双眼。恳请对方时，注视对方的双眼。为表示对顾客的尊重和重视，切忌斜视或光顾他人他物，避免让顾客感到销售人员心不在焉。此外，根据与顾客的熟识程度，可以按“生客看大三角，熟客看小三角，不生不熟看倒三角”的法则来把握自己与顾客的视线交流。

所谓“大三角”就是以眉心为顶点，两肩为底边构成的三角形；所谓“小三角”即以眉心为顶点，下巴为底边构成的三角形；所谓“倒三角”即眉毛为底边，鼻尖为顶点构成的三角形。

5. 指引

需要用手指引某样物品或指引顾客时，食指以下靠拢，拇指向内侧轻轻弯曲，指示方向。

6. 握手

握手时要保持手的清洁、干燥和温暖，要注意先问候再握手。伸出右手时，手掌应呈垂直状态，五指并用，与对方握手时间不超过 3 秒；切记不要用左手握手。在与多人握手时，遵循先尊后卑、先长后幼、先女后男的原则，按顺序握手；不能戴手套握手或握完手后擦手；握手时应眼光平视对方，不能左顾右盼；握手时用力要适度，切忌手脏、手湿、手凉和用力过大。与女性握手时用力要轻、时间要短，不可长时间握住女性的手；握手时掌心应向上，以示谦虚和尊重，切忌掌心向下。为了表示对顾客的格外尊重和亲密，可以双手与对方握手。

7. 鞠躬

在与顾客交错而过时，销售人员应面带微笑，行 15 度鞠躬礼；接送顾客时，应行 30 度鞠躬礼；如果初次见面或为了感谢顾客时，应行 45 度鞠躬礼。

8. 适度的商谈距离

不论是面对面顾客站立交谈还是坐下沟通，相互之间应保持一定的距离，一般以 0.5～1.5 米为宜。如果太近，容易给顾客造成压力；如果太远，又会让顾客感到不受重视，即要讲究距离有度。

9. 接待及时

当发现顾客走进展厅时，离顾客最近的那位销售人员在 5 秒钟之内必须向走过来的顾客主动打招呼：“先生您好，欢迎光临！”当销售人员发现顾客走近 3 米远的距离时应及时向顾客打招呼，虽然第一个销售人员已经向顾客打过招呼，但当顾客绕车观察时，离顾客最近的那位销售人员应该与顾客打第二次、第三次招呼，只要顾客从销售人员面前经过就要与之打招呼。在销售现场，当顾客以任何方式提出问题时，销售人员要迅速应答，回答还要准确、精练、干脆，不拖泥带水，以获得顾客的好感。

10. 避免不良的行为习惯

人们都有一些自己容易忽略的细小的不规范动作和行为。例如，当着顾客的面搔痒、扣鼻孔、修剪指甲、玩弄头发或用手指梳理头发，手指不停地在桌面或椅面上敲打，不论站立还是坐下脚都在不停地抖动，舌头在嘴里乱动，坐立不安等。虽然这是一些细小的动作，而由于是习惯动作，销售人员自己并未意识到有这样的行为发生，但对于顾客来讲，尤其是比较注重细节和挑剔的顾客，他们无法忍受这样的情况发生。所以有的时候，销售人员会发现顾客莫名其妙地发生情绪的变化，为什么刚才谈得好好的，突然之间顾客改变了主意。如果遇到这样的情况，销售人员就要仔细反思一下自己的行为细节是否有让顾客不满和不能容忍的地方。要改变这样一些小毛病，可以让自己的同事随时提醒、及时纠正。

四、销售接待的交谈要求

交谈是人际间进行交流的主要方式，在汽车销售中占有重要位置。交谈体现着人的修养，销售人员认真学习和掌握好交谈的技巧是非常必要的。

（一）态度真诚

正确的交谈，谈话态度应是真挚、平易、稳重、热情。彼此的信任是交谈的基础，只有真诚待人，才能换取对方的信任，唤起对方的好感，使对方乐意与你交谈，致使交谈获得成功。

在自己讲话时，要给别人发表意见的机会。在别人说话时，也应适时发表个人的看法。要善于聆听对方谈话，不能轻易地打断别人的发言。一般不提与谈话内容无关的问题，如对方谈到一些不便谈论的问题，对此不宜轻易表态，可灵活地转移话题。

不要随便插入别人的谈话。别人在个别谈话，不要凑前旁听。当你欲与某人讲话时，应待别人讲完后，再与之交谈。有人主动与你交谈，应乐于接受。在与众多人交谈时，不应只与其中一两位交谈，冷落他人，要不时地向其他人打招呼，以示周全的礼仪，切不可目无他人。

（二）谦恭适度

诚意是交往的前提，推心置腹、以诚相见的态度会使人感到和谐、融洽、亲切。而要做到谦恭适度，首先要把自己摆在与对方平等的位置，把互相交流切磋作为目的，而不是满口客套，假意应酬，更不是曲意逢迎，吹牛拍马；其次是老老实实，虚心讨教，但不应过分谦卑，也不应自以为是，更不应言过其实。

谈话要心平气和，不要态度傲慢、趾高气扬地与人交谈。对一些问题如有不同看法，即使发生分歧，不得已争执起来，也不要大声斥责对方，可以转移话题避开话锋，先谈其他的问题。

交谈是双边或多边活动，不应旁若无人地只顾自己高谈阔论，搞“一言堂”；而应学会“抛砖引玉”，让对方畅所欲言。特别是与一些晚辈或学识水平不如自己的人交谈时，更应注意这一点。

（三）精神专注

在与别人交谈时，表情要自然，语气要和蔼亲切，精神要专注，不要东张西望。专注是对人尊重的一种表示，会有助于对方更好地表达。双方交谈的情趣主要在交谈内容和双方的表情上，如果一方能精力集中地听，那么，对方就会津津有味地讲；如果一方表现得心不在焉，就会影响对方谈话的兴致。

交谈时，有人习惯做小动作，这会让对方感觉到缺乏修养。交谈过程中可以适当地做一些手势，但动作不宜过大，不要手舞足蹈，更不要用手指着对方讲话。与对方交谈的位置要适度，不能离对方太远，使对方听不清你说些什么，但也不要离得太近，还要注意口腔卫生，对着别人说话时，不能唾沫四溅。

(四) 保持热情

交谈中表示热情的方式有两种：一种是讲话的内容选择，要多谈对方关心、对对方有益的内容。再一种是表情和举止行为，表情要保持自然亲切，举止行为要适度得体。如果有足够的热情，就会激发对方的谈话兴致。否则，如果表情漠然，对方就会很快失去谈话的兴趣，使一些该讲的话也不讲了。谈话结束时，不能不告而别。如果是与多人交谈，结束后应一一告辞。告辞语应简洁，尽可能用高度概括性的语言，不要把说过的话再重复一遍，更不要在结束时又提出新的话题。

(五) 内容适宜

一般地说，任何交谈的内容都应是健康的、有益的。如果不是特别的需要，谈话内容不要涉及疾病、死亡等不愉快的事情；不谈那些荒诞离奇、耸人听闻的事情；不贸然询问对方履历、工资收入、家庭财产等方面的问题；一般不询问女士的年龄、婚姻状况、家庭状况、衣饰价格等私人生活方面的问题。根据不同的谈话对象，选择适宜的话题，对方不愿回答的问题不要追问，要避开对方难堪的话题。不经意碰到对方反感的问题，应表示歉意后即刻转移话题。谈话中不随便道人长短，散布"小道消息"，更不应搬弄是非、制造事端。

(六) 语言得体

首先，交谈的语言要简洁明了，用语准确，要说明的意思需明白无误地表达出来，不要含糊其辞或者语言啰唆，不得要领。其次，交谈的语言要文雅礼貌，不带口头语，不带脏字。第三，交谈的语言应注意分寸，力求委婉、含蓄地表达出来，不要讲过头的话，不要讲引起对方不愉快的话。

技能训练：练习汽车销售人员接待顾客时的礼仪。

学习任务二

学习目标：掌握汽车展示和介绍的方法。

任务导入：汽车 4S 店的展厅总是给人宽敞明亮和赏心悦目的感觉，汽车怎样摆放才能成为展厅中最突出的景色进而吸引顾客？怎样向顾客介绍车辆？

一、汽车展示方法

车辆展示是销售人员针对展示的车辆通过讲解与示范帮助顾客全面了解产品，进而使顾客产生购买欲望的过程。车辆展示的目的是使顾客对车辆性能有更直接的感性认识，进一步增强顾客的购买欲并体现其安全、高质量的品牌内涵。

车辆展示要为顾客的参观与操作提供方便。一般应注意以下几点：

(1) 注意车辆的颜色搭配。展示区域的车辆不能只有一种颜色，几种颜色搭配的效果会更好一些。

(2) 注意车辆的型号搭配。同一个品牌的车，可能有不同的系列。就是同一系列车型的车辆，也是从基本型到豪华型，价格有高有低，排量有大有小等，要求不同型号的车都应搭配展示。

（3）注意车辆的摆放角度。应让客户感觉错落有致，而不是凌乱无序。

（4）注意重点车型的摆放位置。重点车型是销售亮点，要把它们放在合适醒目的位置。特别是属于旗舰的车型，一定要突出它的位置。可以把一些特别需要展示的车辆停放在展示大厅的中心位置，其他车型根据颜色、款型的特点进行合理布置，既突出重点，也考虑顾客需求的多样性。

（5）注意凸显产品特色。这是体现产品差异化，提高竞争力，使客户加深印象的重要手段。

展示的车辆应达到如下标准：

（1）展车要全面清洁卫生，无手纹，无水痕（包括发动机室、排气管、车身、车门、门缝、玻璃、门拉手、前脸等部位）。车辆油漆的光洁度非常高，车门把手都是镀铬的，很亮，手一触摸便会留下指纹。所以，销售人员在展厅里面要随时随地地按照规范保持车辆的清洁度。水迹也是不允许的，特别是车辆夹缝里的水迹尤其要注意擦干净。

（2）车辆要保持一尘不染，引擎盖打开以后，凡是视线可及的范围内都不允许有灰尘。

（3）轮毂中间的LOGO（车标牌）应与地面成水平状态。

（4）轮胎导水槽内要保持清洁、无异物。因为车是从外面开进展厅的，难免会在导水槽里面卡住一些石子等东西，这些东西都要去掉，还要清洗干净。

（5）前排坐椅调整到适当的距离，而且前排两个座位从侧面看必须是一致的，不能够一个前，一个后；不能够一个靠背倾斜的角度大一点，一个靠背倾斜的角度小一些，而且座位与方向盘也要有一个适当的距离，以方便客户的进出；两者距离太近了，客户坐进去不方便，这样会使客户有空间局促感，还以为是驾驶空间小了，其实是座位太靠前的缘故。

（6）新车车厢内的方向盘、倒车镜、遮阳板、坐椅等都有塑料薄膜包装物，展示的车辆应将包装物拆除。

（7）调整好倒车镜、后视镜，使其处于一个合适的位置。

（8）将方向盘摆正并调到适当位置。将仪表盘上的时钟调校为标准的北京时间。确认各功能开关所处的合适位置并试用，空调出风口在空调打开后有风。确认收音机功能范围内的频道包括交通台、文艺台在内已调好，左右喇叭声道、音量也已调好。可以准备一些音乐光盘，在向顾客介绍音响功能时使用。

（9）将后坐椅安全带折好用橡皮筋扎起来塞到后座座位中间的夹缝里，并留一半在外面。

（10）展车里面放一些脚垫，如果脚垫上面有品牌标志，摆放的时候应注意标志的方向。同时要注意脚垫放正，脏了以后要及时更换。

（11）后备箱整洁有序，无杂物，安全警示牌应放在后备箱的正中间。

（12）展车放置时间长了，电瓶可能会亏电，所以要保证电瓶充足有电。

（13）轮胎应该装饰和美化一些，可以采用亮光剂把它喷得乌亮。

二、汽车介绍方法

产品介绍是销售人员完成基本的需求调查后，向顾客说明提供的产品及服务能带给顾客何种利益，期望顾客能购买。车辆介绍就是销售人员有系统地透过一连串需求确认，特性、优点及特殊利益的陈述，引起顾客产生购买的欲望。

做好车辆介绍目的是使顾客比较全面地了解车辆，唤醒顾客对现实问题的重视，让顾客了解能获得哪些利益，让顾客产生需求欲望，让顾客认同销售人员所提供的产品或服务能解决他的现实问题及满足他的需求。成功的产品介绍的特征是，销售人员能毫无遗漏地说出对顾客解决问题及现状改善的效果，能让顾客相信该车辆销售商能做到其所说的，能让顾客感受到销售人员的热诚和愿意同顾客站在一起的立场，以及帮助顾客解决问题的态度。

常用的车辆介绍方法有：

(一) FABE 产品介绍法

FABE 产品介绍法也称利益特征介绍法，就是将产品的特征和配置表述清楚，并加以解释、说明，从而引出它的优势和好处及可以带给顾客的利益，并适时地展示足以让顾客置信的证据，进而使顾客产生购买动机。

FABE 是特征（Feature)、优势（Advantage)、利益（Benefit）和证据（Evidence）的英文字头。

Feature，可以解释为特征、特色、卖点等，是指所销售车辆的独特设计、配置和性能特征，一般表现为材料、颜色、规格等用眼睛可以观察到的事实状况。将特征详细地列举出来，尤其要针对其属性，按性能、构造、易操作性、机能、耐用性、经济性、设计、价格等列举其独特的优势和特点，并将这些优势和特点列表进行比较。

Advantage，可以解释为好处或优势，是将商品的特征与因为这些特征而带来的好处进行详细地说明，即产品的优势、好处是否能真正带给顾客利益。

例如，销售人员可以这样进行介绍 ABS 系统："ABS 系统是利用装在车轮上的轮速感应装置在制动时对车轮进行点刹，防止车轮抱死的一套制动系统，它能够大大缩短车辆在湿滑路面上的制动距离和避免制动时发生侧滑或甩尾，提高了车辆制动的安全性和可靠性。"这样就能使顾客对 ABS 的优点有更深入的了解，更易于接受，但是优点必须转化为顾客愿意接受的利益，顾客才会愿意接受销售员的推荐，实现购买。

Benefit，就是利益的意思，指产品的特性和好处能带给顾客哪些方面的利益。通过销售员的介绍，将顾客所关心的利益表达出来，从而引起顾客的共鸣。

例如，销售人员在介绍了 ABS 防抱死制动系统的优点后，继续说明 ABS 防抱死制动系统能够降低因为路滑而刹车所带来的不安全因素，带给顾客的利益就是提高了行车的安全性。

Evidence，即证据、证明等，是要找到能让顾客相信前面所介绍的优势和带给顾客利益的证据。证据可以是证明书、照片，报纸、杂志的报道、其他顾客的证明、录音、录像等。通过这些方式，使顾客更加坚信销售员的介绍，从而促成销售。

FABE 产品介绍法就是通过产品特征和性能的介绍，让顾客了解这些特征带来的好处和优势，同时引申出对顾客而言所能带来的利益，以引起顾客的共鸣，接着展示足以让人置信的证据，从而坚定顾客购买的决心。这样顾客不仅不会产生抵触情绪，而且还会觉得你完全站在他的角度，是为他着想，帮助他解决问题，从而让顾客很容易接受、认同。应用 FABE 产品介绍法，帮助汽车销售员设计有力的销售台词，可以大大提高汽车销售员的销售效率以及销售额。

在应用 FABE 产品介绍法时并不是将车辆所有的特征全部加以说明，而是根据顾客的需求动机和所关心的利益，有针对性地对顾客关心的特征加以强调。在描述顾客利益时，要具体、准确，用词要有丰富的感情色彩，以顾客的感觉为中心，充分调动顾客的情感。列举的证据要可靠、准确、实事求是。

（二）六方位绕车介绍法

六方位绕车介绍，是一个比较规范化的汽车产品展示流程。这种方法最早由奔驰汽车所应用，后来被日本丰田汽车的“凌志”品牌采用并进一步完善。目前，在我国销售的进口车和合资品牌车辆大多采用这种汽车展示和介绍方法。

六方位绕车介绍法，是指销售人员按顺序从六个方位向顾客介绍车辆的特征、优势和带给顾客的利益的汽车介绍方法。

所谓的六个方位是：

1 号位：车前 45°角；

2 号位：驾驶室侧；

3 号位：驾驶座位；

4 号位：汽车后部；

5 号位：乘客座位；

6 号位：发动机室。

在做六方位绕车介绍时，可以结合前面所介绍过的“FABE”产品介绍法，即除了介绍车辆配置和特点以外，重要的是强调这些配置、特点能给客户带来的利益。

按规范采用六方位绕车介绍法介绍汽车，需要时间较长，而要考虑顾客的感受，一般时间把握在 5～8 分钟为宜，按六个方位的顺序，逆时针绕车，每个方位突出重点特征和利益。

1. 一号位——车头 45°角的介绍重点

（1）车头造型设计。

（2）车标。

（3）发动机。

（4）散热格栅。

（5）保险杠。

（6）前照灯组合。

（7）车宽。

（8）前风挡。

（9）雨刮器。

（10）车身颜色。

（11）腰线。

2. 二号位——驾驶室侧介绍重点

（1）后视镜。

（2）A、B、C 柱。

（3）车门拉手。

（4）遥控中央门锁。
（5）防擦装饰条。
（6）侧转向灯。
（7）车轮饰盖。
（8）轮辋、轮胎。
（9）悬挂方式。
（10）刹车片。

3. 三号位——驾驶座位介绍重点

（1）电动车窗及总控按钮。
（2）方向盘。
（3）仪表板。
（4）脚踏板。
（5）坐椅。
（6）内饰。
（7）安全带、安全气囊。
（8）空调、音响。
（9）变速杆。
（10）照明灯。

4. 四号位——汽车后部介绍重点

（1）后备箱。
（2）后风窗。
（3）后保险杠。
（4）排气管。
（5）后组合灯。
（6）天线。

5. 五号位——乘客座位介绍重点

（1）安全带。
（2）内部空间尺寸。
（3）儿童安全锁。
（4）阅读灯。
（5）车窗按钮。

6. 六号位——发动机室介绍重点

（1）发动机动力性能。
（2）发动机经济性能。
（3）电子防盗系统。
（4）电子喷射系统。
（5）ABS 系统。
（6）三元催化。
（7）发动机号、车架号。

（8）水箱架。
（9）防火墙。
（10）储液罐。

技能训练：

1. 设计一个汽车展示的方案。
2. 熟练掌握一款轿车的卖点，模拟销售人员向顾客介绍车辆。

学习任务三

学习目标： 掌握汽车试乘试驾的业务要领。

任务导入： 试乘试驾是汽车销售企业为顾客提供的售前服务，销售人员处理业务的好坏，直接影响顾客的购买决定。销售人员应考虑怎样做才能促进销售并保证人、车安全？

一、试乘试驾的意义

汽车销售过程中的试乘试驾是客户亲身体验并获取车辆第一手材料的最好机会。在试乘试驾的服务和陪驾过程中，销售人员可以摸清客户的需求及购买动机，并有针对性地介绍车辆，为促成顾客购买创造条件。

汽车试乘试驾是指在顾客看车和选车过程中，让顾客在汽车试车场内或特定的公路上亲自乘车或驾车的体验，了解车辆性能的活动。试乘一般是指顾客搭乘汽车销售人员驾驶的车辆，以体验车辆的舒适性为主的活动。试驾是具有驾驶执照的顾客亲自驾驶车辆，以体验车辆的动力性能、操纵性等为主的活动。

对于那些对某种车型的性能和特征不太了解的顾客，销售人员在做好车辆展示和介绍的基础上，通过顾客的试乘试驾，让顾客体验出车辆的各方面的性能，把握车辆可以带来的利益，这是许多顾客作出购买决策的关键阶段。

顾客提出试乘试驾的要求，反映顾客对车辆有了一定的兴趣，对于销售人员来说，在销售汽车的进程中又向成功的方向迈进了一步。作为一名销售人员，这时应该以诚挚的热情去帮助顾客，尽快且妥善地安排好试乘试驾的时间、车辆、驾驶员或陪同试乘试驾的人员等。

二、试乘试驾的目的和作用

（一）树立顾客的信心

通过销售人员在试乘或驾车过程中的动态介绍，可以建立顾客对感兴趣车型的信心，激发购买的欲望。如果仅仅凭借销售人员的口头介绍和车辆的静态展示，往往很难让顾客有切身的体会，只有通过试乘试驾才能让顾客真正感受车辆的品质，才能真正建立起顾客对车辆的信心。试乘试驾能够充分调动顾客的触觉、听觉、感觉等机能，从而全面体验驾驶的感受，更加感性地认识车辆，并最终激发起购买的欲望。

（二）了解顾客需求

试乘试驾的过程也是一个商品介绍的过程，销售人员可以通过对顾客试乘试驾的感受和评价，了解顾客对车辆的认知度和对车辆最感兴趣的地方、不满意的地方、总体的评价等，从而在接下来的销售过程中有针对性地进行商品说明。另外，销售人员也可以结合试乘试驾前顾客对车辆的了解，以及顾客关心的问题，有针对性地在试乘试驾过程中进行讲解，让顾客亲身体验，消除顾客的顾虑，增强购车信心，为促进销售做准备。

三、试乘试驾业务流程

（一）试乘试驾前的准备

1. 试车路线的规划

在试乘试驾之前，销售人员应计划好试车路线，确保行车安全，并使顾客有足够的时间来体验车的性能；要尽量避开交通拥挤路段，以选择车流量较少，平直的路面为宜。另外，选择试乘试驾路线要结合车型特性来进行规划，若是越野车则应选择路况稍复杂的试车路线，以便顾客能充分体验到越野车独特的性能和魅力。

试车所选择的路段至少要满足 10～20 分钟的驾驶，并应避开建筑工地和交通拥挤的地区，在途中应有乘降站以便安全地更换驾驶员。试乘试驾路线路线图应摆放在展厅里，以便于销售人员在试乘试驾前向顾客进行路线的介绍和说明。试驾路线，应该选择车流量较少的平坦路面，同时再选一些坑洼、爬坡路段等不同的路面，增加客户的适应性，以舒适、安静为原则。

体现车辆更好的加速性能，所选择的路段应该尽量平直，干扰车辆少，交叉路口少，红绿灯少。在平稳加速或急加速前，要有意识地提醒顾客注意加速时间、加速距离、最高时速和车辆的推背感等。

体验刹车性能时，在刹车前要确保前后 300 米左右内没有车辆，道路平直，不要刚刚加速后就立即刹车。刹车前提醒顾客注意刹车距离，体会刹车时方向盘的稳定性，关注车辆有无跑偏或甩尾形象等。

车辆的灵活性和转向的轻便性，过坑凹洼地时的减振效果、操纵性、内部的安静程度等都是应该在试乘试驾时重点向顾客介绍的内容。

2. 试驾车辆的准备

顾客在购车环节中最看重的就是试乘试驾这一部分。因为它是顾客对自己看中的汽车做进一步了解的过程，是选车过程中很重要的一项活动，所以销售人员要从思想上重视试乘试驾。要为顾客提供一个舒适的试乘试驾环境，选择并保证试乘试驾车辆的车况就变得非常重要了。在选车过程中要尽量选择顾客喜欢的车型，如果车型不能完全符合顾客的要求，也要尽量找一辆接近顾客购买意向的车。

汽车销售 4S 店一般都应该准备专门的试乘试驾车辆，并安排专人负责管理。试乘试驾车辆必须保证车况处于最佳状态，每次安排试乘试驾前必须检查车辆的行驶性能，主要包括发动机、变速箱、刹车系统、音响、空调、坐椅调节、雨刮器、轮胎等系统是否正常，如发现问题要及时进行调整和维修，确保车辆处于最佳状态。要检查燃料箱中的燃油数量，确保试乘试驾里程的燃料需要。当然还可以给汽车配备一些音乐碟片，在试乘试驾过程中播放一些优美的音乐，可以减轻驾驶人的紧张情绪，为旅途增加宽松的气氛。

整洁的车辆能让顾客心情愉快，并产生对未来的美妙遐想。因此，试乘试驾车要定期美容，每天清洁，标准应同展厅展示的新车一样。试乘试驾车的车身必须贴上“试乘试驾”字样，并停放在特定的试乘试驾车辆的停放区，让顾客一进公司就能看到，从而引发顾客试乘试驾的兴趣，甚至主动提出要求试乘试驾。

试乘试驾车的证照要齐全，必须是上好车牌的车辆，行驶证、保险卡、养路费、车船税等一应俱全，绝对禁止使用“试乘试驾车”以外的车辆——特别是库存的新车进行试乘试驾。

3. 驾驶人员的准备

陪同顾客试乘试驾的销售人员必须具有合法的驾驶执照，并具有一定的驾龄，驾驶技术熟练，同时熟悉试驾路线，懂得试乘试驾中介绍车辆的技巧，还具有处理突发事件以及避免交通事故的应急处理灵敏性。

（二）试乘试驾工作过程

1. 试乘试驾前的工作

在试乘试驾的各项准备工作就绪后，销售人员就将进入试乘试驾的阶段了，但是，在顾客真正开始驾驶车辆前，还必须重视一些具体事项。

销售人员应在展厅或停车场显眼的位置上，设置“欢迎试乘试驾”的指示牌，以此吸引顾客试乘试驾。销售人员在介绍车辆的特色和卖点之后，可以主动邀请顾客试乘试驾，也可以利用节、假日的时间，专场组织试乘试驾会，集中组织试乘试驾车辆，并举办一些车辆的宣传活动，通过营造营销环境，可以起到更明显的效果。

试乘试驾前，检查顾客的驾驶证并复印存档。如果是没有驾照或缺乏驾驶经验的顾客参加活动，只能安排他们试乘，由销售人员驾驶而让顾客坐在车内进行感受。

要求参加试乘试驾的顾客应填写《试乘试驾登记表》，销售人员根据车辆和人员的多少依次进行安排。《试乘试驾登记表》实际上是一份明确界定双方的权利和义务，以规避不应承担的经济、法律责任的协议书，《试乘试驾登记表》的具体内容由专营店自行设计。

对于具有驾驶执照并有驾驶经验的顾客，也应向顾客说明试乘试驾的流程，即顾客先试乘，然后再试驾。向顾客说明试乘试驾的路线，告知沿途的道路状况和交通管理情况，请顾客严格遵守。每台试乘试驾车上应有“欢迎参加试乘试驾”文件（含路线图、注意事项、登记表、同意书等），便于顾客确认。

在试乘试驾活动中必须遵循“顾客第一”、“安全第一”的原则。

2. 顾客试乘阶段

销售人员在驾车前，要让客户意识到该车符合他的购买要求。启动车辆后，销售人员根据各车型的特点对车辆进行静态评价说明，同时概述试乘试驾行车路线和进行必要的车辆操作说明。说明转向灯、雨刮器和仪表盘使用方法；说明坐椅、方向盘等调整方法；说明自动变速箱、排挡锁等使用方法。顾客试乘中，提示顾客熟悉路况，为接下来的顺利试驾做好准备。销售人员在驾驶的过程中要向顾客讲解此次试驾的主要内容，让顾客了解在什么地方试加速性能、什么地方试刹车性能、什么地方试转向、什么地方体验悬架系统、什么地方感受静谧性等，这样在接下来的顾客自己试驾的过程中，顾客就知道应该试什么内容，在什么时候试。这样一方面提高了试驾的效果，另一方面也提高了试驾的安全性。

销售人员在驾驶的过程中，要注意提醒顾客，体验乘坐的舒适性，并通过自己边驾驶边介绍，让顾客对车辆有进一步的了解。要依据车辆行驶的状态进行车辆说明，全面展示车辆的动态特性，让顾客有更加切身的感受。要尽量将驾驶过程中能涉及的部件功能及使用讲解清楚，不要以为自己懂了，每一位顾客就都懂，宁可先详细地讲，也不要草草说几句就上路。

3. 顾客试驾阶段

试驾的过程对于顾客来说是一个比较紧张和兴奋的阶段，这个阶段，如果准备得充分，可能就可以帮助顾客下定购买的决心。让顾客通过亲身的体验和感受，加上销售人员周全的策划与热情诚恳的服务，必将起到意想不到的积极作用。

换由顾客试驾时，销售人员将试驾车辆停靠在预定停车地点（路线规划时选择和确定的地点），并确认当时的路况等外界环境均比较安全，销售人员与顾客交换位置，由顾客驾驶。

换位后，先提醒顾客安全驾驶的有关事项，并协助顾客调整坐椅、后视镜、方向盘、空调的温度，以及音响的选曲和音量等，销售员还要确认顾客乘坐的舒适性后并协助其系好安全带。

在客户驾驶过程中，应有意识地将客户参与和客户的体验融入到试乘试驾的活动中去。体验内容主要包括：关车门的声音，应是实实在在的声音，并非空荡荡的感觉；发动机的动力、噪声，请客户感觉启动发动机时的声音与发动机在怠速时的车厢内的宁静；车辆的操控性，各仪表、方向盘、自动恒温空调系统等各功能开关操控简便，触手可及；音响环绕系统保真良好；驾乘的舒适性，即使车辆行驶在不平坦的路段上，由于车辆扎实的底盘、优异的悬挂系统与良好的隔音效果等特性同样让驾驶者和乘坐者舒适无比；直线加速，检验换挡抖动的感觉；车辆的爬坡性能，检验发动机强大扭力在爬坡时的优异表现；体验车辆的制动系统（ABS＋EBD＋EBA）以及安全系统（各座位的安全带及侧门防撞杆）等的特点。

在顾客驾驶的过程中，销售人员坐在副驾驶位置上，帮助顾客观察道路交通状况，确保行车安全。同时观察顾客的操纵熟练程度和驾驶方式，发现更多的顾客需求，并耐心解答顾客提出的如变速杆操纵、踏板的弹性、制动的效果等方面的问题。在解答顾客提出的问题时，要边说明、边高度注意并保持驾驶的稳定性。当顾客在驾驶过程中有不规范的动作或违反《道路交通安全法》的危险动作时，销售人员要及时、果断地请顾客在安全地点停车，并向顾客解释安全的重要性，获得顾客的谅解，并要求顾客由试驾改为试乘，由销售人员驾车返回经销店。

4. 试乘试驾结束后的工作

顾客试车完毕后，引导顾客回到展厅的顾客休息区休息一下。适时地为顾客倒上一杯茶水、咖啡等饮料，舒缓一下顾客驾车时的紧张情绪，回味一下试乘试驾时的美好感受。对于驾驶技术熟练、试乘试驾非常顺利的顾客，通过称赞顾客的驾驶技术，表示出“试驾车非常适合您”的意思，促进顾客对试驾车型的兴趣。

请顾客帮助填写《试乘试驾意见表》，也可以建议由顾客口述意见，由销售人员执笔填写，然后由顾客签字确认。填写的目的在于，趁顾客刚试驾完车辆还处于兴奋状态时，取得顾客对车辆的认同，销售人员用此表诱导顾客给予车辆较高的评价，从而建立信任感，促成交易。

请顾客填写完《试乘试驾意见表》后，销售人员可以适时地赠送一些纪念品，在给顾客一个意外惊喜的同时，也给顾客留下一个深刻的印象，让顾客认同所提供的服务，这样成交的几率也在无形中增加了。在试驾完毕的所有接触过程中，销售人员应主动征求顾客对车辆的感受，并对顾客关心或顾虑的问题给予重点说明。

5. 问题的处理

试乘试驾结束后，顾客一般会有两种反应：一是对试乘试驾车型的各项性能感到满意，增强了购买欲望；二是对试乘试驾车型还存在一些不太满意的地方。

对于第一种情况，销售人员应该趁热打铁，对客户特别感兴趣的地方再次有重点地强调说明，并结合试乘试驾中的体验加以确认。根据顾客所表现出来的成交意愿，着重强调顾客比较在意的特性和优点，进一步打动顾客，促成交易。对暂时不能成交的客户，要留下相关的信息并及时与客户保持联系。

对于第二种情况，说明顾客还有一些疑问没有得到解决，销售人员应主动询问顾客对试乘试驾车辆不满意具体表现在哪些问题上，根据顾客所提供的信息进行详细地解答。如果是顾客对汽车的主要性能不满意，解决的办法就不是强调本车型的技术特点能解决的了，可以考虑向顾客介绍其他的车型。

建立规范的“试乘试驾流程”是非常必要的，现在已经成为各个汽车销售企业的基本销售业务。认真地执行好该流程，则是“试乘试驾”活动的有效保证。它不但是汽车销售企业（汽车 4S 店）整体素质的体现，也是顾客在选车、购车过程的需要。

技能训练：模拟销售人员，练习试乘试驾业务。

学习任务四

学习目标：掌握顾客的异议处理方法。

任务导入：销售人员同汽车客户广泛接触，由于各种因素的影响，不可避免的会出现个别顾客提出异议，那么怎样处理顾客的异议呢？

一、正确认识顾客的异议

销售从异议开始。所谓顾客异议是顾客对销售人员或其销售活动所做出的一种在形式上表现为怀疑或反面意见的一种反应。简单地说，被顾客用来作为拒绝购买理由的就是顾客异议。广义的顾客异议不仅指顾客的意见，提出的各种各样的问题，还指在销售过程中顾客对销售人员的任何一个语言或举动的不赞同、质疑的行为。

异议产生的原因可能是顾客的原因，如汽车的最终售价与顾客的心理价位不符、对车型配置和服务政策等不满意、顾客的预算不足或顾客目前暂时缺乏资金支付能力或遇到按揭付款等方面的麻烦等，顾客都会产生异议。还可能听到了不正确的信息，或者是受到了竞争对手的恶意诱导，或者是顾客没有理解销售人员的话造成的。

异议也可能来自于销售人员的原因，要求销售人员要自我检查一下是否存在一些问题：自身的行为举止和态度是否让顾客反感，夸夸其谈，让顾客怀疑不真实；过多地使用了专业术语，顾客无法理解，碍于面子又不好深究；说得太多，听得太少，以至于没有搞清楚顾客真实的购买需求；与顾客发生争论、抬杠；对顾客没有给予应有的尊重；事实调查不正确，引用了不准确的调查资料；故作姿态，让顾客难堪。销售人员总认为自己是对的，要让顾客听命于自己，结果顾客感觉不愉快而提出许多主观的异议。

事实上，销售人员在与顾客交流的过程中，一旦让顾客感到不愉快，轻者，顾客会马上提出许多主观上的诸如这也不好，那也不喜欢等“虚拟”的异议；重者，则会马上撤离，终止在你这里的买卖行为。因为顾客担心即使在你这里买了车以后，在以后的售后服务的问题上也会合作不愉快。

因此，如果我们的销售人员自身能够做得很好很到位，避免发生上述情况，实际上可以减少许多顾客异议的产生。

有调查显示，在提出过反对意见的顾客中有60%以上的顾客最终还是采购了销售方的产品。因此，当顾客提出一些反对意见时，他们其实往往是真正关心这个产品的群体，有比较强烈的购买意向，有不弄清楚问题誓不罢休的劲头。同时顾客也不知道自身的一些要求销售方是否能给予满足，需要证实，这时异议就产生了。而那些没有提出异议的顾客，也许他们没有明确的需求，或对销售方的产品根本就不关心，只是出于礼貌做做样子罢了。因此，销售人员要调控好自己的情绪，积极地看待顾客的异议。

实际上，顾客提出异议就表明他有需求。如果顾客沉默不语，销售人员就会头痛，因为不清楚顾客的心事，无从着手解决问题。因此，顾客提出异议是好现象，顾客的异议暗示顾客对产品已开始有兴趣，否则就不会浪费时间徒劳地与销售人员继续讨论了。

有了正确的态度，再用正确的方法就能把事情做好。面对顾客提出的异议，希望销售人员能认真对待。正确对待异议的态度是：异议是宣泄顾客内心想法的最好反映；异议经过处理能缩短订单的距离，争论只会扩大订单的距离；没有异议的顾客才是最难处理的顾客；有异议表示你给他的利益目前仍然不能满足他的需求；将异议视为顾客希望获得更多的信息；有异议表示顾客仍有求于你。

总之，销售人员要建立处理顾客异议的正确观点。顾客提出异议，愿意花费时间向销售人员诉说，说明顾客希望销售人员能够提供更多的资讯，要求获得更多的答案。因此，销售人员不仅要正视顾客的异议，还要感谢顾客提出异议。

优秀的销售人员既能减少顾客的异议，又能防范顾客异议的产生，这应该成为每一个销售人员的奋斗目标。

二、异议处理的方法

（一）应对顾客异议的方法

针对顾客的异议，销售人员首先需要给予解释清楚，再进行以后的销售过程。

对于顾客的异议，销售人员不需太多烦恼。在汽车行业的销售中，即便销售人员的绕车介绍说服能力很强，也难免有疏漏，顾客难免有不同的意见。此时，销售人员要不急不躁，认真解决顾客提出的反对意见，完善解说的过程。

处理顾客的反对意见，销售人员需要掌握两种基本能力：询问和倾听。顾客的反对意见有两种状况：一种是比较情绪化的反对，属于自然的反应，即使此价格已经很合理，顾客也还是会不自觉地提出价格太高的异议，因为谁都想花最少的钱买最满意的东西；另外一种反对意见属于真实的异议，代表了顾客的真实观点。因此，销售人员要学会判断顾客的反对意见是否真实地反映了他的观点。

优秀的销售人员面对顾客提出异议时，首先会辨别顾客异议的真实性，抚平顾客提出的异议。成功处理顾客的异议，就是设法去掉顾客心中所存怀疑和误会。这里涉及两个关键问题：确认和预防。

1. 对顾客异议进行确认

销售人员的确认是要了解顾客提出异议的真实原因，判断顾客的异议是属于条件反射的自然反应，还是属于真实情况。针对不同的情况，销售人员可以采取不同的应对方法。

2. 对顾客异议进行预防

所谓预防，是指销售人员在为顾客解说汽车产品之前先自己做一些演练，根据实际的销售经验，首先估计出顾客会提出何种反对意见，然后针对可能出现的反对意见，销售人员可以预先想好标准的答案。

总之，销售人员面对顾客异议时，要做好两件事：一是判断顾客异议的真假，二是针对不同的情况，预设应对的答案。这样，销售人员才有可能处理好顾客的异议。

（二）处理顾客异议的原则

在处理顾客的异议时，必须坚持正确对待、避免争论、把握时机的原则。

1. 正确对待

虽说顾客的异议是销售的主要障碍之一，但在我们的日常汽车销售中，很少有顾客不提出“异议”的，正如我们前面所说过的那样，销售人员必须勇于面对这一普遍存在的现象。要以良好的心态正确地对待顾客提出的异议，把这个过程看成是一个必经的流程。

2. 避免争论

销售人员在回答顾客的问题或异议时常常会产生争论，这种现象在日常的销售活动中经常会发生。有时你会突然发现自己在不知不觉地和顾客争论起来，还不知道是怎样开的头，也弄不清究竟是由谁引起的。与顾客争论可以说是有百害而无一利，顾客一旦不高兴，就有可能终止买卖。所以，这就要求你必须牢牢地记住：无论顾客怎样挑你毛病，无论怎样反驳你，甚至即使他的话是错误的，你也不要与他争论。自己先要冷静下来，待顾客降温后再适当地加以陈述。

3. 把握时机

从顾客心理学的角度来讲，一般情况下，顾客为了证明自己的信息、自己的观点，或者想急于达到某种目的，往往会越说越多。在顾客说的话语中，有的是正确的，有的是自编的、听来的、没有依据的。你得让他说，在他说的过程中，及时地发现那些不正确的“异议”，这样你就会变主动。

（三）处理顾客异议的技巧

1. 五步法

第一步：回避异议。即暂时不愿涉及的异议采取回避。在没有弄清顾客提出异议的真实意图之前，千万不要急着去达成交易。

第二步：弄清异议。即了解顾客的异议的真实含义。

第三步：重新界定。即按销售人员有利的方面重新界定顾客的异议。在销售人员试图让顾客带着异议去达成交易之前，把这个异议变为简单的问题去解决。

第四步：孤立异议。即孤立顾客的异议后进入成交阶段。当销售人员把顾客引入交易阶段时，顾客仅有一个异议，销售人员一定要让顾客同意并不再提出更多的其他异议。克服顾客提出的异议的过程就是交易的过程，而且顾客每次提出异议实际上就给销售人员提供了成交的机会。

第五步：解决异议，达成交易。即在顾客保留异议情况下达成交易。

2. 讨价还价法

价格是销售活动中不可避免的顾客异议。这是因为：一方面，价格总是直接涉及顾客的实际利益，是顾客购买时考虑的主要因素；另一方面，在产品成本既定的情况下，价格的高低决定了企业经济效益的高低，也决定了购买者的初始成本。价格往往成为销售活动中买卖双方讨论的主要议题。因此，销售人员能否妥善处理价格异议，直接关系到交易的成败。妥善处理价格异议很重要，它是讨价还价的成功。

讨价还价的成功就是达成买卖双方都同意的价格。总体而言，讨价还价的过程可以分为三个步骤，即报价、吊价和让价。

报价分为两个方面，一是卖方出价，一般的汽车销售都有一个报价；二是买方出价，当销售人员确定顾客非常喜欢某款车型，并且该车也符合他的要求，而他又对报价感到不满时，即可引诱买方出价。但在讨价还价时“后开口”的将掌握谈判的主动权，所以在顾客不能接受报价而又有价格下调的余地时，销售人员要尽量让顾客主动出价。

无论买方第一次出价多少，一定要加以拒绝。如果销售人员在顾客第一次出价就成交的话，顾客不但会认为销售人员所报出的价格太虚假了，而且连他的出价都高了，否则销售人员不会那么爽快地就答应他的出价。事实上，很多时候顾客潜意识里最担心销售人员随随便便地为他降价和打折，在他们看来，商家永远都是追求利润的一个实体，绝不会做赔本的生意。因此无论销售人员如何强调促销和打折扣原因，顾客永远相信商家还有利润，否则就是产品有问题。最让人不解的是，顾客往往还会因为销售人员给了他折扣和实惠，反而怀疑起商品的实际价值和标价是否合理；如果折扣的获得十分顺利，他们会怀疑是不是可以获得更低的折扣。

当销售人员确定买方在极力争取价格，并且非常喜欢本商品或显得很急迫时，通常可以确定已经到达成交边缘，只要给出适当的让价，顾客就会马上成交。此时，如果价格在销售人员可接受的范围之内，就可以给顾客适当的让价，以促成交易的马上达成。

3. 价格分摊法

价格分摊法，是将产品目前的价格按产品的使用时间或者次数进行分摊，这样计算出来的单位价格就会是一个很小的数字，从而使顾客觉得这个价钱其实很合理。

对于大宗的消费品来说，把总体的价格告诉给顾客，虽然顾客心理上本来有所准备，但是听起来还是很大的一笔数目。其实，销售人员可以给顾客算一算，把很大的一个数目分摊到每一个细化的单位当中，这样，尽管价格总数没有变，但不会让顾客觉得很突然。

4. 说理比较法

说理比较法的目的是通过其他类型产品的价格状况说明不同品牌、不同型号的价格不相同。运用说理比较法时，不可以随便比较一些没有可比性的产品，不要说自己的品牌好，别人的品牌不好。这样是难以取得顾客信任的。销售人员最好举出一些不同类型产品的价格现状。

5. “缓兵之计”法

“缓兵之计”法是在顾客对某一品牌车型还没有全面了解之前，最好先别急于与顾客讨论价格，而要引导顾客，向他全面介绍该车型及其价值，让顾客先喜欢上该车型，认识到它的优点和价值。价格是销售的最后一关，支付能力与支付意愿之间是有差异的。在购买意愿没有形成之前，谈论价格是没有意义的。也就是说，没有购买欲望，就没有价格谈判的必要。

6. 转移比较法

转移比较法是在顾客身上找出一件价格很贵的产品，反衬出销售人员现在所推荐的产品并不昂贵。

7. “三明治”法

“三明治”法，就是把价值再添加附加价值，说明价格高是有道理的。

8. “逼”购法

有时候，顾客会说“今天我没带那么多钱，以后再来买吧”，这并不代表着顾客一定会再来买，他很可能因为看到别的产品而放弃购买，为此，最好是让顾客在有购买欲望的时候就促使他购买，这才是最为稳妥的办法。“逼”购法适合于顾客谈好价钱却又不能马上购买的情况，这样可以促使顾客迅速做出购买决定。

还有些顾客可能是以“今天我没带那么多钱，以后再来买吧”为借口，让销售人员降价，这时候尽量不要妥协，而应采取一些为他解决眼前困难的方法使他放弃降价的念头。

9. 攻心法

攻心法是让顾客感觉到销售人员确实是在为他着想，为他争取最大的利益，这样他是不会让销售人员为难的。比如，经过洽谈，销售人员同意给予顾客 9.8 折的优惠，可是顾客还不满意，那销售人员就可以告诉顾客：“这可是我为您拉到的内部价。我们的价格是实在的，即使找到总经理，也只能享受到 9.8 折的优惠。所以，您现在享受的是我们公司可以给的最大优惠了。”

10. 隔离法

隔离法，就是当顾客对这个价格不能接受或者他不愿意支付的时候，销售人员要学会让顾客明白产品的价值要远远超越价格，让他了解到价格与价值之间还有一定的差异性。

(四) 处理价格异议的步骤和方法

针对不同的价格异议原因，销售人员具体处理方式也有区别。但不同处理方式却遵守一个共同的步骤，即：弄清、缓和及解答。

弄清就是面对顾客提出的价格异议，销售人员首先要弄清顾客价格异议的来龙去脉。通过倾听、询问，搞清顾客认为价格高的理由以及顾客价格异议的目的，以便销售人员调整策略，对症下药。这是应对顾客异议的第一个步骤。

缓和就是在弄清顾客真正的价格异议之后，销售人员要缓和顾客的情绪。缓和是心理学中一种高明的应用手法。顾客在提出价格异议时，总希望能够购买到更便宜的商品，其期望值很高。而销售人员不可能无限制地降低价格以满足顾客的要求。为解决购买与销售之间的矛盾，销售人员需要缓和顾客与自己的对立心态。先认同他的观点，可以说“我能够理解您的心情”等缓和性的语言。

解答就是提出证据，婉转解答。即使顾客真的错了，你也不能“理直气壮”。

向顾客介绍汽车产品的时候，顾客一般都会说这个车的价格高，这也是在汽车销售过程中遇见最多的问题，销售人员如果与顾客就价格展开讨价还价式的争论，那简直就是在浪费时间。所以，你一定要把顾客引导到认识这辆车的价值上来。

如你可以告诉顾客这辆车的品牌效应是别的汽车所不能比的；专营店的口碑和服务也是别的公司所不能比的；拿出“性能、价格对比表”来向顾客展示。向顾客说明：您看，我们这台车的钢板要比别的车要厚一些，ABS＋EBD是德国进口的。还有这里，配置是别的车上暂时还没有的，这样算起来，不论是安全性能方面还是整车的性价比方面都完全胜人一筹。

当顾客提到这个价格他还不能接受的时候，你要学会价值比较方法，告诉顾客一分价钱一分货，让他了解价格与价值之间的对应性。

例如，你住五星级饭店与你住三星级饭店所享受到的服务舒适度肯定是不同的，因此这两种不同星级饭店的价格自然是不同的，五星级饭店的价格高，是因为它提供的服务水准绝对是超越三星级饭店的。价格是价值的反映，这就是价格和价值之间的关系。

能否正确地把握处理异议的最佳时机是考察销售人员能力和素质的重要条件之一，也是销售人员必练的基本功。

技能训练：站在顾客的立场上，归纳哪些因素是产生异议的原因。

学习任务五

学习目标：掌握汽车交易促成的技巧。

任务导入：销售人员如何才能使顾客的购买动机最终成为购买行为呢？下列一些业务技巧是可以借鉴的。

一、直接请求促成法

直接请求促成法是指销售人员得到顾客的购买信号以后，直接提出建议购买的方法。销售人员使用直接请求促成法，可以大大缩短达成交易的时间，从而尽快签约。其实，“直接法”并不意味着简单地提出交易，而是在直接提出建议购买之前，销售人员已经做了大量的准备工作了，是水到渠成、瓜熟蒂落了。

直接请求促成法并非在每一次的汽车销售交易中全都适用。销售人员要考虑当时洽谈的场合和情形、所销售的汽车产品以及与顾客的关系等方方面面的因素，之后才能决定是否使用“直接法”来达成买卖协议。即使销售人员确定某个交易适合使用“直接法”，也不能操之过急。操之过急就是销售人员在还没有真正确认顾客的购买信号时就很急切地提出马上与顾客签订合同。操之过急往往会与成功失之交臂。

直接请求促成法特别适合在以下几种情况下运用，效果会更好。

（1）销售人员比较熟悉的老顾客或保有顾客或已经确认建立了互信关系的新的意向顾客。

（2）在销售过程中顾客通过语言、行为等方式发出了某种信号。

（3）顾客在听完销售人员的相关汽车产品介绍后，没有发表异议的观点，甚至对销售人员的介绍表示十分的赞同。

（4）顾客对某一辆汽车已有好感，购车意向比较明显，但不愿意主动提出成交建议。

（5）销售人员在处理完了顾客的重大异议之后或成功地帮助顾客解决了某项困难时。

（6）当销售人员拿着购车合同做试探，而顾客没有明显的拒绝反应时。

在使用直接请求促成法时，需要注意避免由于语言过于激烈，引起顾客的强烈反感导致成交失败。如果销售人员在对使用条件的主观判断有误时，顾客也会抵制成交。

二、假设法——假设顾客要购买

假设成交法，是指销售人员在假定顾客已经接受销售建议，同意购买的基础上，通过提出一些具体的成交问题，直接要求顾客购买商品的一种方法。例如，你可以说，“看得出来您对这台车的各个方面都比较了解，也比较喜欢。您若购买，是喜欢金色的还是银色的?”如果顾客说：“我喜欢金色的”，那么，销售人员可以进一步试探性地提问：“那我这就给您安排做 PDI（新车交车前的检查），好吗?”再如，你说：“您真的很会选车呀、有眼光，这款车就银色很好卖，差不多快脱销了。”如此很自然地将顾客引导到压力销售上去了。如果这个顾客很在意这款车的颜色的话，相信他很快就会从“犹豫”转向“决心”。销售人员还可以说：“谢谢您！那么我们星期五就给您安排交车，好让您在周末时可以带着家人一起出门游玩。您看，最近的天气、温度多适宜郊游啊!”

假设法的好处就是可以将销售洽谈直接引入到实质阶段，可以节省销售时间。由于是直接将销售提示转为购买提示，可以把顾客的购买信号转化为购买行为。如果销售人员能够营造一个轻松、愉快的销售氛围，顾客在没有压力的情况下洽谈成交，再配以销售人员的语言技巧和销售技巧，一般是不会失去销售机会的。

“假设法”常在下面几种情况下使用：

（1）已经取得互信的保有顾客、新的意向顾客、依赖型顾客和性格随和的顾客。

（2）明确发出各种购买信号的顾客。

（3）对现有的汽车型号很感兴趣，并且没有提出什么异议的顾客。

（4）虽然提出了这样、那样的异议，但是这些异议已经被有效地解决了的顾客。

需要注意的是，销售人员在运用这个方法时，如果没有能够捕捉住成交的信号，则会给顾客造成一定的购买压力，引起顾客的反感，反而破坏了洽谈成交的气氛。如果顾客依然无意购买，也千万不要勉强做强行销售，以免给顾客留下强人所难的不好印象。

三、二选一法

销售人员可以说“您用现金还是分期付款?”，“您是选自动挡还是手动挡?”，“车的颜色您是选银色还是金色?”等话术，促成交易的成功。运用二选一成交法时，需要注意，销售人员所提供的选择事项应让顾客从中作出一种肯定的回答，而不要给顾客一种拒绝的机会。向顾客提出选择时，尽量避免提出太多的方案，最好的方案就是两项，最多不要超过三项，否则你不能够达到尽快成交的目的。

四、诱导法

比如说公司现在搞促销活动，销售人员就可以向顾客宣传：“现在购买本款车（活动从几月几日到几月几日，明确告诉活动期限），我公司赠送倒车雷达，数量有限……”；“如果您现在买车，正好赶上后天的节假日，您可以带着家人一起出门游玩，多方便。再说了，您看，最近的天气不冷不热的，多好啊。”

五、小恩小惠促进法

在公司规定允许和得到有效授权的情况下，可以给顾客一点折让。比如说："如果您今天就做决定的话，我争取送您一副脚垫或增加免费保养的次数或售后服务价格优惠等。"

六、利益总结法

当对顾客的购车利益做出总结而顾客已心动时促进成交。

七、供应压力法

以该车型（颜色、数量等）供应紧缺的理由提示顾客成交。

八、赞美法

该方法比较适合那些自诩为内行、专家，十分自负或情绪不佳的顾客，让其从内心里接受你的赞扬，促其成交。其他的赞美词句还有：择日不如撞日，今天日子不错，有纪念意义，要想发不离"8"，等等。

技能训练：练习汽车交易促成技巧

学习任务六

学习目标：掌握汽车交车流程中的业务要领。

任务导入：经过售前的各种努力，顾客终于决定购买了，销售人员应按照怎样的工作规范和提供哪些售中服务以使顾客得到更大的满足呢？

一、顾客选择和确定车型

销售顾问通过展示车辆和让顾客试驾，帮助顾客看车、咨询有关技术和价格问题、选车型，了解顾客的需要，促使购买。

二、交车

（一）交车前的准备

用户决定购买某款汽车后，根据选择的型号、颜色、配置等情况，同库存管理人员联系后，同顾客约定提车时间。

汽车销售不像其他产品的销售，除了汽车产品本身是一个技术比较复杂、价格昂贵的商品外，汽车销售过程中又存在诸多变数。一方面，汽车公司或专营店的车库里不可能随时备有客户想要的任何一种车型；另一方面，即使客户下了订单付了车款，也不能当时就能一手交钱，一手提货。因为汽车不同于一般的普通商品，在把汽车交到客户的手里之前，必须要经过汽车公司或专营店规范的"PDI"检查（新车交车前的检查），在确认交给客户的车辆各方面都无误之后才可以通知客户提车。

销售部将车卖出去之后，将与客户约定的内容填写到"PDI"工联单中去，工联单上有客户名字、联系电话、购买车型、价钱、相关要求、加装配件等，然后按照业务流程一个部门一个部门地转送，并在每一个部门中详加落实。例如，新车仓库管理员接到“工联单”后，按照“工联单”的内容将指定的车辆及其随车配件、工具按清单提交给售后服务部门；售后服务部门也按照“工联单”的内容去检查、核实，安装与客户约定的装饰配件等；“PDI”完成后，将车辆停到“新车待交区”，再将“工联单”交给财务部；财务部根据“工联单”的内容核查客户的购车款是否已全额到账。若已到账，则要准备好相关的车辆资料（如合格证、发票等），并及时通知销售部门安排向客户交车的时间。

交车前要对涉及车辆的相关文件进行仔细全面的检查，确认无误后，装入到文件袋，以便交给客户。这些文件包括：产品合格证、使用说明手册、保修手册、交车确认表、“PDI”检查表、销售顾问和服务顾问的名片等。

交车当天销售人员再根据“PDI”预检单对各检查项目进行确认。

（二）交车流程

顾客按约定时间来到公司准备提车，销售顾问带领客户将准备好的车辆开到清洁车间，清洗车身后将车辆停至宽敞明亮之处，指导客户检查车辆。首先检查外观，看车身有无漆面划伤、剥落、凹痕、锈点等。检查车身是否周正、平整，线条是否平直、缝隙是否均匀。如果出现小的漆面瑕疵，可以交给维修部门进行相应的处理。如果是顾客接受不了的缺陷，可能要考虑给顾客提供其他相同规格的车辆备选。如果顾客对一些小的缺憾不太在意，销售顾问经过请示销售经理后，可以给顾客在价格方面给予一定的优惠，或者在装饰方面赠送一些礼品。

车辆外观检查完毕后，让顾客坐在驾驶座位上，销售顾问坐在副驾驶位置上，对车辆的操作和控制系统进行详细的说明和介绍，包括点火启动与关闭发动机、仪表和警示查看、方向盘调整、指示灯光开关使用、雨刷器操作、坐椅调整、安全带与安全气囊位置、空调使用、电动车窗控制、电动后视镜调整、车内灯光控制、CD和收音机操作等，并耐心解答顾客提出的问题，并提醒顾客注意驾驶中的一些安全事项。

陪同顾客进行试驾，让顾客体验汽车的转向、变速和制动等操控性能。

将车辆停稳后，对“PDI”检查单上列示的各项内容同顾客进行核对，若没有疑义，请顾客在相应的位置签字。

同顾客签订《汽车购销合同》，对车辆的交易和售后服务等事项进行约定，保障顾客和汽车企业的利益。

顾客根据销售顾问填写的交款单据到财务部门交纳购车款项。在汽车4S店都有信用卡POS机，可以方便顾客交款。财务部门收款后，要开具电子计算机打印的国家税务机关监制的《机动车销售统一发票》，需要填写顾客的身份证号码或组织机构代码，个人购车需要提供身份证，单位购车需要提供组织机构代码复印件。

将随车文件，如产品合格证书、车辆使用手册、保养手册、技术数据等交与顾客。

汽车销售顾问向顾客引见汽车售后顾问，售后顾问向顾客介绍保养常识和售后服务的有关事项，并为顾客建立管理档案。

至此，在汽车4S店内的交车活动完成了，但是汽车销售人员的工作还没有结束。现在的汽车销售公司都免费代理缴纳各种税费、代理投保、代理办理牌照，所以，汽车销售顾问应继续指导顾客办理交车后的手续。

有的汽车销售公司的销售顾问全程陪同顾客办理交车后的手续，有的公司则安排专门的业务人员接续销售顾问办理店外的服务工作。

三、缴纳车辆购置税

购买新车必须缴纳车辆购置税。缴费比例为购车价款（除去增值税部分）的10%（进口车为进口环节各项税费组成的计税价格的10%）。2009年1月20日起，排量1.6升及以下的车辆购置税调整为5%。个人车辆用现金缴税，单位车辆可以用银行支票缴税。

缴纳车辆购置税需要到当地的国家税务局机动车购置税征税大厅办理，有的地区税务机关在汽车交易市场设置了征税办公场所，方便了汽车购买者。销售顾问或公司的业务人员应带领顾客一同前往，并指导顾客准备好需要的款项、文件和资料。

缴税后，获得国家税务机关开具的车辆购置税完税凭证和颁发的车辆购置税完税证明，其中，车辆购置税完税凭证是办理车辆牌照的必备资料。

四、办理汽车牌照和行驶证

购车后，没有牌照是不能上路行驶的，因此购车后需在驻汽车交易市场办公室或户主所在区县交通队或车辆管理所办理车辆牌照和行驶证。

（一）检车

检车时要根据户口所在区、县和所买的是国产车还是进口车选择交通队指定的检测场。

检车包括外观检查和检测线检查。外观检查是检车人员核对车型、颜色、发动机号和车架号同发票、车辆合格证等填写的是否相符，并拓印车辆的发动机号和车架号作为车辆管理的档案资料。

外检合格后，还要通过检测线检查，主要检测汽车的转向系统、制动系统、照明系统、尾气排放等是否达到规定要求，不达标准不允许办理牌照和行驶证，必须经过调整或修复后经过重新检验合格方可。

在新车免检目录中列示的新车无需上检测线检查。免检新车或通过检测合格的车辆，可以领到由驻检测场交警签发的验车表。

（二）办理机动车保险

从2006年7月1日起，我国开始实施《机动车交通事故责任强制保险条例》。条例规定：在中华人民共和国境内道路上行驶的机动车的所有人或者管理人，应当依照《中华人民共和国道路交通安全法》的规定投保机动车交通事故责任强制保险。

在新车办理牌照之前，必须先投保机动车交通事故责任强制保险，否则公安机关不予办理汽车牌照、机动车登记证书和行驶证。

机动车交通事故责任强制保险的赔偿额不足以保障汽车使用中的各种风险，汽车销售顾问应该向顾客宣传机动车商业保险的意义，结合顾客的用车、养车的实际情况，指导顾客再选择适当的商业保险险种，并向顾客推荐介绍信誉好、理赔及时、经营规范的保险公司。介绍和推荐保险公司和保险险种时，汽车销售业务员一定要注意：不要喧宾夺主，不要强迫顾客选择，一定要尊重顾客自己的选择，让顾客自己决定。

（三）交纳保险费和车船使用税

从2008年起，车船使用税由承办机动车交通事故责任强制保险的保险公司代为缴纳，顾客可以在交纳保险费时一并交纳车船使用税。

根据保险费缴纳通知单到交费窗口交付保险费和车船使用税，获得机动车交通事故责任强制保险单（正本）、机动车辆保险单（正本）、保险业专用发票、保险凭证等文件和资料，还有一张机动车交通事故责任强制保险标志，需要贴在前风窗右上方。

（四）办理机动车登记证书

填写《机动车登记申请表》，根据办理要求，出具相应的文件和资料及相应的复印件。

（五）选汽车牌照号码

《机动车登记申请表》和相应的文件和资料经审核批准后，顾客可以自主选择或编排号码。选择号码时一般有两次拍号机会，可以在拍出的10个号码中确定自己的牌照号码。在选择号码的电脑上按“确定”，选出的号码就自动登记在车辆的管理档案中，也就在号码数据库中删除了，其他车辆无法重复使用。

2008年10月1日起，全国公安机关的车辆管理机关允许车主自行编排牌照号码，顾客可以根据本地区规定的车牌号码编排规则，编排个性化的牌照号码。

（六）交牌照费、照相费和快递费

牌照号码选择后，在交费窗口交纳牌照费、照相费和快递费，并在邮政快递单据上填写收件地址。

（七）安装牌照和照相

牌照制作完毕，车辆管理所的工作人员免费给予安装，并有工作人员给车辆拍摄彩色照片，用于制作行驶证和存档。机动车登记证书、行驶证和年检标志将通过邮政快递邮寄到顾客手中。在未收到行驶证期间，凭公安机关颁发的临时行驶证可以上路行驶。

五、交纳养路费

2009年1月1日起，我国取消了养路费的征收，“汽车获得行驶证的15天内必须交纳养路费”的规定也随之取消，但在此之前办理汽车牌照后需要经过这个程序，未交纳养路费的新车主也要补交养路费。

至此，顾客关于车辆的所有手续都办理完毕，汽车销售顾问的销售业务才圆满地完成了，顾客可以尽情享受汽车带来的乐趣。销售业务人员向顾客赠送名片，并提醒顾客安全驾驶和保养等方面的注意事项，同顾客握手话别，目送顾客离去。

技能训练：模拟交车业务的全过程。

单元五

售后服务

学习任务

学习目标： 掌握汽车售后服务的业务要领。

任务导入： 汽车售后服务是体现企业和消费者双方利益的业务，怎样做才能提高服务质量和真正体现现代市场营销的观念呢？

一、售后服务的意义

售后服务是成交签约后销售人员继续与顾客交往，并完成与成交相关的一系列售后跟踪服务，从而更好地实现销售目标的行为过程。

现代企业的竞争已经由产品的竞争转为对市场的竞争，而市场竞争的关键是对顾客的争夺。汽车技术迅速进步和车型的更新换代越来越快，汽车产品本身的技术优势越来越微弱，今天的商业价值将以经销商与顾客的关系来进行衡量。如果能比竞争对手更胜一筹地与顾客建立良好的双向互动关系，他们就能放心地从你这里购买商品而不会被任何竞争对手“挖走”，从而使企业在竞争中获胜。销售人员需要发展与顾客的关系，售后服务就成为整个销售过程中一项重要的工作，具有重大的意义，具体表现如下：

（一）提升企业销售利润

在汽车销售行业，售后服务工作的重要性已经得到越来越多企业的重视，整个汽车工业的发展情况也验证了这一点。目前，汽车销售的利润在不断地下降，在市场竞争日益激烈的情况下，提高顾客对企业的忠诚度，使顾客在车辆使用期间重复惠顾，接受保养、维修、保险、精品加装、美容等后续的服务，增加购买次数与购买金额，从而创造更大的利润和业绩。做好顾客的售后服务工作，就能够使顾客在车辆的使用期内持续地接受公司提供的服务和产品，从而给公司带来源源不断的业务和利润。

（二）增强企业的核心竞争力

良好的顾客关系可以为企业赢得良好的口碑，增强企业的核心竞争力。一个老顾客比一个新顾客可为企业多带来20%以上的利润。业绩优异的汽车经销店，40%以上的新顾客是通过老顾客推荐赢得的。多次光顾的顾客比初次登门者，可为企业多带来 20%～35%的利润，固定顾客数目每增长 5%，企业的利润则增加 25%。而公司减少 5%的顾客流失率，所带来的利润增长将超过 25%。

假设一家汽车销售店的销售业绩是其他经销店的 2 倍，取得这样的业绩主要得益于他们将顾客的流失率始终控制在 5%以下，而同行业流失率的平均水平是 30%。因此，售后服务已成为企业的竞争优势之一，可以帮助企业在竞争中脱颖而出，立于不败之地。企业与顾客之间的关系越牢固，企业的地位也就越稳固。

（三）降低营销成本

一般的，开发一个新顾客的费用是保持现有顾客的 6 倍。新顾客不仅开发费用高，而且成交机会也少。平均而言，将产品或服务向一位曾经成交的老顾客推销的成交机会有 50%。因此企业必须采取措施尽最大努力服务顾客，防止顾客流失。

若是流失一名最好的顾客，企业要多花 7～10 倍的力气去寻找一名替代顾客，或找更多的普通顾客来弥补业绩及利润的损失。

例如：某公司最好的顾客月平均消费为 3 500 元，而普通顾客平均消费为 275 元。该公司每次只要损失 1 名最好的顾客，就要找到 13 名普通顾客才能弥补 3 500 元的业绩。

（四）是企业获取市场信息的重要途径

经营顾客关系的前提就是要了解顾客，时刻关注顾客的需求变化，获取顾客对产品数量、质量、花色品种、价格等方面要求的信息。企业对市场信息反馈越迅速及时，就越能有效地解决顾客的问题及抱怨等，就能更好地服务顾客、留住顾客，还能挖掘顾客潜在的需求，开发出顾客乐于接受的新产品或新的服务项目。

“你忘记顾客，顾客也会忘记你”，这是成功销售员的格言。在成交之后，要持续不断地关心顾客，了解他们对产品的满意程度，虚心听取他们的意见，对车辆使用过程中存在的问题，采取积极的弥补措施，防止顾客的流失。只要销售人员与顾客保持密切的关系，就可以在竞争取胜。

二、售后服务的工作内容

（一）建立顾客档案

顾客的信息是动态的，销售人员在与顾客初次接触之后，就要开始收集顾客的信息，每一次接触都会有新的信息补充进来，在顾客交车后，还要将顾客车辆的信息收录其中，形成完整的顾客档案，并在今后的售后服务中不断地丰富和修改档案中的信息。

顾客档案一般包含的信息有：顾客的姓名、性别、年龄、生日、工作单位、地址、E-mail、兴趣爱好、家庭成员情况、联系电话、身份证号码、购买的车型、颜色、规格、车架号、发动机号、保险项目、精品加装项目、交车时间、维修保养记录、事故记录、理赔记录、投诉记录、投诉处理结果等。售后顾问应将销售人员在汽车销售过程中获得的信息进行整理、检查、挑选，建立顾客档案，并经常同顾客保持联系，一有变动，及时修改和更新。

（二）采取多种方式提供服务

汽车销售需要对顾客持续的关怀与跟进。很多经销商辛辛苦苦建立起来的顾客群，由于长时间不去关怀和跟进，造成顾客的忠诚度开始下降。这都是没有建立持续的售后服务的结果。其实，对顾客的售后服务并不要花很多的时间，关键是让顾客感觉到你没有忘记他们。有的时候，一张小小的卡片，一个祝福的电话，一个联络的邮件，都可帮助维系顾客关系，使你的顾客成为永续的资源。

1. 电话方式同顾客进行联系

销售人员在向客户交车的 24 小时内，代表个人致电或发送短信对顾客能够信任自己并提高了自己的销售业绩表示感谢，并提醒如果有操作或使用方面的问题，可以随时联系自己或售后顾问。

在交车后的 24 小时内，汽车销售公司或专营店的销售经理也应该给顾客打一个电话或发送一个短信，代表公司感谢客户选择了本公司和所经营的汽车品牌，同时询问客户对新车的感受，有无不明白、不会用的地方，并调查客户对专营店和销售人员的服务感受，了解销售人员和公司其他员工的工作情况等。应对顾客提出的建议表示感谢，并及时处理客户的不满和投诉。

在交车后的一周内由销售人员负责打出第二个电话。内容包括：询问客户对新车的感受、新车首次保养的提醒、新车牌照号码、参保的保险公司情况等。

以后要定期地，如每周都电话或短信联系顾客，询问车辆使用状况，提醒磨合期结束前的“拉高速”、首次保养时间、安全驾驶等问题。每一次电话沟通后，都要将谈话情况或顾客来电情况进行整理，记录到“顾客联系登记表”中。

2. 走访客户

可以找一个合适的时机，如客户生日、购车周年、工作顺道等去看望客户，了解车辆的使用情况，介绍公司最新的活动以及其他相关的信息。最后将走访结果记录到“调查表”里。

3. 组织会员活动

每一个顾客都应成为公司所经营品牌车辆的“车友会”成员，公司可以选择节假日或其他时机，组织客户互动和参与活动，如举办汽车文化讲座，组织一些有共同兴趣的顾客进行自驾游、健身或体育项目比赛、客户联谊会等。通过组织这些活动，既可以增进顾客同公司的感情，也为客户们提供了交流的机会。

4. 经常性的关怀

遇到天气冷热等突发事件时向顾客致电或发送一个短信，体现对顾客的关怀。档案资料里如果反映出客户的生日或客户家人的生日的，应及时发出祝贺；客户的购车周年纪念日也不要忘记适时地给予祝贺。

（三）技术培训

售后服务本身属于技术服务的范畴。由于汽车产品的高度技术密集、知识密集，汽车产品的售后服务工作必然包含着对用户的技术指导、技术咨询、技术示范，也包含着对厂商售后服务网络的技术培训、技术示范、技术指导和技术咨询。通常的做法是，汽车厂商的售后服务部门面对售后服务网络，售后服务网络再对广大用户实施上述工作。

（四）质量保修

质量保修，又称质量保证、质量担保、质量赔偿等，我国俗称“三包”，其基本含义是指处理用户的质量索赔要求，进行质量鉴定，决定和实施赔偿行为，并向厂商反馈用户质量信息。

在我国的汽车行业内，质量保修工作的过程通常是由第一线的售后服务网络受理用户的质量索赔要求，决定是否赔偿，厂商售后服务总部对服务站的赔偿进行赔偿鉴定，复核赔偿准确性，并进行质量动态的综合分析，向生产和采购部门反馈产品的质量信息。

质量保修具有极强的政策性和技术性。政策性强是保护消费者权益的法律法规越来越多，保护力度越来越大，厂商的生产经营活动必须遵守有关政策和法律的规定，切实履行自己的义务。技术性强，是汽车产品有其特殊性，由于其结构复杂，零部件数量极多，生产配套厂家多，用户的使用条件千差万别，故汽车故障千奇百怪。

质量保修工作的要点有：一准确，是指准确地做出质量故障鉴定，既要维护企业的利益，又要维护用户的利益；二快速，是指对用户的求救要迅速处理，快速服务；三厚待，是指售后服务人员要善待用户，对用户的愤慨、怨恨、不满，应始终保持一种平和的心态，认真解决产品的质量故障。

（五）备件（配件）供应

备件（配件）供应在售后服务中具有决定性作用，没有良好的备件（配件）供应就没有优质的售后服务。试设想一下，备件（配件）经常缺货，或者备件（配件）不能保证其质量，汽车售后服务工作怎能令用户满意？怎能解除顾客的后顾之忧？所以有人说备件（配件）供应是售后服务工作的“脊梁”，表明的就是备件（配件）供应的重要性。备件（配件）供应还是售后服务工作的重要利润来源。

（六）组织和管理售后服务网络

汽车是典型的大量生产的产品，而且其用户分布很广，很难设想单纯依靠生产厂家自身的力量，能够圆满完成售后服务的全部工作。通常的做法是，汽车厂商在全社会组织一个庞大的服务网络，并由这个网络代表汽车厂商完成各种售后服务工作。无论何种网络建设方式，汽车厂商都是广泛利用社会资源，在合适的地点选择合适的经销商和服务商，以此构建自己的营销及服务网络。

（七）企业形象建设

售后服务除了以上工作内容外，还肩负着企业形象建设的重任。影响消费者对企业形象形成的主要因素有：产品使用性能及产品的质量、企业窗口部门的工作质量及其外观形象、企业的实力及企业的社会口碑等。显然，汽车厂商售后服务网络是用户经常“打交道”的窗口，对汽车厂商的企业形象建设方面负有重要责任。

就售后服务网络而言，企业形象建设的手段主要有：售后服务企业外观的形象建设、公共关系、提高以质量保修为核心的全部售后服务内容的工作质量等。目前，国内汽车服务企业的外观形象建设已从仅仅悬挂汽车生产企业的厂旗、厂标、厂徽，发展到厂容，厂貌，色彩，员工着装的标准化和统一化，厂房、厂区建设的规范化以及设备配置的标准化等。

三、投诉的处理

无论多么努力，销售人员无法避免遇到不满意的顾客。每一个销售人员都必须要意识到，顾客的投诉是必然会存在的，这对于销售人员来说是一件好事情，对于顾客的投诉要抱着接纳和欢迎的态度。如果销售人员没有一个正确的认识，在处理顾客投诉时就容易与顾客对立。所以，成熟的销售人员懂得怎样正确对待和处理顾客的投诉和抱怨。

(一) 正确对待投诉

1. 妥善处理顾客投诉和不满，是实现“顾客感动”的关键要素之一

当顾客遇到问题时，我们能否及时并令顾客满意的处理，可以使顾客真正体会到服务水平。顾客在车辆使用过程中遇到困难和问题时，难免会习惯性地抱怨，甚至投诉，实际上对于销售人员来说，这是一个体现销售人员或售后服务人员服务水平的大好时机。如果能够让顾客满意而回，将会大大提高顾客对该汽车品牌的忠诚度，并且让顾客由满意到感动。

2. 处理顾客投诉的过程是改善销售工作的过程

顾客投诉和不满一般不是贬低或厌恶他所购买的车辆，而是公司提供的服务水平没有达到他们预期的水平。有顾客的投诉，就说明公司经营管理制度和销售人员的工作还存在着不足，顾客的投诉指明了公司和销售人员工作努力的方向。

3. 处理顾客投诉是建立友好关系的最佳时机

当顾客投诉时，说明顾客的内心会有不满、怀疑以及不安。在这种情况下，如果找出恰如其分的解决方法，令顾客转忧为喜，往往会因此而增加顾客的信赖感，这个时候也就是建立友好关系的最佳时机。

4. 妥善处理顾客投诉，能大大提高顾客满意度

如果存在着对服务不满意的顾客，但是只有20%的顾客愿意提出投诉，说明对服务不满意但还不愿意提出投诉的顾客，当然是不打算再光顾汽车销售店了。由此可见，顾客投诉是一件好事，而不是坏事。

顾客有投诉但处理得非常好的，会再次购买的比例高达34%，而没有不满的顾客会再次购买的比例仅为24%，从这一点我们可以看出，顾客投诉如果处理得当，不但不会影响到顾客的满意度，反而会大大提高顾客的满意度。

(二) 处理顾客投诉的流程

1. 倾听顾客的抱怨和投诉

顾客因对服务或产品不满意而产生激动的行为是可以理解的，他当时最大的愿望就是把心中的那股不满的情绪发泄出来。作为销售人员，这时候不可以和顾客争论，因为争论不仅对处在激动状态的顾客没有任何意义，反而会增加顾客的反感。销售人员要以诚心诚意的态度来倾听顾客的抱怨，当然，不只是用耳朵听，为了收集信息，在听的时候别忘了一定要将重要的内容记录下来。倾听能使抱怨者得到充分的发泄，痛痛快快地将他们的怨气吐出来，恢复冷静，也不会使抱怨扩大；同时，也让顾客感受到销售人员对他的尊重，以及对处理投诉的正确态度。因此，倾听在处理投诉的过程中非常重要，一定要让顾客发泄完之后再发表看法，千万不能打断顾客的说话。

2. 换位思考，向顾客表示理解

当了解了顾客投诉或抱怨的原因后，不要急于辩解，而要站在顾客的角度，去理解顾客的感受。任何产品都不可能100%不出问题，否则汽车厂也不可能设置保修期。任何产品都会存在缺陷率，无论这个比率是多么的小，而发生在顾客身上，产品的缺陷率就是

100％。因此，换位思考会让我们真正理解顾客的感受，设身处地地为顾客着想，这样我们才会发自内心地对顾客表示理解。能得到销售人员的理解，对顾客来说是非常重要的，这是对他心灵的一种安慰。任何人都不希望自己在别人眼中是一个不讲道理的人。如果顾客的投诉不能得到销售人员的理解，那么顾客就会认为销售人员将他看成不讲道理的人，那么在接下来的事件处理过程中，顾客就会真的不讲道理了。只有顾客感受到销售人员的理解才会使他变得理智。

3. 向顾客致歉

不管顾客投诉的问题是谁的责任，只要顾客有投诉或抱怨，销售人员就要向顾客表示歉意。很多销售人员在没有分清事情的责任之前不愿意或不想向顾客道歉，他们认为道歉就是认错，就会在事件的处理中处于被动，这是错误的观念。向顾客致歉不等于承认自己承担全部的责任，向顾客致歉仅仅是表达因为顾客使用我们提供的产品或服务而带来的不便或麻烦表示歉意，与事件的责任没有关系。销售人员要牢记"顾客永远是对的"这句话，不论顾客的抱怨和投诉是否合理，先道歉，然后再寻求解决方案。有时顾客投诉的问题很容易就得到解决，他所看重的也就是销售人员一句道歉的话，有时照顾顾客的面子比解决具体问题更重要。

4. 向顾客表明处理问题的态度

有些顾客投诉的问题可能非常重大，特别是涉及安全、法律等可能影响企业和顾客重大利益的问题，必须经过详尽的调查和核实之后，才能提出解决方案。因此，在有些投诉的处理上需要一定的时间，无法给顾客一个及时的答复。此时，销售人员就必须向顾客说明原因，表明公司非常重视，一定会站在顾客的立场来公正地处理，绝不会推脱；同时也要向顾客承诺多长时间给予答复。这样就容易获得顾客的理解，为处理赢得宝贵时间，使顾客安心地等待我们的处理决定。

5. 了解顾客的真实想法和要求

在倾听顾客对于投诉内容的陈述后，销售人员一定要了解顾客的真实想法和具体的要求。了解顾客的真实想法和要求，有助于投诉的快速解决。如果顾客的要求不高，金额不多，销售人员在请示领导后就可以立即满足顾客的要求，马上解决，从而赢得顾客对我们的信心。

6. 把握事实真相

顾客在投诉的过程中由于有各种各样的目的，因此对于具体问题的陈述往往会进行加工甚至夸大，以此来引起公司的重视，期望获得最快的处理和最大的赔偿。因此，销售人员在了解顾客投诉内容时，不能仅凭顾客的陈述就贸然提出处理决定，一定要进行细致的调查和分析，通过调查和分析找出原因和责任。同时，销售人员还要确认车辆的状况、用户的信息等内容，只有弄清了事实真相才能保证有一个合理的解决方案。

7. 区分投诉的性质

销售人员在接到顾客投诉后，要对投诉的内容有一个基本的判断。投诉可以分为一般性投诉和重大投诉。重大投诉一定要向公司领导汇报，由公司领导出面来进行处理。索赔金额大的投诉，与安全方面相关的投诉，涉及媒体、律师、消协、政府机关等的投诉都属于重大投诉，这些投诉必须及时向公司领导汇报，销售人员不能擅自进行处理，否则会给公司带来更大麻烦。

8. 提出处理意见并获得领导的支持

销售人员在了解了顾客投诉的具体情况以及顾客的要求后，要及时向公司领导汇报，详细介绍顾客的情况以及投诉的内容，提出自己的处理意见。由于在处理顾客投诉时，往往会涉及赔偿的问题，因此，必须经过公司领导的同意和认可。另外，公司领导可以利用他的经验给销售人员必要的指导。有时领导出面协助销售人员处理会起到事半功倍的效果。

9. 告知顾客，并征询顾客的意见

当处理方案确定后，要立即告知顾客，并征询顾客的意见。销售人员要向顾客详细介绍处理方案的具体内容，表明公司认真负责的态度，并对顾客的配合和支持表示感谢。要想获得顾客的认可，销售人员还要向顾客表明双赢的思想，由于顾客购车后与销售店会长期交往，如果双方都能彼此谅解，对双方今后都会有好处的。

10. 迅速处理问题

顾客认可了销售店的处理方案，销售人员就应该立即执行，以最快的速度帮助顾客解决问题。同时，为了使顾客能够转忧为喜，一般情况经销店都会为顾客准备一份小礼品，表达歉意，同时也让顾客感受到受重视、被尊重。通过这种超出顾客期望的服务，让顾客从满意到感动。

投诉处理后，要及时了解顾客对于处理结果的满意程度，以便销售人员及时跟进。销售人员还需要对顾客的投诉进行细致的分析和总结，找出工作中存在的问题，及时调整工作流程和工作标准，防止此类事件的再次发生。

每一次顾客投诉都要详细记录处理的过程和结果，以此作为日常工作的经验积累。销售人员要在事件处理后，认真填写用户投诉处理报告，并将报告存档。

四、汽车质量保修业务流程

（一）接待客户

迅速出迎问候顾客（例如“您好！”等），引导顾客停车，引导用户前往接待前台。

问候顾客是很重要的，大家可以从以下几个方面理解：

1. 不要让顾客等待

人们都很不喜欢被忽视和不得不等候，所以顾客一来到后应立即与其打招呼，如果正办理其他业务，告诉顾客请稍等一会儿。提高接待响应时间的最佳办法就是在高峰接待时间设置一名专门的迎接人员（使用兼职人员、一般办公室人员、销售部或零件部员工都可），迎接人员可以向顾客致以问候，为顾客端上一杯饮料，还可以向顾客了解一些大致的维修信息。

2. 友善地微笑

一个微笑可以迅速建立起友善的关系，没有什么比表示出友善能够对接待顾客带来一个更好的开始。

3. 感兴趣地表现出你的关注

顾客遇到了问题，否则他也不会来这里。如果对顾客的问题，你表现出真诚的关心，那么顾客可以很快地冷静下来，并对你和你的部门留下更深刻的印象。

（二）记录用户陈述

明确用户需要：定期保养、一般修理、钣金/喷漆及其他。确认来意并记录用户要求的方法：陪同用户前往停车场，检查车辆外观（损伤痕迹、凹陷等），一定要在用户陪同下进行，并加以确认。检查车内有无贵重物品，如有贵重物品应交由顾客保管。启动发动机检查有无异响，并问诊、询问故障现象，进行故障再现确认，推测故障原因等。

（三）费用估计

根据顾客要求和检查结果确定作业项目，列出作业需用的零部件、油料，估算工时，确认所需要零部件的库存状况，计算估价金额。

（四）预计完工时间

确认车间作业情况，预计作业需求时间，了解用户取车要求，必要时调整作业计划。

（五）用户确认

仔细检查接车修理单是否填写完整，向用户说明作业内容、估算费用、交车日期/时间，针对报价和交车时间，征求用户意见，请顾客在估价单签字后，将接车修理单的估价联和取车联交给顾客。把名片交给顾客，让他来取车时先来见你。感谢顾客为你的部门带来生意。

（六）说明交车程序

说明取车时支付费用的方法（支票或现金/其他），明确用户是等候或离店。向等候的用户说明休息室的位置或引导顾客到休息室内，向要离店的用户介绍店周围的道路及交通情况。

对新用户制作用户档案，应在交车前制作完成，以免有遗漏不全。目的就是依照对顾客承诺的时间安排与分配维修工作，正确的分配工作包括记录与跟踪每一个维修工单，这使你能够把握每一个顾客的生意。

（七）派工

（1）确认服务项目后，将车辆开至待修区。查看《委托书》，了解具体的服务项目及每项工作所需要的时间，了解需要领料情况。

（2）判断是否属于优先工作。对优先工作优先派工，对一般工作按照与客户商定的时间安排工作。

（3）确定维修类别。维修大类：一般维修、保养、返修、其他。维修小类：定期保养、机电维修、油漆、钣金。

（八）质量检查与内部交车

保修工作完成后，通过自检、互检或班组长检查等方式，进行质量检验，质检员和服务顾问在相应的单据上签字，进行内部交车。技术部门要随时控制保修工作质量，可以通过路试等方式检查和测试车辆，在用户接车前纠正那些可能出现的问题。

（九）结账清单的制作

接待人员根据接车修理单制作结账单交财务人员审核，并确认交车时的结算付款方式。

（十）交车

向用户说明作业内容，并说明驾驶注意事项（必要时）以及下次保养时间里程。通过检查或试车，使维修或保养的结果得到顾客的确认。

向用户说明零件费、工时费费用情况并引导收取后对客户致谢。

道别并欢迎顾客再度光临，目送用户离去。

技能训练：模拟售后服务接待业务。

单元六

二手车置换业务

学习任务

学习目标：掌握二手车置换业务的要领。

任务导入：二手车置换是汽车销售促进方式之一，业务内容包括二手车收购、维修和销售等。如何进行二手车置换业务，才既能保证企业、转让者和购买者的利益，又能使其成为企业合法获利的新的源泉呢？

一、了解车源

根据国家法律，任何商品的交易都必须是合法的。在准备进行二手车业务时，一定要了解：

（1）卖主身份（查验身份证或单位介绍信）。

（2）证实其车来源及各种必备证件（原始购车发票、购置税凭证、旧车过户凭证、行驶证、汽车牌照等）。

（3）年检凭证。

（4）税、费缴纳凭证（车船使用税“税讫”标志、2009年前的养路费交纳凭证、营运证、保险单等）应齐全，证件与车辆应相符。

（5）出售原因。

如果对该车合法性的某一方面有所怀疑，即使价格再便宜也绝对不能购买，否则，你不仅有可能支持了犯罪分子的偷窃行为，而且极有可能使自己由一个守法公民变成收购赃物的犯罪嫌疑人。

二、技术状况检查

（一）静态检查

所谓静态检查是指根据检测人员的经验和技能，必要时辅以简单的量具，对汽车的技术状况进行检查鉴定，也就是人工经验鉴定法。

静态检查包括对汽车的识伪检查和外观检查。外观检查的方法有目测检查和使用简易量具检查等。

1. 识伪检查

所谓识伪检查主要是指对通过走私或非官方正规渠道进口的汽车和配件，进行识别和判断。这些汽车和配件有的是整车，有的是散件和境内组装成整车，甚至有些是旧车拼装成整车的。

一般正品汽车的风挡玻璃上贴有黄色商检标志。按我国产品质量法，正品汽车都带有中文的使用手册或维修手册各一份，而走私车、拼装车则一般没有。

目前在我国汽车市场上使用假冒伪劣的汽车配件的情况还比较严重，虽经多次集中打击，势头有所遏制，但问题还远未得到解决。据调查统计，有 70%的车辆故障是由汽车的配件质量和装配技术问题引起的，只有 30%为不良驾驶习惯造成。例如，汽车灯具产品若使用了假冒伪劣配件会造成亮度不足、聚焦不集中、射远太近、辐射面积小等问题。严重的伪劣灯具由于本身密封不严，会发生雨水进入灯具，从而产生短路引发着火燃烧的事故。

识伪检查可从以下几个方面来进行：

（1）看外观。

看汽车外观是否有重新喷过油漆的痕迹，其曲线部分的接合部线条是否流畅，大面是否有凹凸不平。拼装的非法车辆，车身覆盖件那些小曲线接合部不可能处理好，一定会留下再加工痕迹，用手触摸，会有不平整的感觉。且其车门与车身接合部，缝隙会不均匀，间隙大小不一，很不整齐。

（2）看内饰。

看内饰的装饰材料表面是否干净，是否平整。特别是内饰压条边沿部分是否有明显的手指印迹，或其他工具碾压过后留下的痕迹，这些都是可疑的印迹。若发现这些问题，并与其他方面的检查情况结合判断，还是很有效果的。

（3）检查发动机。

检查发动机舱，仔细察看线路、管路布置是井井有条，还是杂乱无章，发动机和其他零部件是否有重新拆卸、安装过的痕迹。启动发动机，听声音是否正常，有无杂音。空调是否制冷，有无暖风；有无漏油、漏水现象。若发现有可疑问题，则需作进一步的检查。最后作行驶检查，看整个车身有无异响等。

（4）真假配件识别。

非原装配件很容易造成车辆机体的损害。原装配件一般会指定某种标准颜色，若遇其他颜色则就有可能是假冒伪劣产品。有些废旧配件经过简单加工、拼凑、刷漆、包装后被用来冒充合格产品，这些配件从外观的油漆上就可以看出来。

细心观看配件的材料，如发现配件上有锈蚀、斑点，橡胶件老化、龟裂，结合处脱焊、脱胶现象，这样的配件多半都有问题。

识伪检查专业性很强，需要有丰富的实践经验和专业知识，需要在长期的实践中积累经验，方能做到得心应手。

2. 外观检查

外观检查一般是通过目测来进行，目测检查通常只作定性分析。而定量分析，则要通过借助一般的通用仪器设备来进行。汽车在进行外观检查之前，通常应进行外部清洗，以确保检查的可靠性。

（1）目测检查。

一般情况下，二手车的厂牌、型号、年份、款式等信息都是比较容易看出来的，而车主对汽车的使用情况、使用强度、可能出现过的事故等，就需要有一定的实践经验才能检查出来。当然车主也有责任和义务介绍这些情况。在外观检查中，需在底盘下进行时，应设有地沟或有汽车举升机械，以便将车体升起，方便在底盘下查看。

车身检查的首要目的是看“伤”，即看车主的二手车有没有严重碰撞的痕迹。特别是轿车和客车车身。因其在整车中的价值分量较重，维修费用也较高，故应列为重点检查项目。主要观察部位是车的前部和后部，一般按以下方法进行检查。

检查车身是否发生碰撞受损。观察车身各覆盖件、钣金件，可绕车一周，看各钣金件是否平整、整齐，有无凹凸不平；车身各接缝是否大小不一，线条弯曲；装饰条是否有脱落，或新旧不一；钣金件有无烧焊的痕迹。如有异常情况，说明该车可能出现过事故，碰撞过或修理过。

检查车身锈蚀的情况。主要检查底板、防护板、窗框、水槽等。特别是轿车车门下面的底板边框往往锈蚀较为严重。车身底板在行驶过程中，要经常与泥水接触，并与飞溅的砂粒、石子发生碰撞摩擦，漆面受损脱落后，经泥水浸蚀，极易发生锈蚀。若锈蚀严重，说明该车较旧，或使用地区雨水较多，或为沿海地区，易引起底板较快锈蚀。

检查车身油漆脱落情况。首先应检查风窗玻璃四周边缘的油漆是否平整，有无皱折，如不平整、有皱折，则说明该车已做过油漆或翻新过。其次，要注意车身和车门等表面局部补灰的情况。局部补灰的地方，其表面光洁度有差别，反光不一样，甚至出现凹凸不平，或有明显的橘皮状，这说明该处车身有过补灰做漆。

检查车门是否关闭严密、合缝；车门窗框是否变形、翘曲；门缝是否均匀整齐，密封胶条是否硬化、脱落，以防车门漏水、透气；检查开关车门是否有不正常的响声；门窗玻璃升降是否灵活，门锁是否开关灵活有效。若有上述问题存在，就应分析其缺陷原因。

发动机是汽车的“心脏”，对发动机检查非常重要。汽车的许多故障，均出自发动机及其附属设备，故需仔细检查。

打开发动机盖，若发动机表面堆满了油灰，则说明车主平常不太护理车辆，车辆的维护保养可能欠佳。但是，若发动机周围特别清洁，也有可能车主在来二手车置换前，事先对车进行了一次清洗，以图卖个好价钱。

使用量油尺，查看机油的油位是否标准。若机油油面高度超高，机油混浊或起水泡，则可能是水箱的水混入到曲轴箱内，气缸垫有可能被烧坏。若机油油面过低，则说明机油短缺，需要查明原因，有可能机油窜入燃烧室被燃烧掉，这意味着气缸套与活塞环之间配合间隙过大，缸套磨损过甚，引起气缸上油。启动发动机，排气管有可能冒蓝烟。这表明，这车恐怕要进行大修了。这项检查不是看机油缺不缺，而是通过机油的油位高低，查看发动机有关机件是否有磨损。若只是机油正常缺油，那加注机油到标准油位即可，对评估价值并不构成影响。

结合机油检查，进一步查看气缸盖外有无油迹漏出，若有大量油迹，则表示气缸垫损坏。若只有少量油迹则问题不大。在实际操作中，经常会碰到缸盖处有油迹，这时应仔细察看，若油迹较明显，并有一定的量，那就说明气缸垫有可能损坏。若只有一点油迹，一般属正常现象。

检查蓄电池两端的接线柱，应没有白色粉状物（硫酸盐）黏附在上面。蓄电池外壳应干爽、清洁、没有裂痕。查看一下蓄电池购买日期，一般蓄电池寿命约为两年，过期则应更换。

打开水箱盖，看水箱水是否全是黄色锈水或水箱外是否有锈水漏出；水箱上下的密封胶喉有无裂痕。检查水箱盖关闭是否严密，胶垫是否松脱。仔细察看水箱有无撞过的迹象，散热片是否烧焊，若有烧焊，说明水箱被碰撞挤压过。水箱支架是否校正过、更换过或有烧焊的痕迹，若有也能说明，汽车曾发生过碰撞事故。

车辆底部检查可借助地沟或举升机械进行。检查三漏情况，即看是否有漏油、漏水、漏气现象。检查底盘地板的锈蚀情况，看是否有焊接痕迹。

检查车架是否有弯扭变形以及断裂、锈蚀等损伤；螺栓、铆钉是否有松动等。

检查前、后桥中的前、后车轴是否有变形、裂纹。非独立悬架中的钢板弹簧是否有裂纹、短片、断片的现象。中心螺栓和骑马螺栓是否松动，减振器是否漏油。独立悬架中的螺旋弹簧或扭杆弹簧有无断裂现象，摆臂有无变形、裂纹等。有些车若使用时间较长，减振器容易失效。一般可用手将车身往下按压，然后迅速放开，看车身的运动情况，从而可粗略地判断出减振器的减振性能是否良好。

检查转向传动机构中的转向节臂、横直拉杆及球头销有无裂纹和损伤，球头销是否松旷，连接是否牢固可靠。

检查传动轴、万向节是否有裂纹和松旷现象。中间支承中的轴承是否松旷，传动轴伸缩花键的防尘套是否破损。

检查仪表盘是否是原装件，其底部有无更改过的痕迹。抄录下行驶里程数作为评估的参考参数。

察看内饰的新旧程度，坐椅是否下凹，顶篷是否开裂，地板或胶板是否有残损，车厢内是否污秽发霉。揭开地板的胶板，看底板是否生锈或潮湿。若有生锈则说明该车可能漏水。

打开行李箱盖，看盖的防水胶是否损坏、脱落，行李箱是否漏水。若发现有烧焊的痕迹，则说明发生过碰撞的事故。

检查一下离合器踏板和制动器踏板上的胶垫是否磨损过度，一般的胶板寿命是30 000km左右，若胶板换了新的，则此车可能已行驶 30 000km 以上。

检查附属装置，如刮水器、仪表、反光镜、灯具、空调设备、信号装置、加热器等是否破损、残缺，并进行通电、启动检查，看是否工作正常。

（2）使用量具检查。

在目测检查时，如发现有较严重的横向或纵向歪斜，可用高度尺、水平尺检查车体歪斜是否超过规定值。此时，还应考虑到车架、车身是否变形，悬架刚度是否下降，轮胎气压是否正常。若有异常，应及时排除。否则，车体歪斜会越来越严重，最终引起汽车行驶跑偏，重心转移，操纵失灵不稳，轮胎磨损加剧等种种不良后果。

《机动车运行安全技术条件》规定，车体应周正，左右对称部位高度差不得大于 40mm。

轮胎是汽车一个价值较高的易损件，特别是高级轿车和一些大型货车，其轮胎价值都较高。在汽车的使用过程中，轮胎的磨损、破裂和割伤等用目测就可以发现，也可采用简单的深度尺或直尺进行定量的测量。

一般规定轿车轮胎胎冠上的花纹深度磨损后应不少于 1.6mm，其他车型轮胎胎冠花纹深度不得少于 3.2mm。而轮胎的胎面和胎壁上不得有长度超过 25mm，深度足以暴露出轮胎帘布层的破裂和割伤，这样会使帘布层暴露在外，行驶中，容易引起爆裂，发生车祸。特别是前轮轮胎爆裂，会使汽车失去操纵性，引起严重的事故。

将汽车前桥顶起，用百分表触点触及轮胎前端胎冠外侧，然后用手前后扳动轮胎，测量其横向摆动量。再将百分表移至轮胎的上方，使表的触点触及胎冠中部，然后用撬杠往上撬动轮胎，测量轮胎的径向摆动量。车轮横向和径向摆动量如超过规定值，在汽车行驶时，会引起方向盘抖动，增加行驶不稳定性。

《机动车运行安全技术条件》规定，车轮横向和径向摆动量，小型汽车不大于5mm，其他车辆不大于8mm。

（二）动态检查

二手车的动态检查是指将汽车发动机启动，看汽车发动机、音响、灯光等各部分工作是否正常。接着起步、加速、匀速、滑行、强制减速、紧急制动等。然后从低速挡到高速挡，再从高速挡到低速挡行驶，且用倒挡行驶一段距离，看离合器、变速器、转向和悬架系统的工作情况。并检查汽车的操纵性能、制动性能、加速性能、滑行情况、噪声和尾气排放等状况，以鉴定汽车在动态下的技术状况。

1. 发动机无负荷工况检查

（1）检查发动机的启动性。

启动发动机，看启动是否容易，启动机是否工作良好。一般启动不应超过3次。每次启动不超过10秒钟。

（2）无负荷工况检查。

启动发动机，并使其处于怠速运转状况，然后听其运转的声音。若有杂音，说明机件磨损严重。并检查其是否运转平稳，怠速运转时车头越静、越稳则越好。

发动机启动运转一段时间，待水温、油温正常后，检查其加速的灵敏性。从怠速状态猛踩加速踏板，看发动机转速从低速到高速的反应灵敏性。然后从加速状态猛松加速踏板，看是否会出现怠速熄火。

接下来就要检查发动机窜油、窜气情况。方法是打开机油口盖，慢慢踩下加速踏板，加油，若窜气严重，用肉眼就能看到。若窜气不十分严重，可以用一张白纸，放在距机油口盖约50mm的地方。然后踩下加速踏板，若窜油、窜气，则白纸上会有油迹，严重时油迹较大。

最后检查排气颜色。正常情况下，汽油机工作时，排出的气体颜色是无色的。柴油机在正常负荷下运转时，排气颜色为淡灰色，负荷大时，则为深灰色，但只允许短时间出现。如果排气颜色不正，一般指排气颜色为黑色、蓝色。若为黑色，说明气缸内混合气过浓，或点火时刻过迟，造成燃烧不完全，一部分未燃烧的碳元素混在废气中排出，出现黑烟现象。若排气颜色为蓝色，说明有机油窜入气缸燃烧室内，气缸内有机油燃烧，形成蓝色气体随废气排出。一般来说，常因活塞、活塞环、气缸套磨损过甚，配合间隙过大，导致机油窜入气缸而出现此种现象。此外，若进气不畅，机油也可能被吸入燃烧室，从而也会出现冒蓝烟的情况。

2. 路试检查

静态检查后，就可以说已完成了路试前的准备工作。即检查了冷却水、机油、离合器踏板、制动器踏板、方向盘、轮胎气压等。路试工作都准备就绪后，就可进行路试。但路试现场，必须确保人员安全。机动车路试一般进行 15～20min。

（1）检查汽车的动力性。

由原地起步后，作加速行驶，如果猛踩加速踏板后，提速快，则说明加速性能好；高速行驶时，看其能否达到额定的最高时速；此外，看汽车行驶时是否平稳，是否有异响。作爬坡试验，看汽车爬坡行驶是否有劲。若出现提速慢，最高时速与厂定额定最高时速差距较大，上坡无力，则说明汽车的动力性能较差。

（2）检查汽车的操纵稳定性。

在宽敞的路段上，向左、向右转动方向盘，看转向是否灵敏、轻便，有无自动回正力矩。高速行驶时，是否跑偏，有无摆动现象发生。

（3）检查制动性能。

汽车起步后，加速到 50km/h，迅速将制动踏板踩到底，看汽车是否立即减速、停车，有无制动跑偏、甩尾现象。制动距离应符合有关规定的标准值。

此外，加速到 60km/h 左右，感觉汽车有无抖动。若有，则可能是前悬架或车辆有问题，或传动轴弯曲所致。

（4）检查离合器。

起步时看离合器是否平稳结合，分离是否彻底，工作时是否发抖、发响等。

（5）检查变速器和主减速器。

从起步加速到高速挡，再从高速挡减速到低速挡，看变速器换挡是否灵活，是否有乱挡、跳挡，是否有异响。

在路试中，车速达 40km/h 时，突然猛松加速踏板，随后又猛然踩下加速踏板，看主减速器是否发出特别大的声响，若声响很大，说明主减速器磨损严重。

（6）滑行试验。

在平坦的路面上，将汽车运行到 50km/h 时，踩下离合器踏板，将变速器摘入空挡，让汽车靠滑行行驶，根据滑行的距离，来评估汽车传动系传动效率的高低。滑行的距离长，说明传动系传动效率较高。否则，为低。

路试以后，还应检查的内容有：

①检查各部件的温度。

路试后应检查一下油、水温度。正常的机油温度为 95℃，正常的水温度为 80～90℃，齿轮油的温度不应高于 85℃。齿轮油温主要是变速器和主减速器的温度。最好检查一下轮毂的温度，如果温度过高，说明轮毂轴承安装过紧，应调整好轮毂轴承的间隙。

此外，还应用手或测温器检查其他有关运动件的过热情况，制动鼓、传动轴、中间支承的轴承等，都不应有过热现象。

②检查“四漏”情况。

检查汽车的漏气、漏电、漏水、漏油情况。在发动机运行及停车以后，水箱、水泵、缸体、缸盖、暖风装置及所有的连接部位，均不得有明显的渗、漏水现象。检查漏油的情况，应在汽车连续行驶距离不少于 10km 后，停车 5 分钟观察，不得有明显的渗透漏油情况。

对于气压制动的汽车，如果漏气则在制动时有所反应，就需要仔细检查管路系统和气罐、气泵、阀等。

漏电一般在行车中会出现明显故障，电路出现故障，也需要仔细查找。

（三）事故车的含义

发生过事故的车辆的使用性能会受到损害，并且存在着很大的安全隐患，其价值也应贬值更多。对事故车的判断和鉴别在二手车交易中也是一个重要环节。

事故车是指在使用中，曾经发生过严重碰撞或撞击，或长时间泡水，或较严重过火，虽经修复并在使用，但仍存在安全隐患的车辆总称。

1. 严重碰撞或撞击的车辆

只要符合以下任何一条损伤的车辆，就应认为是事故车：

（1）碰撞或撞击后，车架大梁弯曲变形、断裂后修复；

（2）水箱及水箱支架被撞损伤后修复或更换过；

（3）车身后叶子板碰撞后被切割或更换过；

（4）车门及其下边框、B柱碰撞变形弯曲后修复或更换过；

（5）整个汽车在事故中翻滚，整个车身产生变形凹陷、断裂后修复或做过车身。

2. 泡水车

泡水车辆与涉水行驶过的车辆不能混为一谈，有许多车辆在遇大雨、暴雨或特大暴雨等恶劣天气时，曾在水中短时间行驶过，这不能算泡水车。因为涉水行驶，不是潜渡，车辆在行驶中发动机及其附件仍在工作。涉水深度有可能略超过车轮半径，发动机油底壳可能与水接触，或浸入水中。此时发动机最好不要熄火，否则对小轿车来说，排气管就有可能进水。

泡水车一般是指全泡车，也叫灭顶车。全泡车是指泡水时，水线超过发动机盖，水线达到前风挡玻璃的下沿。这样整个发动机舱都浸泡在水中，绝大部分电气设备、仪表都被水浸泡，当然会造成严重后果。至于浸泡时间长短，一般认为，只要水线达到上述水平，无须考虑泡水时间的长短，即是泡水车。但也有的认为不宜超过10min。笔者认为，前者更切合实际一些。因为水虽然在极短的时间内难于浸入密封的机件内，但水会对密封产生腐蚀、侵蚀作用。此外，泡水对电气设备危害最大，而且难以清洁。气门和空气滤清器等处都会进水，进而危害发动机气缸内部，造成锈蚀，不可小视。

3. 过火车辆

汽车无论是由于自燃还是外燃，只要在发动机舱或乘员舱发生严重火烧，燃烧面积较大，机件损坏较严重，就应列为事故车。火烧是个极严重的事故，经火烧后，机件很难修复。但对于局部着火，过火的只是个别的非主要零、部件，并在极短的时间内熄灭，主要机件未受到影响的，经修复换件后，不能算过火车辆。

（四）事故车的检查与判断

凡是发生严重碰撞、泡水、过火的事故车，到二手车市场来评估交易之前，都经过修理厂的恢复和修理，非专业人士一般检查不出这是事故车。车主有时也不会主动告知，必须要经过训练有素的专业人士，进行仔细认真地检查和分析判断，才能做出正确的结论。一般的检查方法有：

1. 碰撞事故车的检查

此类车在检查时，首先查看汽车底盘，看脏污的程度是否大致相同，若发现有部分地方特别干净，该处有可能被修理和擦拭过。而此处大梁应平直，并无敲打的痕迹。若发现有敲打或烧焊的痕迹，那就可肯定大梁发生过弯曲变形，甚至于断裂或有裂纹。

其次查看水箱支架和水箱，看是否有碰撞变形后修复或更换过的痕迹。若有，水箱一定修理或更换过。水箱支架损坏后，碰撞有可能殃及发动机或车架，要注意有关零部件的检查。

再次，若车后部被严重碰撞，那车身的叶子板肯定会损坏，看叶子板是否被切割更换过。叶子板与车厢及车体的连接处应平整，其上的焊点应略呈圆形及微凹陷，若焊点是凹凸状，则为重新烧焊的痕迹。也可打开行李箱盖，查看其内板是否有烧焊的痕迹。

此外，可查看车身侧面，有无碰撞痕迹。先看车门是否与车身密合，有无翘曲，门缝是否均匀一致，若修理或换过就一定会出现某些缺陷。检查前、后车门中间的“B柱”是否有烧焊的痕迹，可以从车内侧扒开装饰物查看，或看油漆是否平整，有无涂抹腻子。检查底板、横梁有无敲击和烧焊痕迹。

还可从零件的工艺孔是不是变形来检查，看工艺孔是否一致来判断。例如，有的车发动机盖前方左右两内侧有对称的椭圆形工艺孔，若两工艺孔形状不对称、不一致，则可能发生过碰撞后变形，因而有异。总之，检查时，要仔细查看，发现有蛛丝马迹，就要认真查下去，以确保不漏查事故车。

2. 泡水车的检查

泡水车的检查，首先打开发动机盖，查看水箱、散热器片、水箱前板（从下往上看）是否留有污泥。然后检查发动机旁的发电机、启动电动机、电线插座等小零件，左右轮罩的接缝处。其次，翻倒检查前、后排坐椅，查看弹簧及内套绒布是否有残留污泥，甚至还伴有发霉的气味。此外，还要查看行李箱内的备胎座内有无污泥，若是泡水车，后轮罩隐秘的接缝死角内会留有污泥。另外，还要仔细检查一下前、后车门中间的“B柱”，把塑料饰板轻轻撬开，就可看出浸泡水线的高度。如果塑料饰板没有更换，不需要撬开，就可发现泡水高度时水线印迹。撬开塑料饰板后，可查看到B柱内死角接缝不易清洗处的污泥和水线印迹。最后检查检查前、后风挡玻璃橡胶条，由车内将其拉开，内有污泥，则肯定是泡水车。

有时会遇到河塘的水非常清澈干净，无污泥。碰到这种情况，也可按上述方法检查，看出浸泡水线的痕迹。泡过水与未浸水的界面，一定会留下痕迹，仔细查看，即可发现存在异样。

3. 过火车的检查

汽车过火的地方比较容易辨认，过火并烧蚀严重的金属会出现排气管一样的颜色。凡是燃烧面积较大，燃烧时间较长，过火严重的车修复起来都很困难，应作报废处理，不能进行二手车交易。

三、二手车置换程序

（一）收购车辆

1. 证件检查和车况查验

按照前面介绍的检查要求和静态、动态检查方法以及事故车判断方法等，对二手车来源的合法性和技术状况进行检查。

2. 确定价格

根据车价折算方法和技术状况检查的结果，同对方协商，确定二手车的折算价格，作为置换时的扣抵价格或交易价格。

3. 签订转让协议

在旧车交易时，交易双方一定要订立书面协议。协议内容如下：车型、车号、车牌等基本情况，旧车交易价格及车款交付时间，旧车过户责任，违约责任。如有必要，可以协议形式保证在一定时间内不出现非人为因素故障。

书面协议既是旧车交易的凭证，也是解决交易纠纷的重要依据，它对保证交易双方尤其是买方的权益具有十分重要的作用。

4. 保养维修

一般说来，购置的旧车都会存在这样或那样的问题，出售一方出于利己的考虑，在交易中不一定说明。购买旧车后，一定要进行全面、彻底地检修，排除故障隐患，对于转向、制动、离合、灯光、信号、雨刷等涉及安全方面的装置，更要保证其万无一失。对于一些故障，应及时进行修复，保证车辆的安全使用，也能提升车辆的价值。

（二）销售车辆

1. 介绍车辆

同销售新车一样，需要向客户展示和介绍车辆、试乘试驾等环节。其中，试乘试驾对于二手车交易的促成起到关键作用。

2. 确定价格

在收购价格的基础上，考虑维修等附加费用，同顾客洽谈，确定交易价格。

3. 签订合同

以销售方的名义，同顾客签订二手车交易合同，明确经济和法律关系，以保证双方的经济和法律权益。

4. 办理过户

尽管汽车也属于消费品，但它在使用资格上与其他消费品相比却有明显不同。就大多数消费品而言，只要消费者支付了足额购置费，就自然获得了该商品的使用权。但汽车消费者在支付了购买旧车的款项后，还需履行过户手续，使车辆所有权发生转移，才能获得合法使用及上路行驶的权利，否则，一旦发生产权纠纷，法律上不会承认新车主。对卖方而言，只有办理了过户手续，该车才与原车主脱离关系，否则，一旦它发生交通事故，将负连带责任。

5. 更改保单

二手车交易成功，只是买方取得了该车的产权，与保险公司无关。新车主在使用过程中一旦发生保险事故，保险公司会以车主（或司机）与保单不符而拒绝赔偿。因此，销售业务人员在与二手车买主在成交完成后，一定要帮助买主及时申请更改保单，绝不能嫌麻烦，否则，就等于自动放弃了索赔权。

6. 售后服务

二手车销售同新车一样，一个健全和完善的售后服务体系，不仅可以成为汽车贸易企业主要的利润源泉，也是树立企业形象、扩大在消费者中的影响的重要途径。

技能训练：模拟二手车置换业务。

参考文献

[1] 熊银解．营销管理．北京：高等教育出版社，2001
[2] 刘同福，陈东升．汽车4S店管理全攻略．北京：机械工业出版社，2006
[3] 宋润生．汽车营销基础与实务．广州：华南理工大学出版社，2006
[4] 高玉民．汽车特约销售服务站营销策略．北京：机械工业出版社，2005
[5] 吴霖生．汽车营销实务．上海：上海交通大学出版社，2002
[6] 倪杰．管理学原理．北京：清华大学出版社，2006
[7] 李萍，戴凤林．市场营销．北京：冶金工业出版社，2008
[8] 雷明森．汽车销售．北京：中国劳动社会保障出版社，2008
[9] 罗静，单晓峰．汽车销售技法．广州：华南理工大学出版社，2006
[10] 韩宏伟．汽车销售实务．北京：北京大学出版社，2006
[11] 李红伟，陈林．市场营销．北京：北京大学出版社，2006
[12] 梁东，刘建堤．市场营销学．北京：清华大学出版社，2006

图书在版编目（CIP）数据

汽车营销/刘雅杰主编．—北京：中国人民大学出版社，2011.9
中等职业教育汽车运用与维修系列教材
ISBN 978-7-300-14341-5

Ⅰ．①汽… Ⅱ．①刘… Ⅲ．①汽车-市场营销学-中等专业学校-教材 Ⅳ．①F766

中国版本图书馆 CIP 数据核字（2011）第 183891 号

中等职业教育汽车运用与维修系列教材
汽车营销
主　编　刘雅杰

出版发行　中国人民大学出版社
社　　址　北京中关村大街 31 号　　邮政编码　100080
电　　话　010－62511242（总编室）　010－62511770（质管部）
　　　　　010－82501766（邮购部）　010－62514148（门市部）
　　　　　010－62515195（发行公司）　010－62515275（盗版举报）
网　　址　http://www.crup.com.cn
经　　销　新华书店
印　　刷　北京玺诚印务有限公司
规　　格　185 mm×260 mm　16 开本　　版　　次　2011 年 9 月第 1 版
印　　张　13.75　　印　　次　2020 年 1 月第 5 次印刷
字　　数　315 000　　定　　价　25.00 元

教师信息反馈表

为了更好地为您服务，提高教学质量，中国人民大学出版社愿意为您提供全面的教学支持，期望与您建立更广泛的合作关系。请您填好下表后以电子邮件或信件的形式反馈给我们。

您使用过或正在使用的我社教材名称		版次	
您希望获得哪些相关教学资料			
您对本书的建议（可附页）			
您的姓名			
您所在的学校、院系			
您所讲授课程名称			
学生人数			
您的联系地址			
邮政编码		联系电话	
电子邮件（必填）			
您是否为人大社教研网会员	□ 是，会员卡号：________ □ 不是，现在申请		
您在相关专业是否有主编或参编教材意向	□ 是　　□ 否 □ 不一定		
您所希望参编或主编的教材的基本情况（包括内容、框架结构、特色等，可附页）			

我们的联系方式：北京市海淀区中关村大街 31 号

中国人民大学出版社教育分社

邮政编码：100080

电话：010-62515913

网址：http://www.crup.com.cn/jiaoyu/

E-mail：jyfs_2007@126.com